지금 당장
금퇴 공부

이젠 은퇴 말고 금퇴다!

지금 당장
금퇴 공부

조은아 지음

알키

저성장, 저금리의 '제로 이코노미' 시대, 세계 경제의 지형이 뒤바뀌는 '포스트 코로나' 시대에 돈을 고민하는 이들에게 훌륭한 지침서가 될 것이다. 저성장, 저금리 속에선 돈을 벌기도, 불리기도 쉽지가 않다. 코로나19 같은 위기가 갑자기 닥치기 전에 자산을 잘 관리해 둬야 함을 뼈저리게 느끼는 요즘이다. 이런 위기나 은퇴를 미리 준비하려는 이들에게 이 책은 단순한 투자 가이드 이상이다. 어려운 연금의 개념과 활용법, 요즘 더욱 뜨거운 관심사가 된 주식과 부동산 투자법은 기본이다. 달라진 시대의 소비 방법, 내 돈을 똑똑하게 관리하는 핀테크 활용법 등도 담았다. 이 책을 잘 보이는 곳에 꽂아두고 목차를 일종의 '노후준비 체크리스트'로 삼아 내용을 틈틈이 실행해보길 권한다.

최광해 우리금융경영연구소 대표이사

은퇴 자금을 모으기 막막하고 코로나19 같은 위기가 두려운가. 이 책으로 차근차근 공부해 자산을 리모델링하면 두려울 게 없을 것이다. 이 책은 식을 줄 모르는 아파트 청약의 가이드라인, '포스트 코로나' 시대 주식투자의 방향, '영끌족'이 유념해야 할 대출 방정식, 강화된 세제를 활용한 세테크 등 따끈따끈한 최신 동향을 반영했다. 이런 내용을 놓치면 급변하는 시장에서 한 템포씩 늦어져 땅을 치고 후회할지 모른다. 요즘 워낙 저금리가 길어지고 투자할 곳이 변변치 않으니 이런 변화를 더 많이 공부하고 더 기민하게 투자 전략을 세워야 한다. 이 책은 우리가 저금리, 저성장 시대를 살아가며 닥칠 위기에 맞서 싸울 보검이 되어 줄 것이다.

고준석 동국대 법무대학원 겸임교수

코로나19가 불러온 초저금리와 유동성은 경제 사회적 양극화를 심화시켰고, 사람들은 너도나도 자산 투자에 뛰어들었다. 하지만 백신 이후에 달라질 투자환경에서도 '영끌' 투자자들이 계속 웃을 수 있을까. 묻지마식 '빚투' 시장에 합류한 개미들에게 경고음이 들려오기 시작했다. 현명한 자산관리를 위해, 계속 투자와 리스크 관리를 위해 전문적인 조언과 학습이 필요한 때다. 저자는 은퇴 연금은 물론 주식, ETF, 아파트 청약 등 기초적인 자산 투자 공식부터 세금과 대출 관리를 통해 리스크를 줄이는 법까지 일목요연하게 짚어준다. 자산관리를 고민하는 이들에게 좋은 안내자가 되어 줄 것이다.

김규정 한국투자증권 자산승계연구소장

시중엔 재테크 정보가 넘치고 넘쳐난다. 동학 개미들이 나서서 지수 3,000을 돌파하고 세대를 막론하고 주식에 관심이 높다. 내 집 마련은 더 어려워졌지만 꼭 이뤄 내야 할 지상과제다. 언젠가 50대 한 분이 "연금을 몇 년이라도 더 젊었을 때 알았더라면…"이라고 말한 것을 들은 적이 있다. 이 책은 증권, 부동산, 예금, 대출, 연금까지 재테크의 핵심과 포트폴리오를 담아냈다. 경제, 금융, 산업 등 현장에서 15년을 뛴 기자가 철저한 팩트체크를 거쳐 옥석을 가려 알짜 정보를 추려내 믿음이 간다. 아무리 노련한 투자자라도 기본을 벗어나거나 자칫 잘못된 정보에 휩쓸리다 낭패를 볼 수 있다. 이 책은 어려운 경제 개념이 술술 쉽게 읽혀 초보자들이 기초적인 교과서로 삼을 만하다.

조경엽 전 KB금융경영연구소장

지금 당장
은퇴를 준비해야
가난을 피할 수 있다

🔓 40대는 당당하기만 할 줄 알았다

"40대 중반에 애가 둘인데, 불러주는 곳이 있는 것만으로 고맙지."

얼마 전 만난 한 선배의 말에 꽤 놀랐다. 항상 당당하게 일과 삶을 긍정하던 워킹맘 선배. 그녀는 언제나 더 화려한 경력만 꿈꿀 줄 알았다. 직장에 빛나는 자리와 대우를 요구하리라 생각했다. 하지만 인사철을 앞두고 겸허한, 아니 절박한 모습을 보일 줄은 몰랐다. 또 다른 자리에서 만난 50대 초반의 선배는 굉장히 복잡한 표정으로 말했다. "40대에는 정말 많은 변화가 몰려온다." 그냥 지나가듯 한 말인데 내겐 어떤 경고처럼 들렸다.

나도 사회에 첫걸음을 내딛던 20대엔 40대가 되면 멋질 줄만 알았다. 영화 〈악마는 프라다를 입는다〉에서 비록 악역이긴 했지만 승승장

구했던 패션잡지사 편집장 미란다처럼, 자기 이름을 딴 프로그램을 진행하는 CNN 간판 앵커 크리스티안 아만푸어처럼 말이다. 40대엔 20, 30대의 어리숙함과는 이별하고 주름은 좀 늘었지만 내공도, 사회에서 나의 가치도 커질 것으로 마땅히 예상했다.

하지만 현실은 그렇지만은 않다는 걸 경험해보니 깨닫게 됐다. 하루하루 쳇바퀴 돌듯 출근하고 아이들을 키우다 보니 몰랐는데 40대는 더이상 당당하기가 힘들어졌다. 오히려 초라해지지 않으면 다행이라 해야 할까. 30대엔 실수를 해도 그나마 '성장통'으로 포장할 수야 있다. 하지만 40대부터는 좀 다르다. 한순간의 실수로 커리어의 운명이 결정될 수도 있는 것이다.

한국경제는 더 이상 우리 아버지 세대가 일하던 고성장기가 아니다. 이례적인 저성장의 파도가 우리를 덮치고 있다. 기업 경영이 빠듯해지며 구조조정의 주인공은 50, 60대가 아니라 40대, 때로는 30대로 내려온 지 오래다. 신종 코로나바이러스 감염증(코로나19)으로 인해 여기저기서 한숨 소리가 더 많이 들린다. 주변을 찬찬히 둘러보면 현실이 더차갑게 느껴지는 요즘이다.

3040에게 소리 없이 닥치는 위기

조금 더 냉정하게 중년의 현실을 짚어볼까. 통계적으로도 40대의 위기는 심각하다. 40대 기혼 가구 10곳 중 6곳 꼴로 소득이 갑자기 줄어드는 '소득 절벽'을 이미 경험하고 있다. 이 연령대엔 경제 활동이 한창 활발하고 자녀가 있다면 자녀교육에 적극적이다. 그런데 하필이면 이럴 때 갑작스러운 실직이나 사업 실패를 겪는 이들이 많다. 어려운 일은 꼭 이렇게 한꺼번에 찾아온다. 안타깝지만 이는 신한은행의 〈2019년 보통 사람 금융생활 보고서〉에서 등장한 현실이다.

소득 절벽을 경험한 시기는 평균적으로 40대 초입인 40.2세였다. 소득 절벽의 원인으로는 '퇴직 및 실직'(37.7%)이 가장 많았다. 경영 악화로 인력을 줄이는 기업이 늘어나며 구조조정 한파가 40대에까지 닥쳤다. 뒤이은 원인은 '경기 침체'(28.5%), '사업 및 투자 실패'(13.1%), '이직 및 전업'(11.8%), '근로조건 변화'(5.5%) 순이었다.

물론 40대는 아직 젊다. 젊기에 40대 기혼가구 10곳 중 8곳은 결국 이전 소득을 회복할 수 있었다. 그런데 소득을 회복하기까지 평균 3.7년이나 기다려야만 했다. 거의 4년이란 시간이 걸린다니…. 40대들은 한창 쑥쑥 자라는 아이들 교육비, 생활비를 감당하느라 빚을 내며 힘겹게 버텼을 것이다.

얼마 전 노후 파산에 내몰린 노인들을 취재했다. 이들의 공통점은 40대 때 실직이나 사업 실패로 가세가 기운 경험이 있다는 점이었다. 40대에 한 번 빚의 늪에 빠지면 노년엔 파산에 이르게 됐다. 환갑을 훌쩍 넘은 인생 선배들에게서 '예기치 못한 위기를 미리 대비하지 않으면 노후가 정말 불행해진다'는 얘기를 정말 많이 들었다.

여기에 코로나19가 우리의 삶을 더 흔들었다. 코로나19 타격으로 일터를 떠나는 사람들이 늘고 있다. 자영업자들은 어쩔 수 없이 가게 문을 닫고 있다. 코로나19 터널의 끝은 오겠지만 앞으로 또 어떤 위기가 갑자기 닥칠지 알 수 없는 일이다.

💼 우리의 노후는 부모보다 가난하다

'부모님이 내게 해준 만큼 내가 내 자식들에게 해줄 수 있을까.' '나의 노후는 우리 부모의 노후보다 편안할까.' 이런 의문에 단칼에 답해준 보고서가 있다. 〈부모보다 더 가난하다 Poorer Than Their Parents〉라는 제목의, 맥킨지글로벌연구소가 이미 2016년 발간한 보고서다. 우리 세대는 부모 때보다 더 가난하게 살 것이란 얘기다. 보고서에 따르면 선진국 가구 중 65~70%의 실질 시장소득은 2005~2014년 정체되거나 줄었다. 우리가 부모보다 가난해지기 쉽다는 사실을 통계적으로 보여준다.

왜 우리의 삶은 이렇게 더 팍팍해지는 걸까. 왜 부모세대보다 힘들게 살게 되는 것일까. 세계적으로 저성장이 뉴노멀이 돼 버렸기 때문이다. 기업들은 경영 환경이 나빠질수록 한창 일하고 싶어 하고 회사의 중추 역할을 하는 3040도 내보내게 된다. 우리의 일자리가 불안정해지고 있는 것이다. 게다가 금리는 계속 낮아지기만 하니 그나마 갖고 있던 돈도 잘 불어나질 않는다. 어디 그뿐인가. 근로소득이고 투자소득이고 변변치 않은데, 돈이 나갈 곳은 늘어난다. 고령화로 노인이 된 자녀가 노인 부모를 부양하니 노후자금은 그야말로 금이 간 유리지갑이나 다름 없다.

💼 달라진 저성장 · 저금리 시대, 투자도 소비도 달라져야

차디찬 현실 앞에서 정신을 차리고 제대로 따져보자. 우리의 노후 주머니 사정을 지금부터 가늠해보고 준비해야 한다. 과연 노후엔 돈이 얼마나 필요한 걸까. 하나금융 100세 행복연구센터가 2020년 발표한 〈대한민국 퇴직자들이 사는 법〉 보고서에 따르면 퇴직자들은 은퇴 후 월 400만 원가량이 필요하다고 한다. 여유롭게 퇴직 후를 즐기는 '금퇴金退족'은 금융자산만 평균 1억 2,000만 원을 쌓아두고 있었다. 이는 부동산 등 다른 자산을 제외한 값이다.

그렇다면 다들 이 정도는 은퇴까지 모을 수 있을까. 현실은 이상과 달랐다. 은퇴자들의 평균 생활비는 바짝 줄여 월 252만 원가량이었다. 이마저도 안 되는 이들이 꽤 됐다. 지금 은퇴 세대야 국민연금이라도 제대로 나오니 다행일 수 있지만 지금의 중년이 은퇴한 뒤엔 국민연금 수령액이 줄어들 예정이다. 연금만으로는 생활비가 여의치 않을 수 있다.

언제 닥칠지 모르는 은퇴 후에 월 400만 원씩 가뿐하게 쓸 수 있으려면 어찌해야 할까. 저성장·저금리 시대에 맞게 투자 방법도, 소비 방법도, 리스크 관리법도 싹 달라져야 한다. 그래서 이 책에는 우리가 은퇴 이후 안정적인 삶을 위해 미리미리 어떻게 투자해야 하는지는 물론 어떻게 소비할지, 어떤 위험을 어떻게 관리해야 할지도 담았다.

💼 이 책의 활용법

이 책에는 첫 단계로 '노후의 월급'인 연금을 관리하는 법을 정리했다. 투자 부문에선 은퇴 이후를 준비하기 좋은 방법을 중점적으로 소개했다. '포스트 코로나' 시기의 주식 투자법, 새롭게 떠오른 공모주 청약, '로또'가 된 주택 청약 전략과 자금조달계획서 작성법 등 따끈따끈한 뉴스를 소개한다. 세테크 부문에선 2020년 개정세법을 반영했다.

'핀테크 소비' 부분에선 앞으로 대세가 될 애플리케이션 결제, 오픈 뱅킹, P2P금융을 활용해 자산을 키우는 내용을 소개한다. 마지막으로 위험 관리 측면에선 투자자들이 억울하게 돈을 날리지 않도록 위험 지대를 알려준다. 책에 소개한 법과 제도 등은 2020년 12월을 기준으로 소개했다.

은퇴를 미리 준비하고 위기에 대비하려면 어떤 준비가 필요할지 생각해보며 목차를 짰다. 이 책의 목차가 은퇴와 예기치 않은 위기를 준비하는 일종의 '체크리스트'로 활용되길 기대한다. 책 후반에는 '도움 말씀 주신 분' 명단을 실었다. 현장의 이야기를 열심히 들려주신 분들이다. 분야별로 전문가들을 정리해 독자들이 좀 더 깊은 정보가 필요할 때 직접 문의할 수 있도록 했다. 각 챕터마다 말미엔 '세 줄 요약'으로 핵심만 다시 정리했다. 바쁜 독자들에게 유용한 메모가 되길 바란다.

💼 금융 현장의 전문가들이 들려준 조언을 집약

이 책은 한 사람의 재테크 성공기가 아니다. 연금, 주식, 부동산, 세금, 핀테크, 부채관리 등 다양한 전문가들의 조언을 짜임새 있게 정리한 플랫폼이다. 기자로서 15년간 취재하며 익힌 건 적재적소의 전문가를 선별하고, 좋은 질문을 하는 방법이다. 금융위원회, 금융감독원, 기획재정부, 은행, 보험·카드·증권사, 부동산 업계 등을 출입하며 만났던 전문가들에게 귀한 조언을 들었다. 돈을 쓰고 모을 방향을 꼼꼼하게 질문하고 기록했다. 하루하루 열심히 돈을 벌고 의미 있게 소비하려 애쓰는 이 책의 예비 독자들을 생각하면서 최선을 다해 한 권에 아낌없이 정보를 집약했다.

　재테크 정보는 넘쳐난다. 양질의 정보도 많지만 무분별하게 쏟아지는 정보들에 휩쓸렸다가 손해를 보는 이들이 수두룩하다. 일부 전문가들은 자신의 이해관계가 얽혀 있는 분야에 투자할 것을 권하기도 한다. 그래서 기자로서 다양한 재테크 경로를 소개하면서도 주의할 점, 경계해야 할 내용을 균형감 있게 안내하고자 노력했다.

　재테크 정보를 많이 아는 사람들은 돈을 벌고 정보에서 소외된 이들은 손해를 보는 세상이다. 이런 불균형을 해결하는 데 조금이나마 이 책이 도움이 되면 좋겠다. 금융에 무심하던 이들에게 도움이 되도록 복잡한 개념을 최대한 쉽게 풀어쓰려 노력했다. 비록 깊이가 부족할지라도 쉽고 재미있게 읽히는 책이라면 좋겠다. 요즘 흔히 말하는 '재린이(재테크 어린이)', '주린이(주식 어린이)', '부린이(부동산 어린이)'들에게 도움이 되길 기대한다.

　책이 나오기까지 아낌없이 도움을 주신 전문가들께 감사의 말씀을 올린다. 집필뿐 아니라 나의 삶을 항상 지지해주는 남편과 양가 부모님, 그리고 늘 나아갈 힘을 주는 두 아이에게 고마움을 전하고 싶다. 또 나를 기자로 키워준 동아일보의 선후배와 동료들이 없었다면 이런 집필의 기회도 없었을 것이다. 더불어 출판의 기회를 주신 시공사 관계자분들께도 감사드린다.

2021년 2월
조은아

3040,
지금부터 마련하는
은퇴 자금

chapter 1

국민연금을
평생 월급으로
만드는 법

"퇴직한 뒤 일을 더 해야 한다는 절박감은 없어요."

1년 전 퇴직한 60대 A 씨는 당분간 60대를 즐기기로 했다. '일할 때 미뤄뒀던 인문학을 공부해볼까'라며 행복한 고민도 해본다. 요즘은 시간이 날 때 틈틈이 등산을 한다. 신종 코로나바이러스 감염증(코로나19) 확산세가 심하지 않을 땐 공연도 종종 보러 다녔다. 이 모두가 여윳돈이 든든하게 있기 때문이다. 일은 다시 하고 싶어질 때가 오면 무얼 할지 생각해 보려 한다.

그는 막대한 유산을 받는 '금수저'가 아니다. 대신 30대부터 은퇴를 준비한 덕에 여유로운 노후를 맞게 됐다. 일단 30대 때부터 서울 강남의 아파트를 사들였다. 집 한 채는 빨리 마련하자는 생각에서였다. 뒤돌아보면 지금 같은 부동산 폭등기는 아니었으니 가능한 일이었다.

젊었을 때부터 '은행에 가면 개인연금은 무조건 가입한다'는 생각을 했다. 이곳저곳에 개인연금을 들어 10만 원씩이라도 납입했다. 은행에 들르면 예·적금도 뭐든 하나씩 꼭 가입하고 돌아왔다. 납입금이 5만 원씩밖에 안 되는데도 말이다. 그렇게 하다 보니 노후에 매달 들어오는 돈이 300만 원을 넘는다. 이 외에 현금화할 수 있는 자산이 7억 원대. A 씨는 '돈이 떨어지면 집이든 뭐든 팔면 되지'라고 생각한다. 그러니 매사 여유롭다.

'노후 자금이 충분하다'라고 당당하게 말하는 이들이 있다. A 씨처럼 일찍이 은퇴를 염두에 두며 자산을 준비한 이들이다. 요즘 이들은 '금수저'도 아닌 '금퇴족'이라 불린다. 금퇴족은 자식에게 손 벌리지 않아도 되기에 당당하다. 가끔 분위기 좋은 곳에서 외식을 즐기고 친구 부부들과 여행을 떠난다. 이제야 원하는 취미를 마음껏 즐긴다. 휴일 없이 달려온 30, 40대가 아깝지 않을 만큼 말이다. 그래서 금퇴족들은 흔히 말한다. '은퇴하니 더 행복해', '비로소 내 자신을 찾았어'라고 말이다.

금퇴족 되려면 연금 가입 서둘러야

과연 나는 금퇴족이 될 수 있을까? 일찍 준비하면 금수저는 아니어도 금퇴족은 하기 나름이다. 하나금융그룹 100년 행복연구센터가 2020년 5월 내놓은 리포트가 눈길을 끈다. 금퇴족을 분석한 내용이다. 보고서를 보자면 금퇴족 되기는 금수저를 물고 태어나기만큼 어려워 보인다. 설문에 답한 50대 이상 퇴직자 1,000명 중 스스로 금퇴족이라 답한 이는 8.2%뿐이었다.

퇴직자들 월 평균 생활비, 얼마나 쓰나	
생활 유형	월 평균 생활비
경제활동 안 함	232만 2,000원
파트타임 취업	234만 6,000원
풀타임 취업	267만 6,000원
창업	277만 8,000원
퇴직자 전체	251만 7,000원

출처: 하나금융그룹 100년 행복연구센터

당신이 50대가 되기 전이라면 좀 다를 수 있다. 금수저는 아닐지라도 금퇴족이 될 기회는 얼마든지 만들 수 있다. 우선 금퇴족들의 조언을 잘 들어보자. 금퇴족들은 무엇보다 "연금 가입을 서둘러라"라고 강조했다.

은퇴 준비의 기본은 연금이다. 금리가 낮아 수익이 나기 힘든 시대, 저성장으로 젊은 층도 어쩔 수 없이 조직에서 밀려나는 시대라 연금이 귀해졌다. 연금 받는 직업이 그리 인기가 많다고 하지 않던가. 시대를 반영한 자연스런 현상이다.

연금은 국가에서 주는 국민연금, 사적연금인 개인연금과 퇴직연금의 3중 구조를 모두 갖춰야 안전하다. 이 가운데 국가가 굴려주는 국민연금에 대해서는 가장 무심하기 쉽다. '내가 손 쓸 수 있는 돈이 아니다'라는 생각 때문이다. '그냥 두면 받게 된다'라고 생각하고 방치하기 쉽다. 하지만 국민연금도 제대로 파악하고 있지 않으면 뒤통수를 맞을 수 있다. 관리를 제대로 안 하면 '평생 월급'은 남의 얘기일 뿐이다. 국민연금 기금이 줄어들고 있어 수령액이 '노후의 월급'이라고 부르기엔 너무 쥐꼬리만 할 수 있기 때문이다.

게다가 불안한 뉴스가 많아졌다. 국민연금이 바닥나는 시기가 2057년에서 2054년으로 앞당겨질 것이란 전망이 나온다. 20대가 연금을 받는 65세가 되기도 전에 연금 적립금이 바닥난다는 얘기다. 기금은 2040년부터 줄어들기 시작할 것이라고 한다.

정부는 늦기 전에 국민연금 제도를 개편하려 했다. 적립금 고갈을 막기 위해 보험료 등을 조정하는 내용으로 말이다. 하지만 계속 답은 못 내놓고 있는 게 현실이다. 조만간 개편이 완료되지 않으면 노후 평생월급은 정말로 옛말이 되어버릴 수 있다.

국민연금 적립금 언제 고갈되나

연도	적립금
2019년	681조 5,000억 원
2039년	1,430조 9,000억 원
2054년	−163조 9,000억 원

출처: 국회예산정책처

그렇기에 국민연금 가입 대상이 아니어도 스스로 가입해볼 필요가 있겠다. 국민연금이 불안하다면 다른 사적연금 가입도 고려해보자. 이 모든 게 국민연금에 대한 이해에서 시작한다. 우리는 '받는 게 당연하겠거니'라고 생각하는 국민연금을 얼마나 제대로 알고 있는지 점검할 필요가 있다.

연금, 얼마나 받게 될까

우선 국민연금이 무엇인지, 내 연금액은 어떻게 정해지는지 기본부터 알고 보자. 국민연금은 노령연금, 장애연금, 유족연금이 있다. 이 가운데 기초는 노령연금이다. 우리가 국민연금이라면 흔히 떠오르는 '노후의 월급' 말이다. 나이가 들어 일을 못할 때 국가가 책임지고 주는 돈이다. 노령연금을 받으려면 10년 이상 다달이 국민연금에 보험료를 내야 한다. 보험료는 월평균소득의 9% 수준이다.

국민연금은 만 18세 이상 60세 미만이면 누구나 가입할 수 있다. 2020년 6월 말 기준 2,218만 8,000여 명이 가입돼 있다. 회사에 다니거나 개인 사업을 하며 소득이 있으면 의무적으로 가입해야 한다. 직장을 다니면 '사업장가입자'라고 한다. 회사와 내가 반반씩 나눠 연금을 낸다. 회사와 내가 각각 월평균소득의 4.5%씩 내는 것이다.

이 외에 자영업, 개인 사업을 하는 사람은 '지역가입자'라고 부른다. 본인이 돈을 내야 한다. 전업주부처럼 소득이 없어 국민연금 의무가입자가 아니라면 임의가입자가 될 수 있다.

만 60세가 됐는데 가입 기간이 워낙 짧아 걱정이라면? 신청해서 돈을 더 낼 수 있다. 단 65세 전까지만 신청이 가능하다. 이런 사람들을 '임의계속가입자'라고 한다. 60세면 가입이 종료되지만 더 가입하기로 결정한 사람들이다. 이들은 보험료를 전액 내야 한다.

그렇다면 언제부터 연금을 받을 수 있을까? 제도에 따라 연금을 받는 나이는 조금씩 달라진다. 2012년까진 만 60세부터 연금을 받았다. 하지만 다음 해부터 수급 나이가 5년 주기로 1세씩 높아져 1969년생 이하는 모두 만 65세부터 연금을 받는다.

내가 받는 연금액 수준은 어떻게 결정될까. 국민연금 전체 가입자의 평균소득과 내가 가입한 기간 동안의 평균 소득월액 및 가입 기간 등을 고려해 결정된다. 물론 돈을 많이 벌어 평소에 많이 냈다면 노후의 연금액도 많아진다. 하지만 고소득자라고 막대한 보험료를 낼 수 있는 건 아니다. 월 보험료에도 하한과 상한이 있다. 또 소득에 비례해 연금액이 치솟지는 않는다. 연금수령액은 전체 가입기간 평균 소득이나 마지막 5년간의 평균소득을 넘어설 수 없다. 이는 모두 소득재분배 효과를 위해서다. 고소득자가 과도하게 연금을 수령하는 걸 막는 장치다.

내가 특별히 굴리진 않으니 국민연금은 그냥 방치하기 쉽다. 그래도

65세부터 매월 얼마나 받게 될지 미리 파악해둘 필요가 있다. 마음 놓고 있다가 노후에 '고작 이 정도였어?'란 말이 나올 수도 있다. 너무 늦게 깨달으면 노후에 너무 궁해질 수 있다.

내가 지금까지 납부한 보험료는 PC나 스마트폰에서 확인할 수 있다. PC로 보려면 '내연금' 홈페이지(csa.nps.or.kr)에 접속해 로그인을 한다. 이어 '국민연금 알아보기', '가입내역 조회'를 거치면 된다. 스마트폰에선 '내 곁에 국민연금' 애플리케이션을 활용하면 된다.

국민연금 가입자 종류

유형사업	대상
사업장가입자	국민연금에 가입된 사업장의 18세 이상 60세 미만의 사용자 및 근로자. 지역가입자가 사업장에 취업하면 자동으로 사업장가입자가 된다.
지역가입자	국내에 거주하는 18세 이상 60세 미만의 국민으로 사업장가입자가 아닌 사람. 주로 소득이 있는 자영업자, 프리랜서 등이다.
임의가입자	국내에 거주하는 18세 이상 60세 미만의 국민으로 사업장가입자 및 지역가입자가 아닌 경우. 자신이 선택해 가입자가 된다. 주로 소득이 없는 전업주부, 18세 이상의 학생 등이다.
임의계속 가입자	국민연금 보험료 납부가 중단되는 60세 이후에도 보험료를 더 납부하는 사람. 65세 전까지 신청 할 수 있다.

출처: 국민연금공단

🪙 주부, 아르바이트생도 연금 가입

'남편이 퇴직하면 제대로 살 수나 있을까….'

40대 주부 B 씨는 남편의 퇴직 이후를 상상할 수 없다. 돈이 들어오는 지금도 대출 때문에 '마이너스 삶'을 살고 있기 때문이다. '언제 빚을 털어낼지 모르는데 노후엔 안정적으로 살 수나 있을까.' 이런 생각이 들면 머리가 지끈지끈 아파온다. 그러니 이런 생각이 들면 회피하기에 바빴다.

하지만 더 이상 미룰 수 없는 고민이 되었다. 경제가 어려우니 회사에서 언제 퇴직할지 모르는 것이 현실이기 때문이다. 예·적금 금리도 뚝뚝 떨어지니 돈 모으기가 쉽지 않다. B 씨는 이제 '국민연금에 가입해야 하나'라며 고민 중이다. 연금저축보험 같은 사적연금과 공적연금 사이에서 저울질하고 있다.

이처럼 전업주부들은 국민연금에 가입할 생각을 하기가 쉽지 않다. 생활비 내기도 빠듯하니 말이다. 일단 남편 월급과 연금으로 노후를 해결하자고 생각하기 마련이다. 무엇보다 큰 오해가 있다. 주부들은 '남편이 연금액을 받는데 나까지 연금을 받을 수 있을까'라는 생각을 많이 한다. 하지만 주부도 얼마든지 가입자가 될 수 있다. 남편도 연금을 받고 내 연금도 제대로 꼬박꼬박 받을 수 있다.

전문가들은 주부들 또한 소액씩 납입하길 권한다. 경제가 불안할수록 노후 월급이 절실하기 때문이다. 주부, 학생 같은 임의가입자의

국민연금 임의가입자 얼마나 늘었나

연도	임의가입자 수
2010년	9만 222명
2011년	17만 1,134명
2012년	20만 7,890명
2013년	17만 7,569명
2014년	20만 2,536명
2015년	24만 582명
2016년	29만 6,757명
2017년	32만 7,723명
2018년	33만 422명
2019년	32만 8,727명

연말 기준   출처: 국민연금공단

경우 2009년 12월 말 3만 6,368명이었지만 10년 뒤 32만 8,727명으로 상승했다.

　물론 사적연금을 더 선호할 수도 있다. 하지만 요즘 재무컨설턴트들은 국민연금에 대해 기본 중의 기본이라고 조언한다. 일단 국민연금에 들고 퇴직연금, 개인연금을 얹어 '3중 안전장치'를 갖추라는 얘기다. 국민연금공단에선 국민연금의 장점으로 물가상승률이 반영된다는 점, 평생지급이 보장된다는 점을 꼽는다. 그래서인지 주부, 학생 등 임의가입자들이 늘고 있다. 노후 걱정에 자발적으로 국민연금에 가입하고 있는 것이다.

　임의가입자들은 일단 소액이라도 부어 가입 기간을 늘리는 게 중요하다. 스스로 보험료 수준을 선택할 수 있다. 보험료는 기준소득월액의 9%다. 기준소득월액에는 상한과 하한 수준이 있는데 기초 생활 수급자가 아닌 임의가입자들은 상한액이 503만 원, 하한액이 100만 원이다. 월 보험료로 따지면 기준소득월액에 보험료율(9%)을 곱해 9만 ~45만 2,700원 사이에서 선택할 수 있다.

　개인 사업을 하면 국민연금 가입이 선택사항일까. 선택사항이라고 생각하는 사람들이 의외로 많다. 사실 개인 사업자는 의무가입자다. 사업자등록이 됐으면 가입해야 한다. 소득이 있으니 국민연금 보험료를 납부해야 한다.

　직장을 그만두고 프리랜서로 일하게 될 때도 고민이 생긴다. 한 푼이 아쉬운데 국민연금에 돈을 내야할지 말아야 할지…. 소득이 있다면 국민연금을 납부해야 한다. 이럴 때도 조금씩 부어두면 노후에 도움이 된다.

아르바이트를 해도 기준에 충족되면 사업장가입자로 가입해야 한다. 단 예외도 있다. 1개월간 근로시간이 60시간(주당 평균 15시간) 미만이면 사업장 가입자가 될 수 없다. 다만, 예외자 중에서도 일정 조건을 구비해서 신청하거나 3개월 이상 일하고 있는 대학 시간강사 등은 가입 대상이 되니 꼼꼼히 알아볼 필요가 있다.

💼 실직하면 '납부 예외 신청'하기

경기가 안 좋을 땐 가게 문을 닫거나 실직하는 사람들이 많다. 이럴 땐 기존에 가입했던 국민연금도 끊어야 할까. 그러고 싶은 유혹이 큰 게 사실이다. 당장 생계가 급급하니 말이다. 그렇다고 지금까지 납부한 보험료를 돌려주지는 않는다. 본인의 연금 수령 시기가 되어야 연금(가입기간 10년 이상)이든, 일시금(가입기간 10년 미만)이든 지급 받을 수 있다.

이럴 땐 납부 예외를 신청해보자. 사업이 중단되거나 실직이나 휴직이 되면 납부 예외 신청으로 보험료를 안 낼 수 있다. 이 기간은 연금 납입기간에 포함되지 않는다. 그만큼 연금급여액을 계산할 때 납입기간이 짧아져 연금액이 줄게 된다. 하지만 나중에 일을 다시 시작할 때 이 기간의 연금액을 회복할 수 있다. 납부하지 못한 기간의 보험료를 한꺼번에 낼 수 있다. 물론 나눠 낼 수도 있다. 월 단위로 최대 60번 분할 납부가 가능하다.

이처럼 실직, 휴직이나 사업 중단 등으로 국민연금 보험료를 못냈다면 '추납'을 고려해볼 만하다. 추후납부란 뜻이다. 강남 주부들의 노후 재테크 수단으로 떠오른 추납. 연금 보험료를 낼 수 있는 여건이 되면 한꺼번에 낼 수 있다. 그래서 고소득자들이 노후에 추납해 국민연금 가입기간을 늘리기도 한다. 최근 이런 점이 문제되어 추납 기간이 10년으로 제한되기도 했다.

부모님의 연금도 미리 관리해드리자

40대 직장인 C 씨는 어머니의 국민연금 추가 납부를 두고 몇 개월째 고민이다. 어머니가 올해 만 60세가 되어 납입이 종료됐는데 워낙 납입 기간이 짧았다. 연금수령액이 그만큼 적게 산정될 것이고, 어머니가 고작 월 20만 원가량 받으실 생각을 하니 안타깝다.

흔히 부부의 연금 외에도 부모의 연금 문제로 골머리를 앓는다. 부모의 노후가 내 노후 준비만큼이나 짐으로 다가오기 때문일 것이다. C 씨 같은 경우엔 먼저 '얼마를 더 내면 얼마를 더 받을 수 있는지'를 확인해야 한다. 이는 국민연금 홈페이지나 애플리케이션에서도 확인할 수 있다. 예상 액수를 따져 보고 추가로 내도 부담이 크지 않다면 가급적 내는 게 좋겠다. 국민연금은 다른 사적보험보다 더 안정적이고 예상 가능하니 말이다.

만약 부모님이 만 60세가 되셨을 때 가입기간이 부족하거나 향후 더 많은 연금을 받고 싶다면 기간을 연장할 수 있다. 만 65세가 되기 전까지 신청하면 된다. 이런 경우를 '임의계속가입'이라고 한다. 이 때 연금을 수령할 때 세금이 많이 늘어나진 않는지 확인할 필요가 있겠다.

📱 자녀가 만 18세가 되면 국민연금에 가입시키자

'아는 사람들은 자녀가 만 18세가 되면 재깍 국민연금에 가입시킨 다면서요?'

재테크 카페에 흔히 올라오는 질문이다. 맞는 사실이다. 만 18세가 되면 취업하지 않았더라도 본인이 원하면 가입할 수 있다. 자녀들은 일찍 가입할수록 노후에 탈 수 있는 연금액이 많아지는 것이다. 물론 지금 세대가 타는 만큼의 혜택을 못 볼 순 있다. 그래도 노후에 안정적인 용돈이 들어온다는 게 어딘가. 이런 생각을 하는 중장년층들이 서둘러 자녀들을 국민연금에 가입시킨다. 노후에 한 푼이라도 더 받으라고 말이다. 만 18세 이상인 학생은 소득이 없으면 임의가입자로 분류된다. 임의가입자는 국민연금 전체 가입자의 소득에서 중간 수준으로 보험료를 계산한다. 중간치는 현재 월 100만 원 수준이니 보험료는 월 9만 원인 셈이다.

만약 만 20세인 자녀가 2020년 국민연금에 가입해 60세까지 40년 간 꾸준히 보험료를 낸다고 가정해보자. 그러면 자녀는 65세부터 월 69만 5,000원대를 받는다. 이는 국민연금공단의 노령연금 예상연금월 액표를 참고해 추산한 결과다. 만 30세인 사람이 2020년 국민연금에 가입해 같은 조건으로 보험료를 내면 좀 다르다. 이 사람이 받는 돈은 매달 52만 3,000원 대다. 가입이 10년 늦은 사람은 매달 들어오는 돈 이 약 17만 원 줄어드는 셈이다.

🏠 국민연금에도 세금이 붙는다

막상 연금을 받을 때 수령액이 예상보다 적어 당황할 수 있다. 세금을 원천징수한 금액을 받게 되기 때문이다. '국민연금에도 세금을 내야 하나'라고 의아할 수 있는 일이다. 원래부터 연금액에 세금이 붙는 건 아니었다. 2002년에 납부한 분부터 연말정산 때 소득공제 대상에 포함됐고 나중에 연금을 수령할 때 과세되기 시작했다. 그 전에 납입한 보험료는 소득 공제 대상에 포함되지 않았고 연금 수령 시 세금도 붙지 않는다. 또한 2002년 이후 납부한 보험료라고 하더라고 소득 공제를 받지 않았다면 해당분에 대한 연금액은 과세되지 않는다.

기본적으로 가입자는 소득공제를 받고 세금을 낸다. 연금수령액이 많을 것으로 예상되면 세금을 확인해 보는 게 좋겠다. 예상연금액에 따른 예상 세금을 확인할 수 있는 방법이 있다. 전화로 국번 없이 1355번(국민연금공단 콜센터)으로 문의하면 된다. 주민등록번호를 알려주면 60세 때까지 보험료를 낼 때 연말 소득공제액과 예상 세금을 가늠해볼 수 있다.

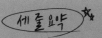 세줄요약

* 주부도 일찍이 가입해 보험료를 조금씩 납입해야 유리하다.
* 개인 사업을 잠시 접어야 하면 보험료 납부 예외를 신청하자.
* 자녀가 만 18세가 되면 국민연금을 납부하는 게 좋다.

chapter 2

퇴직연금, 무관심하면 배신당한다

몇 년 전 대학 후배 A가 입사 10년 차가 됐을 무렵 퇴사하며 황당한 표정으로 말했다. "선배, 퇴직금이 얼마나 나올지 알고 있어요? 생각보다 너무 적어서 정말 놀랐네…." 퇴직 후 마음 정리를 할 겸 해외로 훌쩍 떠나 퇴직금을 써보려 했던 그녀. 퇴직금이 예상 외로 적어 예산이 확 빠듯해졌다. 물론 정년을 채우기 한참 전에 퇴사했으니 퇴직금이 적은 건 당연한지 모른다. 하지만 후배는 말했다. "내가 정년까지 채우더라도 퇴직금이 많이 나올 것 같진 않더라고요."

하루하루 열심히 일하는 우리들, 월급은 꼬박꼬박 잘 챙겨 쓴다. 정작 퇴직할 때 받는 퇴직금에 대해서는 얼마나 관심을 갖고 있을까. 조기 은퇴를 계획하는 이가 아니면 퇴직은 머나먼 일로 여기기 마련이다. 사실 퇴직금은 따져보기가 힘든 게 사실이다.

퇴직연금 정책을 담당하던 금융당국의 한 관료도 사람들이 퇴직금에 무심한 현실을 안타까워했다. 퇴직연금 운용 수익률을 높이는 방향으로 제도를 바꿔보려 해도 국민들의 관심이 호응해주질 않는다고도 했다.

퇴직연금 운용 수익률을 살펴보면 퇴직연금을 잘 관리해야 한다는 경각심이 퍼뜩 생긴다. 금융감독원에 따르면 퇴직연금 연간 수익률은 2019년 기준 2.25%였고 최근 5년간 수익률의 연간 평균치는 1.76%이다. 앞으로 저금리 추세가 길어지면 수익률이 더 떨어지기 쉽다. 퇴직연금을 제대로 얼마나 잘 이해하고 준비하느냐에 따라 퇴직 때 황당해할지, 뿌듯해할지가 결정된다. 퇴직 전에야 재테크에 실패해도 기회가 있다. 하지만 회사를 떠나며 퇴직금이 초라하면 만회할 기회도 마땅치 않으니 더 우울하지 않을까. 든든한 노후를 위해선 퇴직연금 전략이 영리해져야 할 때다.

🏠 복잡한 퇴직연금제도의 종류

퇴직연금제도란 근로자가 퇴직할 때 연금이나 일시금으로 퇴직급여를 받을 수 있는 제도다. 연금 형태로는 만 55세가 되어야 받을 수 있다. 퇴직연금은 크게 3가지로 나뉜다. 확정급여형DB, Defined Benefit은 회사가 퇴직급여 재원을 금융회사에 맡겨 운용한다. 근로자는 퇴직할 때 근무기간, 평균임금에 따라 이미 정해진 급여를 받는다. 운용성과는 회사에 돌아간다. 근로자들은 운용 방식에 따라 퇴직금이 흔들리지 않으니 안정적이다. 보통 회사는 손실이 나면 그 부담을 떠안아야 하니 보수적으로 운용된다. 그러니 수익률이 비교적 낮다. 금융감독원에 따르면 2019년 말 기준 가입자 대다수인 62.4%가 이 유형을 택했다.

확정기여형DC, Defined Contribution은 근로자 스스로 책임지고 적립금을 운용한다. 재원은 회사가 낸다. 매년 모든 근로자 연간 임금총액의 12분의 1 이상으로 정해져 있다. 가입자 스스로 운용 회사, 운용방식을 선택해야 하니 수시로 신경을 써야 한다. 내 선택에 따라 수익률이 달라지니 말이다. DC형 가입자는 전체의 26.1%였다.

개인형 퇴직연금제도IRP, Individual Retirement Pension는 이직이나 퇴직 때 받는 퇴직급여를 한꺼번에 넣을 수 있다. 물론 이직이나 퇴직 시점이 아니어도 IRP에 가입할 수 있다. 금융권에서는 편의상 전자를 '퇴직형 IRP', 후자를 '적립형 IRP'나 '개인형 IRP'라고 부른다. 세액공제 혜택이 매력이다. 퇴직연금 가입자의 11.5%만 IRP를 선택했다. 하지만 최근 적립금이 크게 늘고 있다.

IRP의 특징은 운용기간에 생긴 수익에 붙는 세금을 퇴직급여를 돌려받을 때 떼인다는 점이다. 이를 '과세이연'이라 한다. IRP는 세금을 나중에 내니 굴릴 수 있는 돈덩이를 키울 수 있다. 개인적으로 붓는 돈에 대해선 세액 공제 혜택이 있다.

수수료를 가입자 본인이 부담해야 한다는 점도 차이다. DB형이나 DC형은 사용자가 수수료를 부담한다. 물론 DC형에서 본인이 추가로 낸 적립금 수수료는 본인이 내야 하지만 말이다. 운용사 중에는 가입자 수수료를 면제해주는 곳도 있으니 잘 따져봐야 한다.

퇴직연금 유형별 적립금의 비중
(2019년 말 기준)

유형	비중
DB형	62.4%
DC형	26.1%
IRP형	11.5%
합계	100.0%

출처: 금융감독원

IRP는 근로자가 아니어도 가입할 수 있는 점이 특징이다. 자영업자나 퇴직급여제도를 활용하지 못하는 근로자, 공무원·군인·교직원 등 직역연금 가입자도 들 수 있다.

🔖 임금피크제가 임박했다면 DC형으로 전환

"얼마 전에 DB형을 DC형으로 바꿨어. 예전엔 DB가 뭔지 DC가 뭔지도 몰랐는데 '임피(임금피크제)'가 다가오니 내가 달라지더라고."

얼마 전 정년이 가까워진 직장 선배들을 만나니 단연 퇴직연금이 화제였다. 임금피크제 도입을 몇 년 앞둔 선배는 DB형을 DC형으로 서둘러 바꿨다고 했다. 임금피크제가 시작되면 임금이 줄어드니 퇴직급여도 쪼그라들기 때문이다.

임금피크제가 시작되면 임금이 줄어서 퇴직급여도 감소한다? 이게 무슨 말일까. 우리가 퇴직 때 받는 퇴직급여를 산정하는 방법을 살펴보자. 퇴직급여는 퇴직일 이전 3개월간의 평균임금을 기준으로 계산한다. 이 기간에 평균임금이 많아야 퇴직급여도 많이 받게 된다. 그런데 임금피크제가 시작되면 평균임금은 임금피크제 전보다 줄어든다. 자연스럽게 퇴직급여도 줄어든다. 하지만 임금피크제가 시행되기 전 퇴직급여를 정산하면 임금이 줄기 전 상황을 기준으로 급여를 산정받으니 더 낫다. 퇴직급여를 이렇게 정산하고 그 이후의 급여는 DC형으로 옮겨 굴리면 수익을 높일 수 있다.

다만 회사에 따라서 임금피크제가 도입돼도 DB형으로 퇴직급여액을 줄이지 않게 설계하는 곳도 있다. 가입자들은 이런 규정이 있는지 확인할 필요가 있다.

주 52시간 확대로 근로시간이 줄어든 사람들도 주의할 필요가 있겠다. 임금 감소로 퇴직급여가 줄어드는 경우는 DB형에서 벗어나야 할지 따져보자. 최근 다양한 형태의 근로유형이 생겨나면서 각자 유리한 유형이 무엇일지 판단해봐야 한다.

🏦 연말정산 때 빛을 발하는 세금 혜택

"올 초 연말정산 때 400만 원을 토했어요. 그런데 또 300만 원이나 내야 한다니…."

30대 자영업자 B 씨는 올해 종합소득세를 내며 충격에 빠졌다. 올해 들어 사업을 시작하며 소득이 늘었는데 세금을 적지 않게 토해내야 했다. 당황한 B 씨는 부랴부랴 은행을 찾아 IRP 계좌를 만들었다. B 씨는 '내년 연말정산 때는 괜찮을 거야'라고 희망을 가져 보지만 후회가 여전하다. '왜 진작 IRP에라도 가입해두지 않았을까….'

예비 은퇴자들이 퇴직연금에 가입할 때 가장 궁금해하는 점이 세액공제 혜택이다. 퇴직연금은 세액공제 혜택이 쏠쏠하다. IRP는 연간 1,800만 원까지 적립할 수 있다. 연봉 5,500만 원 이하인 가입자는 이 중 700만 원까지 최대 16.5%의 세액공제를 받을 수 있다. 연금저축이 따로 있다면 연금저축과 IRP를 합해 700만 원까지 세액공제를 받는다. 최대 납입액 700만 원을 부으면 115만 5,000원을 돌려받는 식이다.

연봉이 5,500만 원을 넘으면 납입금의 13.2%를 세액공제 받는다. 물론 종합소득금액이 1억 원을 넘거나 연봉이 1억 2,000만 원을 넘는 사람은 이런 혜택이 없다.

특히 2020년부터 2022년까지는 만 50세 이상 가입자의 세액공제 한도가 900만 원으로 커진다. 정부가 은퇴 준비를 서두르지 못해 '뒷북 가입'하려는 50대들을 위해 마련한 제도다.

퇴직금을 인출할 때 생기는 퇴직소득세 감면 혜택도 있다. 퇴직소득 세의 70%만 부과받는다. 가입자들은 30%를 아낄 수 있는 셈이다. 연금수령액 중 세액공제를 받은 금액과 운용수익에 대해서는 저율의 연금소득세율(5.5~3.3%)을 적용 받는다. 물론 그 금액이 1,200만 원을 넘어서면 모두 종합과세된다. 퇴직소득과 적립금 운용수익에 적용되는 세금이 먼 훗날 생긴다는 점도 장점이다. 굴릴 수 있는 돈의 덩치가 커지니 퇴직급여를 받을 때 수익도 늘어날 수 있다.

🪙 IRP는 중도해지하면 세금 토해내야

물론 단점도 있다. IRP는 중도해지할 때 불이익이 있음을 기억해야 한다. 한국금융투자자보호재단이 2019년 금융회사들의 IRP 판매 실태를 점검한 결과를 보면 충격적이다. 점검된 회사 전체의 77.9%가 소비자에게 중도해지할 때 받는 불이익을 설명하지 않고 있었다.

가입자가 중도에 IRP 계좌를 해지하면 기타소득세를 부담해야 한다. 떼이는 세금은 세액공제를 받은 금액과 운용수익의 16.5%가량이다. 가입 기간에 받았던 세제 혜택을 토해내는 셈이다.

돈을 일단 넣기 시작하면 만 55세가 되기 전에 되찾기 힘들다는 점을 기억하자. 특별히 중도인출이 허용되는 경우도 있다. 무주택자가 주택을 사거나 전세자금을 댈 때, 가입자나 부양가족이 6개월 이상 요양을 해야 할 때다. 개인회생이나 파산선고, 천재지변 등도 포함된다.

IRP는 DB형이나 DC형과 달리 본인이 수수료를 내야 한다는 점도 무시 못 할 사실이다. 운용회사에 따라 수수료가 다르니 잘 따져볼 필요가 있다. 금융감독원에 따르면 2019년 운용관리 수수료, 자산관리

연금 유형별 세액공제 혜택

종합소득금액 (총 급여액)	최대 세액공제액		세액공제 비율	최대 세액공제액
	연금저축	IRP		
4,000만 원 이하 (5,500만 원 이하)	400만 원	700만 원	16.5%	115만 5,000원
4,000만 원 초과~ 1억 원 이하 (5,500만 원 초과~ 1억 2,000만 원 이하)	400만 원	700만 원	13.2%	92만 4,000원
1억 원 초과 (1억 2,000만 원 초과)	300만 원	700만 원	13.2%	92만 4,000원

출처: 금융감독원

연금계좌의 소득원천별 과세방법

연금계좌		연금수령 시	연금 외 수령 시
퇴직급여		연금소득세(퇴직소득세율의 70%)	퇴직소득세
추가적립금	세액공제X	과세제외	과세제외
	세액공제O	연 1,200만 원 이하 수령: 연금소득세(3.3~5.5%) 연 1,200만 원 초과 수령: 종합소득세	기타소득세
운용수익			

출처: 금융감독원

수수료, 펀드총비용의 합을 기말평균적립금으로 나눈 총비용 부담률이 IRP는 0.42%였다. 수수료를 비롯한 총비용부담률을 회사별로 비교해 보려면 금융감독원의 통합연금포털(100lifeplan.fss.or.kr)에서 검색해보면 된다.

퇴직하면 불안한데 원금은 보장될까

퇴직연금을 가입할 때 원금을 날리면 어쩌나 하는 걱정을 한다. 노후에 은퇴하면 소득이 줄어드니 더더욱 그렇다. 이런 부분이 걱정된다면 원리금보장형 자산을 중심으로 운용해야 한다. 퇴직연금제도는 '원리금보장형 자산'과 '원리금비보장형 자산'을 구분해 두고 있다. '투자금지대상'도 명시하고 있으니 꼼꼼히 살펴봐야 한다.

우선 원리금보장형 자산은 은행과 저축은행, 우체국의 예·적금이다. 저축은행은 은행별로 1인당 5,000만 원인 예금자보호 한도까지만 허용한다. 은행과 우체국은 이러한 한도는 없다.

원리금보장 보험계약, 환매조건부 채권^{CP}, 통화안정증권, 국채증권, 정부가 원리금 상환을 보증한 채권도 원리금보장형 자산에 속한다. 이외에 발행어음, 표지어음 등 금융위원회가 고시한 운용방법도 원리금이 보장된다.

원리금비보장형 자산은 원리금비보장 보험계약(실적배당형), 투자부적격등급 채권을 제외한 채권이다. 파생형 펀드나 투자부적격 수익증권을 제외한 펀드도 포함된다. 파생결합증권도 원리금비보장형 자산이다. 대신 사모발행되거나 최대손실률이 40%를 넘는 경우는 제외

된다.

퇴직연금은 운용상품의 안정성에 따라 투자 한도가 정해져 있다. 운용이 아예 금지되는 분야가 있는가 하면 적립금의 70%까지 투자가 가능한 상품, 100% 가능한 상품으로 나뉜다. 이 중 아예 100% 투자가 가능한 상품은 원리금보장형 상품과 분산투자해 투자위험을 낮춘 상품이다. 예컨대 주식 비중이 40%를 넘지 않는 채권혼합형 펀드가 있다. DC형이나 IRP는 금융감독원장이 정한 타깃데이트펀드^{TDF}를 100% 투자할 수 있다.

아예 투자가 금지되는 상품은 퇴직연금제도의 유형에 따라 다르다. 주로 투자 부적격등급 채권, 파생형(위험평가액 40% 이상) 펀드, 투자 부적격등급의 수익증권, 사모발행 및 최대 손실률이 원금의 40%를 넘는 파생결합증권 등이다.

원리금비보장 상품 종류별 투자금지 상품

분류		내용
증권	지분증권	-DB형: 국내 비상장 주식, 해외 비적격시장 주식 -DC형·IRP: 금지
	채무증권	투자 부적격등급 채권 등
	수익증권	파생형 펀드, 투자 부적격등급 수익증권
	파생결합증권	사모 발행, 최대손실률 40% 초과
	증권예탁증권	-DB형: 국내 상장되지 않은 증권예탁증권 -DC형·IRP: 금지
파생상품		위험회피 목적 이외의 파생상품 계약

출처: 금융감독원

🏠 안정성과 수익성의 황금비율 찾기

'피 같은 내 퇴직금, 안전하면서도 수익 높은 곳 없을까.'

C 씨는 퇴직연금을 DC형으로 가입했다. DC형이지만 거의 방치하다시피 했다. 워낙 안정지향적이라 예금으로만 운용 중이다. 하지만 다른 분야에 투자하기로 마음먹었다. 그간 수익률이 워낙 미미했고 예금 금리도 뚝뚝 떨어지고 있기 때문이다. 막상 '예금 몰빵'을 깨보려 하지만 전혀 감이 안 온다. 워낙 투자 경험이 적다 보니 어디에 얼마만큼의 돈을 넣어야 할지 모르겠다.

안정성과 수익의 두 마리 토끼 잡기는 누구나 바라는 것이다. 하지만 아쉽게도 절대적으로 안전하면서 수익도 좋은 방법은 없다. 안정성과 수익성을 저울질해가며 전략적인 결정을 내릴 수밖에 없다. 황금비율까진 아니더라도 '최선의 투자 비율'을 찾으려면 치열하게 공부하는 수밖에 없다.

금융권에선 안정지향형 고객에게는 주식 비중을 0%로 조언한다. 대신 채권형 펀드를 주로 추천한다. 미국 장기채권이 대표적이다. 금리는 장기물이 단기물에 비해 높은 편이어서 더 추천한다. 안정지향형 고객에겐 운용자금의 최소 30%가량은 은행 예·적금으로 굴리라는 조언이 많다.

금융권에선 중립형 고객에겐 주식 비중을 40% 미만으로 두라고 한다. 반면 위험선호형 고객에겐 주식 비중을 그 이상으로 컨설팅한다.

퇴직이 코앞이라면 반드시 안정적으로 운용하는 게 좋겠다. 주식 시장 등락에 현혹돼 섣불리 위험 자산 비중을 늘렸다간 낭패를 볼 수 있다.

💰 전문가들의 투자 경로를 따라 가보자

적립금을 상품별로 어느 비중으로 배분할지 감이 안 온다면 전문가가 간 길을 우선 따라 가보자. 자산운용사들의 홈페이지엔 TDF의 '글라이드패스Glide Path' 예시가 있다.

TDF란 투자자가 정한 은퇴 시점에 맞춰 투자자산과 안전자산 비중을 전문가가 조절해 운용하는 펀드. 글라이드패스란 원래 비행기가 착륙할 때 높은 고도에서 낮은 고도로 안전하게 착륙하게 도와주는 장치다. 투자자가 정한 은퇴시점에 은퇴자금을 마련하도록 자산 비중을 조절하는 과정을 보여준다. 공격성이 높은 수준에서 낮은 수준으로 무탈하게 조절해준다는 의미다.

일례로 삼성자산운용의 한국형 TDF 글라이드패스를 살펴보자. 자산 중 주식의 비중을 나이대별로 제시하고 있다. 자신의 나이에 자산을 주식에 얼마나 배분하면 좋은지 알 수 있다. 이 글라이드패스를 일종의 가이드라인으로 삼아 자산배분 연습을 해볼 수 있다. 글라이드패스에서 주식비중은 은퇴가 15년가량 남은 40대라면 66%로, 10년 남았을 때부턴 55%로, 5년 남았을 땐 42%로 조정한다. 은퇴 순간부터는 33%에서 22%로 차츰 줄여야 한다.

재테크를 열심히 배우는 이들은 국민연금을 과외교사로 삼는다. 국민연금 기금운용본부가 어떤 분야에 기금의 얼마만큼을 투자하는지 보고 따라하는 것이다. 왜 군이 국민연금일까. 생각해보면 국민연금의 투자 방식이야말로 검증된 길이다. 국민들의 노후가 여기에 묶여 있으니 정부가 기를 쓰고 안정성을 잡으면서도 수익을 내려 한다. 정부는 매년 국민연금기금의 자산운용평가를 발표한다. 국민연금은 2019년 연간 운용수익률 11.3%를 내 정부로부터 '양호' 평가등급을 받았다.

국민연금이 어디에 투자하고 있는지 들여다보려면 기금운영본부 홈페이지에 공시되는 정보를 살펴보자. 2020년 3월 기준 국내채권 45.8%, 해외주식 20.3%, 국내주식 15.9% 순으로 돈을 굴리고 있다. 대체투자에는 12.9%를 배분했다. 물론 우리가 기금운용본부의 전문가들은 아니니 좀 더 보수적으로 관리할 필요가 있겠다.

세 줄 요약 ☆

* 임금피크제가 임박하면 DB형에서 DC형으로 미리 바꿔 돈을 키우자.
* IRP는 연 최대 700만 원까지 소득에 따라 13.2~16.5%의 세액공제 가능.
* IRP 계좌를 중도에 해지하면 16.5%의 기타소득세를 내야 한다.

chapter 3

개인연금도
'맞벌이'를
해야 한다

"젊었을 때 연말정산에 유리하다고 해서 들었죠. 그랬더니 노후에 큰 걱정을 덜었네요."

석유화학 회사를 다니다가 퇴직한 59세 A 씨는 30년 전 한 은행 직원의 조언이 새삼 고맙다. '개인연금이 연말정산 때 유리하다'는 조언을 듣고 이른 나이부터 가입한 것이다. 그렇게 차근차근 가입한 개인연금이 3개나 된다. 매달 75만 원을 3곳에 쪼개 부었다.

아내도 미리미리 연금에 가입해뒀다. 부부가 '개인연금 맞벌이'를 해둔 셈이다. 개인연금과 국민연금을 합하면 A 씨 부부가 노후에 매달 받는 돈은 300만 원대. 쉬면서 신입사원처럼 돈을 받는 셈이니 '연금 부자'라고 할 법하다. 그는 든든한 연금 덕에 굳이 퇴직연금에도 가입하질 않았다. 이미 기본적 버팀목이 마련돼 있으니 말이다. 오히려 현직에 있을 때 몰랐던 상품에도 과감히 투자도 한다. 지금은 퇴직금 2억

5,000만 원을 신탁상품, 종합자산관리계좌CMA는 물론 생소한 투자상품에도 배분해 두었다.

A 씨처럼 공적연금 외에 개인연금을 부지런히 들어두기는 쉽지 않다. 개인연금은 펀드, 보험, 신탁 등 워낙 명칭도 구조도 복잡하다. 경기가 안 좋으니 대부분은 생활비 마련에 급급하게 된다. '국민연금에 퇴직금 받으면 안정적으로 살 수 있겠지'라고 막연하게 생각하기 쉽다.

하지만 이랬다간 큰코다칠 수 있다. 국민연금 수령액은 갈수록 줄고 있다. 저금리, 저성장 기조로 다른 투자처에서 수익내기도 쉽지 않다. 개인연금에 돈을 붓느니 목돈을 만들어 보자는 생각만 했다간 노후가 더 비참해질 수 있는 일이다. 전문가들은 "노후가 불안하다면 개인연금도 맞벌이를 하라"고 조언한다. 부부가 각각 부지런히 개인연금에 가입해야 한다는 얘기다.

발 빠른 투자자들에겐 개인연금도 움직이는 돈이다. 넣어두고 오래 묵혀두는 부동의 자금이 아니다. 돈 버는 사람들은 연금을 조금이라도 수익이 높은 상품으로 갈아타는 데 적극적이다.

알쏭달쏭한 개인연금 종류

개인연금은 종류도 다양하고 개념도 달라 아리송한 경우가 많다. 개인연금이란 스스로 가입 여부를 결정하는 금융상품이다. 소득이 있으면 의무적으로 가입하는 국민연금과는 다르다. 그래서 아직까지 많이들 가입하고 있진 않다. 금융감독원에 따르면 경제활동 인구 100명당 연금저축 가입자는 20명꼴이다. 공적연금, 퇴직연금만 가입해선 노후가 불안하다고 느끼는 이들이 가입한다. 전문가들은 공적연금-퇴직연금-개인연금의 3중 구조를 갖춰야 노후가 든든하다고 조언한다.

개인연금은 보통 '연금저축'이라고 불린다. 연금저축은 가입을 위한 연령 조건이 없다. 가입 기간은 5년 이상이어야 하고 납입금액은 연 1,800만 원이라는 한도가 있다. 만 55세 이후 수령할 수 있는데 연간 연금수령 한도 안에서 받을 수 있다. 주로 은행에선 펀드와 보험, 보험회사에선 보험, 증권사에선 펀드를 중심으로 판매한다.

'연금저축? 연금보험? 연금저축보험?'

사람들이 흔히 혼동하는 부분이다. 일단 이 셋 중 연금저축보험은 연금저축의 한 종류이다. 그럼 연금저축은 뭐고 연금보험은 무엇이란 말인가. 연금저축은 연금보험과는 다르다. 연금보험은 연금을 받을 때 세제 혜택이 없는 상품이니 구별해 선택해야 한다. 연금저축은 일정한 기간에 돈을 넣어 연금형태로 받으면 세제혜택이 있다. 연말정산 때 세액공제를 받는 건 물론이다.

연금저축의 종류는 연금저축보험, 연금저축신탁, 연금저축펀드로 나뉜다. 2019년 말 기준으로 연금저축 중 보험이 73.6%로 압도적으로 많다. 그 뒤를 신탁(12.2%), 펀드(10.1%) 등이었다. 종류에 따라 적용되는 금리나 예금자보호 여부 등이 다르다. 자신의 투자성향에 맞는 종류로 꼼꼼히 따져서 고를 필요가 있다.

연금저축신탁은 수익률이 비교적 낮은 편이지만 원금이 보장돼 안정적인 투자처로 꼽혔다. 납입 금액과 시기를 자유롭게 정할 수 있다. 하지만 수익률이 낮아 노후자산이 불안하다는 우려가 나오자 정부가 2018년부터 신규 판매를 중지했다. 기존 가입자만 추가로 돈을 넣고 있다. 2018년부터는 원금도 보장되지 않는다.

연금저축보험은 생명보험사나 손해보험사에서 주로 판매한다. 원금이 보장되고 예금자보호가 가능하다. 실적에 따라 배당되는 것이 아니라 공시이율을 적용받는다. 그래서 안정지향형이라면 연금저축보험을 택한다. 이 상품은 정해진 시기에 규칙적으로 납입해야 한다. 대개 수령 기간이 정해진 확정기간형인데 생명보험사에서는 일부 종신형 상품도 있다.

연금저축펀드는 주로 자산운용사에서 판매하지만 은행과 일부 보험사도 취급한다. 펀드는 원금이 보장되지 않고 예금자보호를 받지 못한다는 점을 유의해야 한다. 실적이 배당되고 운용실력에 수익이 달렸다. 펀드는 납입 시기를 자유롭게 조정하는 자유적립식이고 확정기간형으로 판매된다.

금융권별 판매하는 연금저축상품 특징

	은행	자산운용사	생명보험사	연금저축보험
상품구분	연금저축신탁	연금저축펀드	연금저축보험	
주요 판매사	은행	증권사, 은행, 보험사		
납입 방식	자유적립식		정기납입	
적용 금리	실적배당		공시이율	
연금수령 방식	확정기간형(기간제한 없음)		확정기간형, 종신형	확정기간형, 종신형
원금보장 여부	비보장(2017년까지 가입한 상품은 가능)	비보장	보장	
예금자보호 여부	보호	비보호	보장	보호

출처: 금융감독원

🔖 어떤 유형이 더 유리할까

그렇다면 어떤 유형의 수익률이 높을까. 회사와 상품에 따라 각기 다르지만 수수료 차감 이후 수익률은 평균적으로 2019년 기준 펀드가 연 10.50%로 가장 높았다. 신탁(2.34%)과 생명보험사 보험(1.84%), 손해보험사 보험(1.50%)에 비하면 두드러진다.

하지만 여기서 유의할 점이 있다. 펀드는 주식시장 변동에 따라 수익률 등락이 심할 수밖에 없음을 기억해야 한다. 펀드 수익률은 2018년에는 -13.86%나 됐다. 갑자기 2019년에 높은 수익을 올린 건 특히 주식시장이 호황이었던 영향이 컸다. 주식시장 흐름을 잘 살펴가며 가입할 필요가 있겠다.

연금저축 가입자들은 이 이야기를 듣고 적지 않은 충격을 받을 것이다. 2019년 기준 펀드를 제외한 연금저축의 수익률이 저축은행 예금(2.43%)보다도 낮았다. 그래서 가입자들은 중도에 깨고 싶은 유혹이 크다. '차라리 이 돈을 주식이나 부동산 투자에나 보태야 하겠다'는 생각에서다.

사실 이렇게 수년간 붓고 받는 수령액을 보면 이런 유혹이 더욱 커진다. 2019년 기준 계약 1건당 연간 수령액은 보험이 251만 원으로 가장 적었다. 신탁은 610만 원, 펀드는 652만 원이었다. 보험은 종신 수령을 하는 경우가 있기 때문에 신탁, 펀드에 비해 수령기간이 긴 대신 매년 적게 받는 것으로 보인다.

매월 얼마씩 받는지 환산해보면 보험은 약 21만 원, 신탁은 약 51만 원, 펀드는 54만 원 꼴이다. 수령액이 많진 않다 보니 국민연금에 비해서는 노후보장 기능이 약한 게 사실이다. 그래서 주식 투자에 익숙한 이들은 퇴직금을 아예 주식에 활용하기도 한다.

주식에 능숙하거나 똘똘한 부동산을 가진 사람이라면 개인연금은 무용할지 모른다. 하지만 자산이 그저 그렇고 재테크 실력도 평범하다면 연금저축에 가입하는 게 현명할 것이다. 전문가들은 수익률이 낮으니 오히려 부부가 함께 직장 맞벌이를 하듯 연금도 맞벌이를 하라고 강조한다. 혼자 받으면 20만 원대인 개인연금도 부부가 함께 받으면 40만 원이으로 2배니까 말이다.

연금저축과 은행 정기예금의 수익률 비교 (단위: %)

연평균 수익률 1년 평균	연금저축① 1.67	정기예금② 1.60	①-② 0.07	연금수수료③ 1.25	수수료 공제 후 정기예금과의 차①-②-③ -1.32
3년 평균	1.13	1.68	-0.55	1.67	-2.22
5년 평균	1.33	1.65	-0.32	1.38	-1.70
7년 평균	1.25	1.92	-0.67	1.63	-2.30
10년 평균	1.18	2.29	-1.11	1.75	-2.86

출처: 금융소비자연맹

💰 알짜 세제혜택 소득별로 달라

연금저축 가입자들은 보통 연말정산 때 누릴 세제혜택을 바라보고 선택하는 경우가 많다. 원래 연금저축은 연 납입액 400만 원까지 세액공제가 가능하다.

총급여액이 5,500만 원 이하이면 연 400만 원까지 16.5%의 세액공제를 받는다. 총급여액 5,500만 원 초과~1억 2,000만 원 이하는 연 400만 원까지 13.2%의 세액공제를 받게 된다. 총급여액이 1억 2,000만 원을 넘어서면 300만 원에 한해서만 13.2%의 세액공제를 받는다.

게다가 2020년부터 3년간은 한시적으로 세액공제가 확대된다. 총급여액이 1억 2,000만 원(종합소득금액 1억 원) 이하인 50세 이상 가입자는 이 기간에 600만 원까지 세액공제를 받는다.

시간이 지나 연금을 받을 때는 3.3%에서 5.5% 사이의 비교적 낮은 연금소득세를 적용받는다. 대신 연간 연금수령액이 1,200만 원을 넘으면 수령액 전액에 대해 종합과세대상이 된다.

다만 일단 한 번 연금저축에 가입해두면 쉽사리 깨기 어렵다는 점을 명심해야 한다. 부득이한 사유를 인정받지 못한 채 중도해지하면 세액(소득)공제 받은 납입액과 운용수익의 16.5%를 내야 한다.

세줄요약 ★

* 연금보험은 연금저축보험과 달리 세제 혜택이 없는 상품이니 헷갈리지 말자.
* 연금저축펀드는 수익률이 높은 편이나 주식시장 변동에 따라 등락이 크다.
* 연금저축을 중도해지하면 세액공제분과 운용수익의 16.5%를 토해내야 한다.

chapter 4

연금
200%
활용하기

직장인 A 씨는 지난 8년간 연금저축보험에 매월 30만 원가량을 넣고 있다. 노후를 위해 별생각 없이 가입하고 잊고 지내다 최근 연금저축보험의 민낯을 알게 됐다. 수익률이 너무 저조해 다른 곳에 투자 하지 못한 게 후회됐다.

'이럴 바에야 그냥 연금저축펀드로 갈아타 볼까.' 이제야 그는 펀드로 연금계좌 이체를 고려해보고 있는데 망설여진다. 혹시나 중도해지 때처럼 세금을 물거나 수수료를 내야 하지 않을까 걱정이다.

A 씨처럼 연금을 적극적으로 갈아탈지 고민하는 이들이 늘고 있다. 노후자금이 불안해 연금이 어느 때보다도 더더욱 중요해졌다. 그런데 막상 연금을 들여다보니 '다른 곳에 넣을 걸'하는 마음이 생길 만큼 수익이 저조하다. 노후 수령액이 그렇게 많지 않다는 게 이제야 눈에 띄는 건 왜일까. 이곳저곳 두서없이 가입한 개인연금을 한 계좌로 정리

연금계좌 유형별 적립금 비중(단위: %)

	연금저축	개인형IRP
은행	12.4	67.9
금융투자사	9.4	20.8
보험사	74.2	11.3
기타	4.0	0.0
합계	100.0	100.0

※기타: 연금저축은 우정사업본부, 새마을금고,
수협 및 신협, IRP는 근로복지공단
2019년 6월 말 기준
출처: 금융감독원

하고 싶기도 하다.

이러한 이들을 위해 '연금계좌이체 제도'가 있다. A 씨처럼 걱정하는 이들이 많은데 일정한 조건만 갖추면 연금을 옮겨도 별도로 과세되거나 수수료를 물지는 않는다. 물론 기존 연금저축에 가입한지 7년이 넘지 않으면 해지공제액이 발생할 수 있다.

모바일 애플리케이션으로 '원스톱 갈아타기'도 할 수 있어 최근 이체가 늘고 있다. 지금 돈을 붓고 있는 연금 수익률이 그저 그렇다면 시도해볼 필요가 있다.

💼 연금 갈아타기 쉬워져

연금계좌이체 제도는 연금을 받기 전에 다른 연금계좌로 이체하는 제도다. 정해진 요건을 갖추면 연금계좌를 바꿔도 세금을 토해낼 필요가 없다. 연금 가입 기간도 유지할 수 있다. 특별한 경우가 아니면 거의 이체가 허용된다.

구체적으로 이체가 가능한 사례는 이렇다. 우선 2001년 1월 이후 가입한 연금계좌에서 2013년 3월 1일 이후 개설된 연금저축계좌로 전액 이체할 수 있다. 만 55세가 넘고 연금저축 적립기간이 5년을 넘은 가입자는 연금저축계좌에서 개인형 퇴직연금IRP, Individual Retirement Pension

으로, 또는 그 반대로 갈아탈 수 있다. 단 옮겨가는 곳이 연금저축계좌일 땐 2013년 3월 1일 이후 개설된 계좌여야 한다. 개인형 IRP 가입자는 2013년 3월 1일 이후에 가입된 새로운 개인형 IRP로 이동할 수도 있다.

연금저축을 갈아탈 때는 보통 가입 7년이 안 넘은 계좌의 경우 해지 공제액이 발생할 수 있다는 점을 명심해야 한다.

연금계좌를 갈아타려면 어떤 과정을 거쳐야 할까. 요즘은 새롭게 연금계좌를 만드는 회사만 한 번 방문해봐도 된다. 나머지는 모바일 애플리케이션 터치로만 간단히 신청할 수 있다. 연금계좌 이체를 원하면 먼저 새로운 계좌를 만들 금융회사에 신규계좌를 만들고 이체 신청서를 작성한다. 그러면 이 금융회사에서 기존 연금이 있는 회사에 이체 요청을 한다.

기존 연금을 판매하는 회사는 당사자에게 계좌이체 의사를 통화로 확인한다. 의사가 확인되면 기존 연금을 팔던 회사는 '신규 연금 회사에 이체하겠다'고 통보한 뒤 연금을 환매해 송금한다. 최종적으로 당사자는 신규로 연금을 가입한 회사에서 이체결과를 확인하는 연락을 받게 된다.

2018년 연금계좌 유형별 이체 현황

유형	이체 건수	이체 금액
연금저축 ↔ 연금저축	4만 669건	9,411억 원
개인형IRP ↔ 개인형IRP	4,770건	3,390억 원
연금저축 ↔ 개인형IRP	1,497건	1,740억 원

출처: 금융감독원

📖 신규 연금 수익률이 더 높은지 확인하자

연금 이체를 할 때는 기본적으로 신규 연금이 더 유리한지 제대로 따져봐야 한다. 갈아탈 연금상품을 선택할 때는 금융감독원의 통합연금포털(100lifeplan.fss.or.kr)을 활용하자. 여기에서 그간의 수익률과 수수료율을 따져보면 된다. 다만 2000년 초까지 가입한 확정이자율 상품은 대부분 지금 상품들보다 금리가 높으니 보유하는 게 낫다. 금리연동형 상품이어도 최저보증이율이 높을 수 있으니 확인할 필요가 있다.

기존 연금저축상품에 가입한 지 7년이 안 지났다면 해지공제액을 정확히 따져보자. 해지공제액이 생각보다 많을 수 있다. 이를 모르고 이체했다가는 이체액이 확 줄어들 수 있다.

조심스러운 마음에 기존 연금계좌에 있던 금액의 일부만 갈아타고 싶을 수 있다. 하지만 전액 이체만 가능하다. 당국에선 원천징수할 때 오류가 날 가능성이 있어 전액 이체만 허용했다.

개인형 IRP로 갈아탈 경우엔 연금저축과 달리 담보대출이 어렵다는 점을 기억해야 한다. 중도인출도 몇몇 제한된 경우에 한해 허용된다. 중도인출이 허용되는 경우는 무주택자가 주택을 구입할 때, 전세자금을 쓸 때, 6개월 이상 요양을 해야 할 때 등이다.

📖 IRP와 연금저축에 ETF 편입하기

'연금을 ETF로도 굴릴 수 있나'라고 묻는 사람들이 많다. 아직 많이 알려지진 않았지만 가능하다. 개인형퇴직연금[IRP]은 2012년부터, 연금저축은 2017년부터 적립금을 ETF에 투자할 수 있다. 요즘 연금 수익률이 변변치 않자 ETF에 대한 관심이 많아졌다.

ETF란 특정한 테마의 주식이나 상품을 묶어 만든 지수를 따르는 펀드다. 해당 주식이나 상품 가격이 오르면 수익률이 높아지는 식으로 연동되게 만든다. 펀드이긴 한데 주식과 비슷하다. 주식과 펀드의 장점을 모아놓은 상품이라고 보면 된다. 거래소에 상장돼 주식처럼 거래된다는 점에서 일반 인덱스펀드와 차이가 있다. ETF는 단일 종목이 아니라 펀드이기 때문에 주식 투자보다 안전한 것으로 알려져 있다. ETF는 뒤에서 더 자세히 알아보도록 하겠다.

세 줄 요약 ☆

* 연금저축 가입 7년을 넘지 않으면 계좌 이체할 때 해지공제액이 발생한다.
* 2000년대 초 확정이자율 상품은 갈아타지 않고 유지하는 게 유리하다.
* 연금저축, IRP 계좌에 ETF를 편입하면 세제 혜택, 수익을 동시에 잡을 수 있다.

주택연금을 잘 활용하면 길이 보인다

'아들 장가갈 때 전세금이라도 보태줘야 하지 않을까.'

아파트 경비원으로 일하는 60대 A 씨는 아들이 장가갈 때 전세금을 줘야 한다는 생각이 강했다. 그가 평생 월급으로 장만한 아파트를 팔아서라도 말이다. 그래서 주택연금 가입을 앞두고 수십 번 고민했다. A 씨 명의의 집을 담보로 매월 연금을 받는 주택연금에 가입하면 자식들에게 집을 온전히 물려주기 힘들다.

'비정규직인 내가 언제까지 일할지 알 수가 있나….' 그는 노후에 생활비가 부족할 게 뻔하니 일단 큰마음 먹고 연금을 들었다. 그런 뒤에도 마음은 계속 찜찜했다. '지금이라도 계약을 취소하겠다고 해야 하나.' 하루에도 몇 번씩 이런 마음이었지만 이내 생각이 달라졌다. 가입한 지 몇 년이 지나고 보니 주택연금은 부부에게 '자존감'을 키워줬다. 이젠 '일을 그만두면 어쩌나' 하는 불안감이 사라졌다. 부부는 자식들에게도 손을 벌리지 않아도 되니 떳떳하다.

"주택연금을 받고 난 뒤엔 가끔 유명 브랜드의 옷도 사 입어요. 이젠 부부 동반 해외여행도 갈지 생각해보고 있답니다. 주택연금이 우리 부부의 자존심을 한층 높여준 거죠."

저금리, 저성장으로 노후 생활비를 마련하기 어려워진 시대. 주택연금을 제대로 활용해야 현명하다. 이젠 국민연금이나 퇴직연금, 개인연금으론 안심할 수 없는 일이다. 국민연금은 점차 수급액이 줄어들고 사적 연금들도 수익률이 그저 그렇다.

집 한 채가 있다면 쉽게 가입할 수 있는 주택연금. 연금이 귀해진 시대라 그런지 요즘 가입자들이 늘고 있다. 집을 담보로 매달 꾸준히 생활비를 받으니 말이다. 다만 주택연금을 받으면 가입자가 연금을 다 받은 뒤엔 집이 내 소유로 남질 않는다. 연금을 다 받고 나서 주택을 처분할 때 집값이 그간 받은 연금수령액보다 높아야 잔액을 돌려받을 수 있다. 이런 특징 때문에 부모들은 가입을 꺼렸다. 자식에게 집 한 채는 물려줘야 한다는 마음 때문이었다.

부모님들의 애틋한 자식 사랑을 모르는 건 아니다. 살기 점점 팍팍해지는데 내 자식이 집 한 채라도 받으면 얼마나 든든하겠는가. 하지만 그런 마음에 자신의 노후를 자식에게 바친다면 불행할 수도 있다. 100세 시대로 노후가 길어졌는데 의료비, 약비, 생활비 나가는 돈이 너무 많다. 자식들에게 번번이 손 벌리기도 부담이다.

'내가 살만 해야 자식들에게 짐이 되지 않는다.' 부모들은 이런 생각으로 주택연금을 선택한다. 부모님께 이런 방법을 권해드리고 우리 세대도 주택연금을 잘 알아두면 더 자유로운 노년이 될지도 모른다.

물론 주택연금에 비판적인 시각도 있다. 주택연금에 가입하면 집 시세가 올라도 집을 팔아 시세 차익을 얻기 힘들다. 연금액이 그리 넉넉하지 않다는 얘기도 있다. 소유 주택의 시가를 전망해보며 장단점을 두루 따져 가입을 결정해야 한다. 가입비용도 만만치 않을 수 있으니 미리 잘 알아두자.

🏠 달라진 시대, 주택연금 55세부터 받도록 개편

주택연금이란 가입자가 소유한 주택을 담보로 맡기고 평생 또는 일정 기간 연금을 매달 받는 상품이다. 시대가 달라져 노후가 길어지고 노후 생계 수단이 부족해지다 보니 주택연금 제도도 개편됐다. 이제 만 60세가 아니라 만 55세부터 받을 수 있게 됐다. 주택 소유자나 배우자가 만 55세 이상이면 가입할 수 있다.

막막한 50대들이 자금난을 해소할 기회라고 할 수 있다. 은퇴는 했지만 국민연금이 지급되기 전까지 10년가량 '수입 공백'을 메울 수 있는 것이다. 50대에 갑자기 실직하거나 자영업에 실패한 이들에게 기쁜 소식이 아닐 수 없다.

주의할 점이 있다. 매달 받는 연금액이 가입당시 주택 가격과 가입자 연령에 따라 달라진다. 2020년 가입자 기준으로 주택 가격이 9억 원이라면 가입자가 55세일 때는 매달 138만 원을 받는다. 하지만 65세라면 매달 226만 원을 받는다. 연금액을 산정하는 나이 기준은 부부 중 나이 적은 사람을 기준으로 한다. 같은 조건에서 가입자 나이가 많을수록 수령액이 많으니 당장 경제적으로 쪼들리지 않으면 나중에 가입하는 게 유리할 수 있다.

가입 시점의 주택가격과 연령에 따른 종신형 주택연금 월지급금(단위: 만 원)

가입 연령 \ 주택 가격	1억 원	2억 원	3억 원	4억 원	5억 원	6억 원	7억 원	8억 원	9억 원
55세	15	31	46	61	77	92	107	123	138
60세	21	42	62	83	104	125	146	166	187
65세	25	50	75	100	125	151	176	201	226
70세	31	61	92	123	154	184	215	246	272
75세	38	77	115	153	192	230	268	294	294
80세	49	98	147	196	245	294	327	327	327
85세	65	130	195	259	324	384	384	384	384

※2020년 가입 기준
출처: 금융위원회

가입자 평균 나이 72세, 매달 102만 원씩 받아

"엄마, 이 집은 엄마가 일군 유일한 재산이에요. 우리 눈치 보지 말고 오롯이 엄마만을 위해 쓰세요."

주부 B 씨는 친정엄마께 주택연금 가입을 권했다. 가장으로 평생 자식들을 위해 몸 바친 우리 엄마, 칠십 인생부터는 조금은 편해지셨으면 하는 마음에서였다. 엄마는 "집은 내가 어떻게든 지키고 있다가 마지막에 너희들에게 물려줄 거다"라며 버티셨다. 하지만 B 씨는 '집은 엄마 재산이니, 마음대로 쓰시면 된다'라고 설득했다.

자식들의 지지에 엄마는 결국 주택연금을 받기로 하셨다. 엄마는 연금액 일부로 집에 들어간 대출액을 갚았다. 나머지 금액은 매달 꼬박꼬박 연금을 받고 있다. 빚 갚느라 타들어가던 마음이 가벼워지셨다. 가끔 문화생활도 하신다.

B 씨는 "연금은 월급봉투보다 더 안정적이니 든든했다. 내가 실직하면 월급을 드릴 수 없다는 불안감이 사라져 나도 행복하다."고 했다.

이렇게 '집은 자식에게 물려줄 마지막 유산'이란 인식도 희미해지고 있다. 저금리, 저성장의 시대, 집에 대한 관념도 바뀌어야 하지 않을까. 예비 부부들도 부모에 의존하지 않고 남녀가 함께 분담해 집값을 마련하고들 있다. 자식들도 부모에게 주택연금을 먼저 권유하기도 한다. 당장 부모의 노후가 편해야 자식도 한숨 놓으니까 말이다.

주택연금은 어떤 사람들이 많이 가입할까. 가입자의 평균 연령은 72.1세였다. 70대가 전체의 절반에 가까운 47.6%로 가장 많았다. 60대는 34.6%로 그 뒤를 이었다. 그렇다면 보통 시세가 얼마인 주택으로 가입자들은 연금을 얼마나 받을까. 주택연금 이용자의 평균 주택가격은 2억 9,700만 원이었다. 아직까지 서울 도심의 고가 주택 소유자들은 많이 이용하지 않는 것으로 보인다. 현재 이용자들은 매달 평균 101만 원씩 받고 있었다.

주택연금, 어떤 사람이 얼마씩 받나

가입자 평균 연령	72세
가입자 1인당 평균 월지급금	102만 원
가입자 보유 주택 평균 가격	2억 9,800만 원

※2020년 3월 말 기준
출처: 한국주택금융공사

중도해지하면 초기 보증료 못 돌려받아

주택연금은 지급되는 방식에 따라 매달 같은 지급금을 받는 '정액형', 가입 10년간 많이 받다가 11년째부터 지급액이 줄어드는 '전후후박형' 등이 있다. 받는 기간에 따라서는 평생 받는 '종신형', 기간을 정해두고 받는 '확정기간형' 등 다양한 유형이 있다. 본인의 자산 수준이나 미래 계획에 따라 알맞은 유형을 택할 수 있다.

한국주택금융공사 홈페이지(hf.go.kr)에서 본인이나 배우자의 나이, 주택가격, 원하는 유형 등을 입력하면 월 연금수령액 예상치를 확인해 볼 수 있다.

초기 보증료는 주택가격의 1.5%(대출상환방식은 1.0%)다. 첫 연금을 받는 날 납부하게 된다. 연 보증료는 보증잔액의 연 0.75%(대출상환방식은 1.0%)로 매월 내야 한다. 연금지급총액에 가산되니 가입자가 직접 현금을 낼 필요는 없다.

주택연금 지급방식별 가입 비중(단위: %)

가입 방식	비중
종신지급	64.7
종신혼합	22.4
우대지급	6.4
대출 상환	2.6
우대 혼합	1.9
확정 혼합	1.2
사전가입	0.9

출처: 한국주택금융공사

주택연금은 가입기간 중에도 월 연금액과 보증료 원리금을 다 갚으면 중도해지도 할 수 있다. 중도해지하면 수수료는 없지만 가입자가 낸 초기보증료는 돌려주지 않는다. 매월 납부하는 연간 보증료는 잔여기간을 따져 정산받을 수 있다.

주택연금을 신청하면 대부분 2, 3주 뒤부터 연금을 받을 수 있다. 물론 지사별로 사정에 따라 다르긴 하다. 가입비로는 저당권 설정을 위한 법무사 비용, 등록면허세 및 지방교육세 등 세금, 대출기관 인지세, 감정평가수수료 등이 있다. 가입비도 무시할 수 없는 비용이다. 보유 주택 가격 등에 따라 달라지니 미리 상담을 받아볼 필요가 있겠다. 대신 주택연금에 가입하면 그 해에 납부해야 할 재산세의 25%를 감면받는다.

💼 집값 달라져도 연금액은 그대로

'내겐 이 집 한 채가 전부인데 집값이 떨어지면 주택연금도 제대로 못 받고 쫓겨나는 것 아닌가….'

40년 직장 생활 끝에 남은 건 32평 아파트 한 채와 적금 하나. 팔순이 넘은 C 씨는 퇴직금도 부인 간병비로 다 쓰다 보니 통장이 텅 비어 있었다. 생활비, 치료비가 꾸준히 나가는데 수입은 없다. '내가 팔순까지 살게 될 줄 알았다면 이렇게 되도록 돈을 쓰진 않았을 걸….'

노후 자금을 마련하지 못해 후회가 깊던 그는 친구에게 주택연금을 소개받았다. 처음엔 집값이 떨어지면 연금도 못 받고 집을 날리지 않나 걱정이었다. '혹시 내가 내지 못한 보험료가 애들에게 대신 청구되면 어쩌지?' 안 그래도 요즘 '자식들에게 부담이 되는 존재가 되면 못 살 것 같다'는 우울함이 있었다.

하지만 막상 직원을 찾아가 상담하니 이런 건 기우였다. 그는 주택연금은 집값이 떨어지더라도 연금액은 줄지 않는다는 답변을 들었다.

주택연금의 장점은 가입한 뒤 집값이 떨어져도 연금액이 줄지는 않는다는 점이다. 연금액은 가입 당시의 주택가격과 시중금리를 기준으로 정해지기 때문이다. 이러한 특징은 '양날의 칼'이기도 하다. 반대로 주택연금에 가입한 뒤 집값이 아무리 올라도 연금액은 오르지 않기 때문이다.

만약 훗날 연금 수령이 다 끝나고 주택 처분 시점에 주택 가격이 연금 지급액보다 높으면 손해일까. 돈을 날릴 일은 아니니 걱정하지 않아도 된다. 잔여분은 자녀 등 상속인에게 전달된다.

주택 상승이 기대되는 지역에선 연금 가입에 신중을 기할 필요가 있다. 자칫 섣불리 가입했다가 집값이 오르면 땅을 치고 후회할 수 있다. 월 수령액을 조금씩 받느니 집값 상승 이후 매매를 통해 시세 차익을 보는 게 더 유리할 수도 있다. 그래서 주택연금은 집값이 유동적이지 않은 지방의 아파트 소유자들이 주택연금에 가입하기 적당할 수 있다.

실제 집값이 오르자 주택연금을 해지하는 사람이 늘었다. 한국주택금융공사와 성일종 국민의힘 의원에 따르면 2020년 1~9월 주택연금 중도해지수는 1,975건이라고 한다. 전년 전체 중도해지가 1,527건인 점을 고려하면 최근 해지 건수가 상당하다. 연금을 해지한 사람들은 오른 집값을 기준으로 재가입해 주택연금을 더 많이 산정 받으려는 것으로 보인다. 하지만 무턱대고 재가입했다간 오히려 손해를 볼 수 있다. 중도해지하는 사람은 바로 재가입할 수 없다. 3년은 지나서 가입해야 한다. 그 시점에 집값이 얼마나 오를지 알 수 없는 일이다. 혹시라도 내 집값이 주택연금 가입이 가능한 가격기준을 넘어서면 연금 재가입 길이 막혀버린다.

주택연금 가입자가 이사를 할 때는 어떻게 될까. 담보주택을 바꿔 주택연금을 계속 받는 방법이 있다. 다만 월지급금은 이사하려는 새집의 가격에 따라 달라진다. 때에 따라 정산이 필요할 수 있으니 한국주택금융공사에 문의해봐야 한다. 물론 담보를 노인복지주택으로 바꾸는 건 허용되지 않는다.

재건축이나 재개발이 시작되어도 가입자가 연금을 계속 받을 수 있다. 다만 재건축 및 재개발에 참여한다는 걸 입증할 서류를 제출해야 한다. 주의해야 할 점은 조합에서 주는 이주비 대출을 받지 못할 수 있다는 점이다.

💰 시가 12억~13억 원인 주택 소유자도 가입

최근 몇 년간 집값이 많이 올랐다. 노후 소득이 마땅치 않은데 집값만 올라버린 은퇴자들은 난감해졌다. 기존엔 은퇴 자금이 마땅치 않아도 소유한 집값이 높아 가입 못하는 이들이 있었다. 이에 정부와 국회도 가입을 위한 주택 가격 기준을 '시가 9억 원'에서 '공시가격 9억 원'으로 높였다. 공시가격 9억 원이면 시가로 12억~13억 원가량이다.

주의해야 할 점은 아무리 시가가 높아도 주택 가격 상한선이 9억 원으로 제한돼 연금액이 산정되는 점이다. 예를 들어 시가 12억 원 아파트를 소유한 사람이어도 연금액은 주택 가격 12억 원이 아니라 9억 원을 기준으로 산정된다. 고가 아파트 보유자가 연금을 과도하게 받아가지 않도록 마련한 장치다. 최근에 법이 바뀌며 주거용 오피스텔 소유자도 주택연금에 가입할 수 있게 됐다.

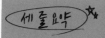

* 주택연금 가입 조건이 만 55세 이상, 공시지가 9억 원 이상으로 확대됐다.
* 주택연금을 해지하면 3년이 지난 뒤 재가입할 수 있다.
* 가입 뒤 집값이 떨어져도 수령액이 줄진 않지만 집값이 오른다고 해서 수령액이 오르지는 않는다.

STEP

2

저금리,
저성장 시대
투자 공식

chapter 5

인컴형 자산:
소소하지만
확실한 수익

"고객님들이 이젠 투자형 상품을 꺼리시네요."

코로나19 사태가 한창이었던 2020년 여름, 한 시중은행의 프라이빗뱅커^{PB}에게 전화로 투자 조언을 구했더니 이런 답이 돌아왔다. 다른 PB들도 투자 상품을 권할 때 특히 조심스러운 톤이었다. 이렇게 돈 굴릴 법 찾기가 여간 어려운 게 아니다. 무엇보다 워낙 저금리 시기여서 그렇다. 게다가 코로나19로 기업들의 실적도, 배당도 줄었다. '그래도 난 숨은 진주를 찾아 가치투자를 할 거야'라며 공격적으로 투자하기도 두려워진다. 코로나19란 전무후무한 시기를 맞아 내 일자리도, 투자불패 종목도 불확실하기 때문이다.

게다가 각종 금융사고가 투자심리를 얼어붙게 만든다. 판매가 돌연 중단된 '라임 사태', '옵티머스 사태'는 물론이고, 은행권 해외금리 연계 파생결합펀드^{DLF} 손실 사태 등이 빵빵 터지지 않았던가.

저금리기, 포스트 코로나 시기의 투자 해법을 선뜻 말해주는 이는 드물긴 했다. 그래도 금융계 관계자들에게 열심히 물으니 많이 들리는 게 '인컴형 자산'이었다. 인컴형 자산은 말 그대로 '인컴'을 주는 자산, 수입을 준다는 의미다. 내가 일을 안 해도 매달 꼬박꼬박 월급처럼 수입을 입금시켜주는 자산, 나 대신 돈이 일을 해 벌어주는 셈이다. 대표적으로 채권, 리츠REITs(부동산투자회사), 고배당 주식이 인컴형 자산으로 꼽힌다.

물론 '인컴형 자산만 좇다 어느 세월에 큰 돈을 버나'란 생각도 든다. 그래서 전문가들은 50대 이후 은퇴기에 인컴형 자산을 권한다. 그 전엔 좀 더 공격적으로 투자해 큰돈 벌 기회를 놓치지 말란 얘기다. 하지만 조기 은퇴를 꿈꾸는 파이어FIRE, Financial Independence Retire Early족들의 경우는 일찍이 인컴형 자산을 공부하고 투자한다. '소소하지만 확실한 수익'을 낼 수 있음에 뿌듯해 하면서 말이다.

불황기에 주목받는 채권

"1997년 외환위기, 2008년 글로벌 금융위기를 몸소 겪어보니 채권만 한 게 없더라고요."

서울 강남구에 사는 중소기업 경영자 A 씨는 채권 마니아다. 금융자산의 절반인 10억 원가량을 모두 채권에 투자한다. 요즘은 만기 3개월짜리 단기채를 중심으로 포트폴리오를 짰다. 나머지는 더 안전하다고 하는 달러, 금에 투자했다. 그는 경영 위기를 여러 번 넘기며 채권이 안전하고 확실한 수익을 낸다고 봤다. 과거 위기가 닥쳤을 때 단기채에 주로 투자해 급전이 필요하면 바로바로 현금으로 바꿔 급한 위기를 넘겼다.

위기 속에선 A 씨처럼 채권에 주목하는 이들이 많다. 사실 안전자산으로 꼽히던 채권도 이제 위험자산처럼 되어버리긴 했다. 금리도 그다지 높지 않아 큰 재미를 보기 힘들다. 하지만 채권도 잘 골라 투자하면 은행 예·적금보다 높은 수익률을 준다. 게다가 짧게 투자해 현금화할 수 있으니 위기 때 대응하기 좋다.

채권은 발행할 때부터 이자와 원금이 정해져 비교적 안전 자산으로 꼽힌다. 지금 주로 예금에만 주력하는 안정지향형 투자자라면 채권 투자를 시도해볼 만하다. 물론 종류와 시기에 따라 각기 다르긴 하지만 채권은 예금보다는 수익률이 높으면서 주식보다는 안정성이 있는 편이다.

어렵고 생소할 수 있는 채권, 그 면면부터 우선 살펴보자. 채권은 국가나 은행, 회사가 필요한 자금을 마련하기 위해 발행한다. 국내에서는 한국 정부가 발행하는 국채가 대표적이다. 이 외에 우량한 회사들의 채권, 은행들이 발행하는 채권이 주목받는다.

국내 채권만 바라보면 너무 우물 안이다. 미국 같은 경제 강국의 국채부터 신흥국 국채까지 투자처가 다양하다. 특히 미국은 채권 시장이 발달해 다양한 투자 기회가 있다. 그래서 전문가들은 수익에 민감한 투자자들에겐 해외 채권을 권한다.

채권 중에선 정부가 발행하는 국채가 안정적이다. 일반 기업의 회사채는 국채보단 비교적 안정성이 떨어진다. 그러니 기업들은 투자자들을 끌어들이기 위해 국채보다 높은 금리에 채권을 발행한다. 그래야 투자자들이 '아, 이 회사의 채권은 국채보다 안정성은 떨어지지만 그래도 금리는 높잖아'라는 마음에 채권을 살 수 있다. 이런 이유로 회사채는 대개 금리가 국채보다 높다.

회사채에 투자할 땐 신용 위험을 따져보자. 혹시나 투자한 기업에 신용 문제가 발생하면 원금을 잃을 수 있다. 특히 '하이일드high yield 채권'은 이름이 참 매력적이다. '고수익을 올려주는 채권'이란 뜻이니 말이다. 하지만 '고수익'이란 말의 이면엔 '고위험'이란 말도 숨어있음을 알아야 한다. 공짜 점심은 없는 법이다. 하이일드 채권은 투기등급 채권으로 신용도가 낮은 회사들이 포함돼 있다.

여기서 경제학 개론 같은 얘길 해볼까. 흔히들 '채권 금리는 가격과 방향이 반대다'라고 한다. 이건 무슨 말일까. 채권은 다른 투자 상품과 달리 만기가 됐을 때 받을 돈이 애초에 정해져 있다. 그렇기에 이미 받을 돈이 정해진 채권을 시장에서 싸게 사면 살수록 유리하니 투자수익률(금리)은 오른다. 반대로 비싸게 사면 살수록 투자수익률은 떨어진다. 채권 가격이 낮으면 금리는 오르고 높으면 금리는 떨어지는 것이다.

채권 투자의 장단점

장점	단점
−디플레이션 방지 −저축보다 높은 이자 지급 −확정이자로 정기적 소득 보장 −우량기업 채권은 안정성 높음 −시장이자율이 하락할 때 채권가격 상승해 자본이득 가능	−채무불이행 위험이 있음 −이자율 변동 위험이 큼 −인플레이션 위험이 큼

출처: 한국투자증권 은퇴설계연구소

🪙 신용등급 높은 채권이 부도 위험 적어

우량한 채권은 어떻게 고를까. 얼마나 우량한지는 채권의 신용등급에 달려 있다. 신용등급이 낮으면 부도가 나거나 인수합병될 가능성이 높다. 보통 보수적으로 볼 때 은행, 보험회사의 신용등급은 AA-등급 이상을 투자등급으로, A-등급 미만부터를 투기등급으로 본다.

'나는 AA-등급 이상인 채권에만 투자할거야'란 식으로 스스로의 기준을 정해둘 필요가 있다. 그 등급에 미치는 채권에만 투자하는 것이다. 그래야 급변하는 시장의 흐름에 혼란스럽지 않다. 전문가들은 주로 투자등급 내의 채권을 권한다. 물론 투자등급 내의 채권이라고 안전하다고 단언할 순 없다. 신용등급이 높은 채권은 부도 가능성이 낮을 뿐이다. 확률의 문제일 뿐 언제든 부도의 가능성이 있다.

그렇기에 채권에 투자할 땐 채권을 발행하는 곳의 재무 건전성도 살펴야 한다. 금융감독원의 전자공시에서 해당 기관의 재무제표를 확인해보자. 자산의 가치와 부채 등이 나와 있다.

요즘 같이 저금리에 불확실성이 많을 땐 자산의 절반은 현금성 자산과 단기채 중심으로, 나머지 절반은 만기 3년 이상의 장기채로 투자하라는 조언이 많다. 장기채는 앞으로 금리가 오를 것을 대비해 묵혀두는 것이다.

투자 여력에 따라서 방법을 달리할 필요가 있다. 투자액이 1억 원 미만일 경우엔 채권형 펀드나 상장지수펀드ETF로 시도해보자. 펀드에 투자할 땐 국채형 펀드가 추천된다. 시장에 이벤트가 생길 때 국채가 회사채보다 잘 회복될 수 있기 때문이다. 1억 원 이상의 목돈을 넣을 수 있는 투자자라면 증권사를 찾아 본인 투자성향에 알맞은 채권에 직접 투자하면 된다.

미국이나 신흥국 국채, 채권형 펀드에 투자할 때는 꼭 환차익과 환차손 여부를 따져봐야 한다. 수익이 나더라도 해당 국가의 통화가치가 하락해 환차손이 발생할 수 있다.

채권 용어 풀이

표면이율	-채권의 권면에 기재된 이율로 1년간 지급될 이자를 액면으로 나눈 것을 의미합니다. -할인채와 이표채의 경우 이 표면이율이 과세(세금계산)의 기준이 됩니다. -1만 원 당 1년에 500원의 이자를 지급하면 이자율은 5% 입니다. -복리채의 경우, 표면이율의 복리에 의해 만기금액이 정해지고, 과세의 기준이 되므로 단리 및 할인채에 비해 과표가 복리로 증가하는 효과가 있습니다.
매매수익률 (또는 매매금리)	- 채권의 가격을 의미합니다. - 매매수익률(또는 매매금리)이 높아지면, 채권의 가격(=매수 단가)은 반대로 떨어집니다. - 같은 종목의 채권이라 하더라도 판매하는 가격인 매매수익률은 회사마다 다를 수 있습니다.
매수금액	-채권을 투자할 때 실질적으로 투자되는 금액을 의미합니다. -매수금액 = 매수수량(단위 천원) × 매수단가 ÷ 10
액면금액	-채권을 만기까지 보유 시 받게 되는 원금 계정의 값을 의미합니다. (만기지급액 = 원금계정 + 이자계정) -액면금액 = 매수수량(단위 천 원) × 1,000

출처: 신한금융투자

💰 3개월마다 이자가 나오는 신종자본증권

은행권 PB들이 요즘 추천하는 상품은 신종자본증권이다. 신종자본증권은 주식과 채권의 성격을 모두 갖춰 '하이브리드 증권'이라고 부른다. 만기가 보통 30년 이상이고 만기에 재연장할 수 있다. 반영구적인 셈이다. 금리가 채권처럼 확정돼 있다.

신종자본증권은 요즘 3개월마다 꼬박꼬박 배당이 된다. 그래서 '인컴형 자산'으로 주목받고 있다. 정기 예·적금 금리보다 높은 수익을 얻을 수 있다. 게다가 금융기관이 발행하기 때문에 안정적인 편이다. 원래 영구채권이기 때문에 만기가 없지만 금융기관이 5년마다 콜 행사를 하니 사실상 만기가 5년이라고 생각하면 된다. 돈을 5년씩 묻어둬야 하니 단기자금이 필요한 사람에겐 적합하지 않을 수 있다.

이 상품의 리스크는 금융기관이 부실 금융기관으로 지정될 때 원금을 날릴 수 있다는 점이다. 신종자본증권을 발행하는 회사가 이 증권을 발행하지 않는 곳보다는 아무래도 안정적이지 않을 수 있다. 발행사들은 자본이 부족할 때 신종자본증권을 발행하기 때문이다. 금융권에선 KB·신한·우리·하나금융 등 4대 금융지주가 발행하는 상품의 경우 그럴 염려는 크지 않다고 설명한다. 이 외에 신종자본증권은 거래량이 적은 점도 단점이긴 하다.

금융기관들은 신종자본증권 발행을 늘리고 있다. 2020년 상반기에 발행된 신종자본증권 금액은 1조 8,500억 원이었다. 이는 전년 발행금액의 73% 수준이다. 금융기관들은 신종자본증권을 찾는 수요가 늘어나자 발행액도 늘리고 있다.

💰 소액으로 부동산에 투자하는 리츠

'커피 한 잔 값으로 건물주가 되세요.'

리츠가 한창 붐이 일기 시작할 때 등장했던 광고 문구다. 그렇다. 불패 신화를 쓰고 있는 알짜 부동산에 소액으로 투자할 수 있는 길이 리츠에 있다. 배당 수익이 쏠쏠해 은퇴 이후에 인컴형 자산으로 자주 언급된다.

리츠는 'Real Estate Investment Trusts'의 앞 글자를 딴 명칭이다. 리츠 회사가 여러 투자자들로부터 자금을 모아 부동산과 관련 증권 등에 투자해 운영한다. 그 수익을 투자자에게 나눠준다. 상장 리츠는 한국거래소에 상장돼 주식처럼 사고팔 수 있다.

리츠는 1960년 미국에서 처음 생겨났다. 한국에선 부동산 유동화로 기업구조조정을 촉진하기 위해 2001년 '부동산투자회사법'이 제정되며 도입됐다. 2001년 '교보메리츠퍼스트^{CR}' 리츠를 시작으로 2020년 5월 말 기준 260개가 운용되고 있다. 자산은 52조 6,000억 원에 이른다. 국내 리츠의 연평균 배당수익률은 2018년 8.50%, 2019년 9.43%였다.

리츠는 투자형태에 따라서는 기관투자자를 대상으로 하는 사모 리츠, 일반 투자자를 대상으로 하는 공모 리츠로 나뉜다. 개인들이 투자하는 공모 리츠는 도입 초기엔 크게 관심을 끌지 못했다. 하지만 저금리의 투자 대안으로 주목받고 대형사들도 참여하면서 신뢰를 얻게 됐고 주목도가 높아졌다. 2019년 10월과 12월 각각 상장된 롯데 리츠와 NH프라임 리츠가 흥행하며 시장은 더욱 뜨거워졌다.

리츠의 강점은 배당 수익률이 비교적 높다는 점이다. 리츠는 부동산 투자회사법에 따라 배당가능한 이익의 90% 이상을 주주들에게 배당해야 한다. 자기관리리츠의 경우엔 50% 이상을 배당한다. 배당은 보통 분기마다 이뤄진다.

유동성이 좋은 점도 매력이다. 리츠가 상장되면 한국거래소에서 매매해 쉽게 현금을 확보할 수도 있다. 덩치가 커서 계약과 현금화에 오래 걸리는 실물 부동산 투자와는 다르다.

공인된 정보를 쉽게 얻을 수 있다는 점도 장점이다. 리츠 법인들은 투자보고서와 영업보고서를 국토교통부 '리츠 정보시스템'에 등록한다. 투자자들이 정기적으로 공식 정보를 확인해 투자 결정을 내릴 수 있는 것이다.

리츠 투자 실전

리츠엔 어떻게 투자할 수 있을까. 주식시장에 상장된 리츠의 주식을 사는 방법이 있다. 상장된 리츠는 국토교통부 '리츠 정보시스템'에 정리돼 있으니 참고하자. 리츠 판매회사나 회계법인, 감정평가법인, 부동산신탁회사 등에서도 정보를 얻을 수 있다.

리츠에 투자하는 방법은 크게 3가지가 있다. 직접투자하는 방법은 개별 종목을 매수하는 것이다. 간접투자 방식으로는 상장지수펀드ETF 또는 상장지수증권ETN에 투자하는 방법, 재간접 펀드에 투자하는 방법이 있다. 재간접 펀드는 자산운용사가 저마다 투자 전략에 따라 리츠와 부동산 펀드 등에 분산투자해 운용한다.

국내 리츠에 투자할 땐 우선 금융회사 영업점을 방문하거나 모바일 애플리케이션을 통해 계좌를 개설한다. 그 후 원화 투자 자금을 본인 명의의 종합계좌에 넣는다. 이제 본격적으로 매매주문을 하는데 온라인 주문은 홈트레이딩시스템HTS, 모바일트레이딩시스템MTS 등으로, 전화 주문은 금융회사 지점이나 고객센터 등으로 한다. 대금은 주문일로부터 2일 뒤 결제되니 확인하자.

해외 리츠의 경우엔 계좌 개설 뒤 투자자금을 입금하는 데까지 국내와 동일하다. 대신 매매주문을 한 뒤엔 투자자금을 환전한다. 환전은 HTS, 영업점, 고객센터 및 영업전 전화 등을 통해 할 수 있다. 그 뒤 매매주문을 하면 국가별로 결제가 된다. 대금이 결제되는 시점은 국가

상장 리츠 현황

회사명	상장일	리츠 유형	홈페이지
에이리츠	2011.7.14	자기관리	www.areit.co.kr
케이탑리츠	2012.1.31	자기관리	www.ktopreits.co.kr
모두투어리츠	2016.9.22	자기관리	www.modetourreit.com
이리츠코크렙	2018.6.27	기업구조조정	www.ereits.co.kr
신한알파리츠	2018.8.8	위탁관리	www.shalphareit.com
롯데리츠	2019.10.30	위탁관리	www.lottereit.co.kr
NH프라임리츠	2019.12.05	위탁관리	www.nhreits.com
이지스밸류플러스리츠	2020.07.16	위탁관리	www.igisvaluereit.com
미래에셋맵스제1호리츠	2020.08.05	위탁관리	www.maps1reit.miraeasset.com
이지스레지던스리츠	2020.08.05	위탁관리	www.igisresidencereit.com
제이알글로벌리츠	2020.08.07	위탁관리	www.jrglobalreit.com
코람코에너지플러스리츠	2020.08.31	위탁관리	koramcoenergyplus.com

출처: 국토교통부, 각사 홈페이지

마다 다르다.

📖 리츠가 투자하는 부동산의 용도, 운용사 점검해야

수익 좋은 리츠는 어떻게 고를까. 부동산을 고를 때처럼 따져보면 된다. 부동산에서 중요한 건 입지 아니던가. 리츠도 마찬가지다. 아무래도 임대 수익이 나려면 좋은 입지에 위치한 부동산에 투자해야 한다.

리츠가 투자하는 부동산의 용도도 무엇인가가 중요하다. 부동산의 용도에 따라 미래가치가 높을 수 있다. 전자상거래 발달로 물류센터, 데이터센터에 투자되는 리츠가 주목받는다. 주택에 투자하는 리츠는 부동산 규제로 시장이 위축될 때 위험할 수 있다.

여기까지는 부동산 직접투자와 비슷하다. 리츠는 여기에서 나아가 운용사가 괜찮은 곳인지도 따져볼 필요가 있다. 리츠는 일종의 펀드이니 운용사의 능력이 중요하다. 국내는 상장리츠의 역사가 길지 않아 검증이 힘들긴 하다. 하지만 해외 리츠는 운용사의 투자이력을 찾아볼 필요가 있다.

리츠의 주가가 적절한지도 확인해야 한다. 주가가 적절한지 판단하는 지표로는 주가 대비 운영자금$^{P/FFO}$이 있다. 주가를 주당 순이익으로 나눈 주가수익비율^{PER}과 비슷한 개념이다. P/FFO에서 P는 주가를 합친 시가총액이다. FFO는 순이익에서 감가상각비와 자산매각손실 등을 제외한 리츠의 실질 배당능력을 뜻한다. 다른 리츠에 비해 이 지표가 높다면 주가가 높다고 보면 된다.

P/FFO가 낮다고 '저렴하게 살 수 있다'라며 좋아하기만 할 일은 아니다. 저렴하다는 건 시장에서 외면받는다는 의미일 수 있다. 그래서 전문가들은 지표에만 집착하지 말고 성장성 있는 리츠를 고르라고 조언한다. 이를테면 데이터센터에 투자하는 리츠가 있다. 4차 산업시대의 원유로 불리는 데이터를 다루니 말이다.

리테일 리츠에 투자할 때는 계약 내용도 잘 살펴보자. 무엇보다 건물 전체를 임대하는 마스터 리스 계약이 체결됐는지가 중요하다. 이 계약은 하나의 마스터 리스사와 장기 임대차계약을 맺는 것이다. 마스터 리스사가 여러 임차인을 구하고 관리한다. 리츠는 이 계약을 통해 임차인을 일일이 구하고 임대료를 챙기는 등의 궂은 일 없이 수익을 낼 수 있다.

리츠 투자자산별 배당수익률(단위: %)

	2012년	2013년	2014년	2015년	2016년	2017년	2018년	2019년
전체	5.13	6.06	5.63	7.62	10.55	7.59	8.5	9.43
호텔	3.91	4.56	5.68	5.71	6.36	6.19	7.69	16.91
주택	0.78	1.08	2.54	17.7	31.36	5.92	11.15	16.01
오피스	4.1	5.34	4.59	6.43	9.77	7.12	6.37	6.86
복합형	0	7.84	6.51	13.87	6.48	6.11	6.4	6.02
물류	9.94	5.63	5.24	4.71	5.79	7.39	6.1	6.75
리테일	10.44	9.42	9.55	9.05	9.65	10.22	14.15	13.39

출처: 국토교통부

💰 투자시점을 잘 선택해 분산투자해야

'나도 이참에 은퇴 이후 월급을 마련하는 건가.'

직장인 B 씨는 2019년 가을 리츠에 가입하며 기대가 컸다. 연평균 수익률이 8~9%라니 든든한 은퇴 월급이 생길 것 같았다. 하지만 다음해 3월 수익률이 훅 떨어져 마이너스가 됐다. 코로나19의 직격탄을 받았다. 일본 도쿄 올림픽이 연기될 조짐이 일자 일본 부동산에 투자한 리츠가 타격을 입었다. B 씨는 '조금만 더 기다려보자'는 생각에 적립금 불입만 중지하고 기다렸다. 하지만 두어 달이 지나도 상황은 나아지질 않았고, 그는 결국 환매를 결정했다.

리츠는 이처럼 경기의 영향을 많이 받는다. 그렇기에 투자시점을 잘 잡아 분산해 투자해야 한다. 실제 코로나19 사태 이후 국내 대표 리츠들도 수익률이 대폭 하락한 바 있다. 리츠 전문가들은 "경기가 꺾이면 리츠는 주식보다도 더 빨리 하락한다"고 경고한다. 리츠가 투자하는 부동산이 안정적으로 임대수익을 발생시키는지, 배당도 잘 되는지 확인할 필요도 있다. 그런 점에서 소규모 리츠보단 대형 리츠가 안전할 수 있다.

해외 리츠의 세계는 더욱 화려하다. 미국 리츠의 경우 오랜 역사 속에서 다양한 투자처가 나왔다. 쉽사리 망하지 않을 듯한 대학 기숙사 건물, 교도소 등에 투자하는 리츠도 있다. 분기마다 배당하는 국내 리츠와 달리 매달 배당하는 리츠에도 투자할 수 있다. 미국 리츠에 투자하면 달러화 자산을 갖고 있을 수 있으니, 변동이 심한 시기에 안심이 된다.

하지만 해외 리츠에 투자할 땐 더 주의를 기울여야 한다. 주가가 국내 리츠들보다 더 빨리 변동될 수 있기 때문이다. 리츠의 운용규모가 작으면 가격 변동폭이 커질 수 있다는 점을 잊지 말자. 투자하기 전에 꼭 시가총액과 해당 부동산의 규모를 확인해야겠다.

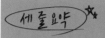

세 줄 요약

* 채권 투자 전 기업의 신용등급, 재무제표를 확인하자.
* 신종자본증권은 예·적금보다 금리가 높은 편이나 만기가 길고 원금 손실 우려가 있다.
* 리츠는 해당 부동산의 입지, 용도는 물론 운용사의 능력을 따져봐야 한다.

chapter 6

주식:
저금리 시대
필수 투자 종목

'주가가 좀 떨어져도 배당금 받으며 기다리지 뭐….'

직장인 A 씨는 주식시장이 요동쳐도 크게 불안하지 않다. 매달 들어오는 주식 배당금이 꾸준하기 때문이다. 주가가 조금 떨어지더라도 배당금을 받으며 버텨보자는 생각이다. 코로나19 사태로 주식시장이 불안했던 2020년 봄에도 그랬다. 미국 주식에 투자 중이던 A 씨는 배당수익을 합해 오히려 연 10%대 수익을 올렸다. 3개월간 벌어들인 미국 배당수익만 200만 원대. 그는 '매달 조금씩 꼬박꼬박 불입하길 잘했지'라며 안도한다.

이렇듯 배당주에 투자하는 이들은 '정신건강을 지킬 수 있다'며 만족해한다. 주가가 요동치더라도 배당금은 꾸준할 수 있으니까. 배당금이 잘 나오면 주가 하락을 버틸 수 있는 힘이 생긴다.

불안한 시대일수록 배당주가 현금 흐름을 만들어 주는 '인컴형 자산'으로 주목받고 있다. 물론 코로나19 확산으로 기업들 경영이 어려워지며 배당을 못하는 곳들이 늘긴 했다. 그래서 코로나19 원년인 2020년엔 배당주에 찬바람이 부는 분위기였다. 하지만 좀 길게 보면 저금리, 저성장 국면에선 배당주가 작더라도 소소한 수익을 주는 투자처로 꼽힌다. 특히 고정적 현금 흐름이 거의 없는 은퇴 이후엔 더욱 그렇다.

이번 장에선 배당주를 중심으로 저금리기 주식 투자의 기본기를 알아본다. 저금리로 은행 예·적금 이자가 '제로(0)'에 가까워져 주식 투자가 더욱 중요해졌다. 이런 경제 환경의 변화는 '주린이(주식+어린이)'들에게 '주식시장에 더 과감히 뛰어들라'고 외치고 있다. 주식 초보자들은 아직 예·적금에 기대려 하기도 한다. 이럴 땐《밀레니얼머니》의 저자인 투자전략 전문가 패트릭 오쇼너시의 말에 귀 기울여보자. "현금은 안전해 보일 수는 있어도 장기적으로는 주식보다 위험하다." '포스트 코로나' 시대 격변할 주식시장에서 놓치지 말아야 할 흐름도 전문가들에게 들어봤다. 2020년 국내시장을 휘저었던 공모주의 실체도 다룬다.

코스피 배당수익률과 은행 예금금리 비교(단위: %)

	2019. 8	2019. 10	2019.12	2020.2	2020.4	2020.6	2020.8
KOSPI	2.26	2.13	2.02	2.22	2.27	2.06	1.85
순수저축성 예금	1.53	1.55	1.59	1.43	1.22	0.88	0.8

출처: 한국거래소, 한국은행

📱 '똑똑한 배당주' 고르면 주가 등락이 무섭지 않다

배당은 말 그대로 회사가 벌어들인 수익금의 일부를 주주에게 나눠 주는 것이다. '우리가 돈을 벌었으니 회사의 주인인 주주들께 나눠 드립니다'라고 인심 좋게 말이다. 잘 찾아보면 실적에 크게 영향 받지 않고 꾸준히 배당하는 의리 있는 회사들이 있다.

국내 기업은 주식을 연말 배당기준일까지 보유한 투자자에게 배당을 한다. 대부분 이듬해 4월 배당금을 입금한다. 배당을 받고 싶으면 늦어도 배당기준일 2일 전까진 주식을 사야 한다. 주식을 매수한 뒤 실제 거래가 이뤄지는 데 시간이 걸리기 때문이다. 배당이 지급되는 날은 배당락일이라고 한다. 배당성향이란 기업의 당기순이익에서 배당금 총액이 차지하는 비중을 뜻한다. 보통 기업이 배당을 많이 할 때 '배당성향이 높다'고 표현한다.

그렇다면 좋은 배당주는 어떻게 고를까. 크게 두 가지를 살펴보면 된다. 우선 회사가 기존에 배당을 꾸준히 했는지가 중요하다. 배당이 꾸준했다면 그 회사가 주주를 배려하는 성향임을 확인할 수 있다. 주주에게 신용을 쌓은 회사다. 배당 내역이 들쑥날쑥하면 투자자로선 불안하다. 직전 연도에 10%를 배당하다 올해 갑자기 1%를 배당할 수도 있는 일이다.

실적이 안 좋은데도 억지로 배당하는 기업도 있다. 주주를 붙잡아 두려 부채를 일으켜 배당을 하기도 한다. '우리 회사는 건강해요'라고 애써 포장하는 셈이다. 배당금을 순이익으로 나눈 배당성향이 100%를 넘는다면 '억지 배당' 기업일 수 있으니 조심하자. 그래서 배당 역사와 함께 재무제표를 잘 확인해야 한다. 실적이 꾸준한지 볼 필요가 있다. 적어도 최근 3년간 흑자를 낸 기업이면 안심할 만하다.

대주주의 지분이 높은 기업도 눈여겨보자. 대주주의 지분이 배당과 어떤 관계가 있을까. 그해에 얼마나 배당할지는 의결권이 많은 대주주들이 결정한다. 이런 대주주들 지분이 높은 기업일수록 배당을 늘릴 가능성이 있다. 대주주들도 자신에게 돌아오는 배당이 많길 원하니 말이다. 배당주를 고를 때는 주가가 앞으로도 계속 오를 기업인지도 판단해봐야 한다. 미래가치가 높으면 앞으로 배당을 늘리기가 쉽다.

배당주도 주식이니 증시 변동성에 영향을 받는다. 그래서 꼭 분산투자를 해야 한다. 먼저 업종을 여럿으로 분산하자. 여기서 더 나아가 한 업종 내에서도 주식을 배당성향이 다양한 곳들에 두루두루 분산하는 게 좋다.

배당주에 투자하는 형태는 주식 투자가 익숙한 사람이라면 직접 투자가 낫다. 하지만 일반적으론 펀드 형태가 추천된다. 펀드가 알아서 분산투자를 조정하기 때문이다. 경험이 부족한 투자자라면 자칫 개별 주식에 투자했다가 큰 손실을 볼 수 있다. 분산투자 비중을 조절하는 데 서툴 수 있으니 말이다. 펀드를 할 때는 꼭 편입자산을 확인해두자.

📖 미국 배당주는 1년에 4번 배당을 한다

요즘은 미국 배당주 투자만 집중하는 재테크 카페, 책들이 유독 눈에 띈다. 금융권에서도 배당주에 관심있는 이들에게 미국 배당주를 권한다. 이점이 여러 가지로 많기 때문이다. 미국 배당주는 1년에 3개월씩 4번을 배당한다는 매력이 있다. 한국 주식 대부분은 1년에 1번만 배당한다. 그래서 '짠물 배당'으로 코리아 디스카운트를 부른다는 얘기도 있다.

이에 비하면 미국 배당주는 자주 배당을 하고 배당도 많이 하는 편이다. 잘 살펴보면 오랜 기간 꾸준히 배당을 늘리는 미국 배당주를 심심치 않게 볼 수 있다. 코카콜라는 거의 60년 연속 배당액을 늘려 유명하다. 워런 버핏 버크셔해서웨이 회장은 코카콜라 주식으로 매년 50% 이상의 배당 수익률을 올리고 있다고 한다. 잘 골라 투자하면 '배당주 연금'을 받으며 노후를 즐길 수 있는 일이다. 게다가 미국 배당주는 달러화로 투자하기 때문에 환율변동에도 비교적 안정적일 수 있다.

미국 배당주에 투자하길 원한다면 먼저 해외 주식계좌를 개설해야

25년 이상 배당을 늘린 미국의 배당주(단위: %)

배당주	배당수익률	배당주	배당수익률
엑슨모빌	10.5	앰코	4.2
AT&T	7.3	카디널헬스	4.2
셰브런	7.0	에섹스프로퍼티트러스트	3.9
피플스유나이티드파이낸셜	7.0	레짓앤플랫	3.8
페더럴리얼티인베스트먼트	5.5	콘솔리데이티드에디슨	3.8
프랭클린리소시스	5.4	3M	3.7
에브비	5.3	뉴코	3.6
월그린스부츠얼라이언스	5.1	코카콜라	3.3
레이시온테크놀로지스	4.7	제뉴인파츠	3.3
리얼티인컴	4.4	에머슨일렉트릭	3.1

※2020년 10월 1일 기준, S&P500 소속 기업
출처: 한국경제

한다. 증권사 영업점을 방문하거나 애플리케이션을 스마트폰에 설치해 만들 수 있다. 이제 환전을 해야 한다. 환전은 온라인으로 가능하다. 달러화로 환전한 뒤엔 사려는 종목의 수량과 가격을 입력하자.

주도주, 주도산업에 주목하라

"배당만 받으셔서 언제 돈을 벌겠어요. 공격적으로 투자하셔야죠. 저는 샐러리맨에겐 배당주를 추천하지 않아요."

배당주 투자방향을 취재하던 내게 한 증권사 프라이빗뱅커PB가 말했다. 은퇴가 임박하지 않은 시기라면 조금씩 들어오는 배당금으로 만족하지 말라는 조언이었다. 큰돈을 굴려 제대로 불린 뒤에 배당주 투자를 고민하란 것이다.

"거액 자산가들이야 '지키는 투자'를 할 필요가 있죠. 그런 사람들이야 배당주에 투자하며 있는 돈을 관리하면 돼요. 하지만 샐러리맨은 '지켜야 할 자산'이란 게 그리 많지 않잖아요. 월급이 나오는 동안은 공격적으로 투자하세요."

'내 나이에 아직 배당주만 들여다보기엔 이르다'는 판단이 드는가? 그렇다면 주식에 더 적극적으로 투자할 필요가 있다. 문제는 코로나19 확산처럼 장을 뒤흔드는 변수가 터질 수 있다는 사실이다. 이럴 땐 전문가들이 강조하는 투자의 원칙을 되새기자. 리스크가 커진 만큼 리스크를 줄여주는 원칙의 중요성도 더욱 커졌다.

"지금이야말로 흐름이 바뀌는 시기라 볼 수 있습니다. 지금 오르는 종목이 계속 오를 가능성이 높은 거죠. 그런 종목이 새 시대에 맞는 주식인 겁니다."

　금융권 PB들은 '주도주에 투자해야 한다'는 원칙을 강조했다. 물론 주도주가 항상 승승장구할 수는 없다. 어느 곳이든 변수는 있기 마련이다. 주도주에만 의존하기 불안하다면 주도산업으로 넓혀 분산투자하자. 주도주는 변할 순 있지만 주도산업은 변하기 쉽지 않다.

　실제 2020년 봄부터 주도주들이 유독 상승했다. 물론 도중에 일부 조정을 거치기도 했지만 전체적으로 주목받는 분위기다. 이에 여러 분석이 나왔다. 하나금융투자 이경수 연구원은 코로나19 이후 반등장을 개인 투자자들이 주도했기 때문으로 봤다. 기관 투자자들과 달리 개인 투자자들은 참고할 지표가 다양하지 않다. 그렇다 보니 '잘 나가는 놈이 계속 잘 나간다'는 생각에 주도주로 몰렸다는 얘기다.

　코로나19 국면에서 실적이 좋은 종목이 희소해진 영향도 있다. 이제 미래가 보이는 산업과 그렇지 않은 산업이 명확히 보이게 됐다. 어려운 시기라 잘나가는 종목이 한정되니 그 종목에 투자자들이 몰린다. 이 연구원은 "실적의 쏠림화가 더욱 가파르게 이뤄질 것"이라고 전망했다.

　다른 증권사 지점장이 들려준 분석이 의미심장했다.

　《사피엔스》의 저자 유발 하라리가 '인류의 역사는 통합의 방향'으로 간다고 했잖아요. 이게 시장에서도 나타납니다. 세계 시장은 미국으로, 경제사상은 자본주의로, 부동산은 강남으로 통합되는 것이죠. 시가총액이 주도주로 쏠리는 현상도 일시적인 현상은 아닐 겁니다."

🏦 코로나19 이후 주도산업

미래에 수익을 낼 주도산업은 어떻게 찾을까. 투자자들의 공통된 고민일 것이다. 투자 초보와 중수들이 고수들에게 늘 묻는 질문이기도 하다. 이에 한 증권사 리서치 센터장은 쉽게 답을 줬다.

"요즘엔 어디에 투자할지 오히려 더 선명하게 보여요."

혼돈의 시대인데 좋은 투자처가 더 선명하게 보인다니 무슨 말일까. 지금 같은 위기에 실적이 좋은 산업이 미래 가치가 높을 가능성이 있단 얘기였다. 세계 경제를 휘젓는 큰 사건이 일어나면 산업도 확 재편된다. 1990년대 후반 PC 대중화는 정보기술IT 버블을 만들었다. 중국에서 저임금 기반의 글로벌 생산이 확산하며 조선, 화학 등 중국 관련 주가 부상했다.

이번엔 코로나19가 개인의 일상 곳곳을 속속들이 파고들었다. 다시 주도산업의 지형도 변동될 조짐이다. 금융권 오피니언 리더들이 입 모아 꼽는 '포스트 코로나' 시대 주도산업은 단연 IT 분야다. 소비자들이 온라인, 비대면 쇼핑과 문화에 길들여지고 있기 때문이다. IT 분야는 코로나19 확산 전에도 이미 기대주였다. 4차 산업혁명 시대에 맞게 편리한 서비스들을 빚어내고 있어서다. 이러한 성장세에 코로나19가 촉매가 됐다.

온라인 유통은 실제 브랜드 가치가 높아지고 있다. 브랜드 평판회사 브랜드스탁이 조사한 결과를 보자. 코로나19가 번진 2020년 1분기(1~3월), 쿠팡은 브랜드 가치평가 점수인 BSTI^{BrandStock Top Index}가 853점이었다. 전년보다 12계단 상승한 42위. 다른 온라인 쇼핑몰도 마찬가지다. G마켓은 전년보다 3계단 오른 11위였다. 11번가도 전년보다 6계단 오른 21위가 됐다.

IT 분야에서 구체적인 주도기업을 살펴본다면 네이버와 카카오가 주도주로 꼽힌다. 금융 영토를 치고 들어와 비대면 서비스를 마구 확장하고 있다. 집콕족들에게 더 친숙해진 게임 분야에선 엔씨소프트도 주목받고 있다.

코로나19 사태를 거치며 바이오 기업도 주도주로 각인되고 있다. 한 리서치 센터장의 분석이 흥미롭다.

"바이오산업은 3대 경제주체가 모두 원하는 산업이죠. 정부는 국민이 아프지 않아야 의료복지 비용을 줄이고, 가계는 오래 살고 싶고, 기업은 (약품의) 로열티를 받고 싶으니…. 바이오는 시대가 원하는 산업입니다."

영국 일간지 파이낸셜타임스가 분석한 결과에서도 이런 흐름이 포착된다. 2020년 1월 1일부터 6월 17일까지 코로나19 사태 전후 5개월간 기업가치가 급등한 세계 100대 기업 중 국내 기업은 3곳만 포함됐다. 삼성바이오로직스(31위), 셀트리온(72위), LG화학(88위)이다. 셋 중 두 곳이 바이오 기업이다. 나머지 LG화학은 4차 산업혁명을 주도할 전기차 배터리의 강자다.

친환경 산업을 아우르는 '그린 뉴딜' 관련주도 바이오주와 함께 양대 대장주로 각인되고 있다. 그린 뉴딜 산업 중에는 LG화학의 선전이 보여주듯 전기차도 이미 유망주로 알려져 있다. 테슬라의 시가총액이 포드, 폭스바겐은 물론 도요타까지 제치지 않았던가.

다만 주도산업은 변하지 않아도 주도주는 움직인다는 사실은 기억하자. 한 증권사 리서치센터장은 이렇게 강조했다.

"주도산업 안에서 '히어로hero'는 바뀔 수 있어요. 지금의 주도주가 해당 주도산업 안에서 독점적 지위를 계속 누릴지는 신중하게 지켜봐야 합니다."

💰 위기 때 버틴 기업을 찾아라

"위기 때 안 망한 기업을 찾으세요."

혼란의 시기에 알짜 종목을 고르는 법을 묻자 한 PB가 이렇게 강조했다. 1997년 외환위기나 2008년 글로벌 금융위기를 잘 이겨낸 기업 말이다. 이런 기업이라면 다음 위기에도 강할 것이란 얘기다.

하나금융투자의 이재만 연구원이 내놓은 분석도 그렇다. 셀트리온, 엔씨소프트, 한샘 등은 2008년 글로벌 금융위기 때 국내 증시에서 연간 주가수익률이 플러스였다. 그 후 2009년 증시 회복 국면에서도 좋은 수익률을 보였다. 셀트리온과 엔씨소프트는 코로나19 국면 속에서도 선전하고 있는 편이다. 물론 일부 주식은 기초 체력이 강해서라기보단 일시적인 팬덤의 수혜를 본 측면이 있단 얘기도 있다.

코로나19 위기 후 해외에선 마이크로소프트, 아마존, 알리바바 등이 부각되고 있다. 국내에선 네이버, 카카오, 엔씨소프트 등 비대면 기업이 위기에 강한 기업의 면모를 보이고 있다.

🏠 공모주, 경쟁률 높으면 몇 주 못 받는다

재테크 시장에서 공모주도 핫한 재테크 수단으로 떠오르고 있다. 2020년 불붙은 공모주 투자 열풍은 마치 부동산시장의 신규 아파트 분양 열풍을 보는 듯했다. '323대 1', '1,524대 1'. 각각 2020년 공모주 열풍의 중심에 있던 SK바이오팜과 카카오게임즈 경쟁률이다.

이렇듯 젊은층을 중심으로 공모주에 빚투(빚내서 투자)를 많이 했다. 대출금으로 모자라 가족들 돈을 동원하기도 했다. 한 회사의 한 팀원 전체가 공모 청약에 돈을 넣었다는 얘기까지 들린다.

공모주는 뭐가 그리 특별하기에 이렇게 투자 열기가 높은 걸까. 공모주는 기업이 주식시장에 처음 상장하면서 투자자를 모집하는 신규 발행 주식이다. 공모주는 쉽게 말하면 분양되는 신규 아파트와 비슷하다고 볼 수 있다. 대개 비슷한 회사의 주가보다 저렴하게 시장에 나오기 때문이다. 투자자들이 저렴한 가격에 주식을 살 수 있는 기회이니 이렇게 인기다. 실제 2020년 경쟁이 치열했던 공모주들의 수익이 꽤 괜찮았다.

상장 첫날 시초가는 공모가의 90~200% 사이에서 결정된다. SK바이오팜은 코스피 최초로 '따상'(상장 당일 시초가가 공모가의 2배로 오른 뒤 상한가까지 상승)을 기록한 데 이어 다음 3일 연속 상한가를 보이는 '따상상상'을 기록하기도 했다. 하지만 시초가가 공모가의 90%에서 형성돼 하한가까지 떨어지면 손실이 불가피하다.

공모주는 저금리기에 계속 주목받을 것으로 보인다. 돈 굴릴 곳이 워낙 마땅치 않기 때문이다. 다른 금융상품들 수익이 저조한 편이고 부동산은 규제가 너무 심해 체념한 이들이 많다.

하지만 놓치지 말아야 할 점들이 있다. 청약 경쟁률이 지나치게 높으면 투자금에 비해 몇 주 못 받을 수밖에 없다. 그래서 공모주를 두고 '속 빈 강정'이라고 냉소적으로 말하는 이들도 있다. 공모주는 상장 초반에 변동성이 높다는 점도 유의해야 한다. SK바이오팜과 카카오게임즈는 청약 돌풍을 일으켰지만 상승세가 각각 상장 5일차, 3일차에 꺾였다.

공모주에 투자하기 전엔 기관투자자들의 수요예측 결과를 챙겨보자. 금융감독원 공시시스템에서 공모주 회사 이름을 검색해 투자설명서를 찾아보면 된다. 이때 경쟁률이 높게 나오면 상장 이후 주가가 안정적일 수 있다. 다만 여기서 또 주의할 점이 있다. 기관투자자들은 공모주 시장이 좋을 때 수요예측에서 공모가격을 높게 전망하기가 쉽다. 이러면 공모가가 지나치게 높게 책정된다. 상장 뒤엔 주가가 공모가 아래로 떨어질 수도 있다.

기관투자자들의 '의무보유확약' 물량도 알아둘 필요가 있다. 이름도 어려운 의무보유확약 물량. 이는 수요예측에 참여한 기관투자자들이 공모물량을 받을 때 일정 기간 팔지 않겠다고 약속하는 물량이다. 이 비율이 높아야 기관투자자들이 매도물량을 많이 내놓지 못한다. 매도물량이 쏟아져 나오지 않아야 상장 직후 주가 급락을 피할 수 있다.

공모주 청약은 분양 아파트 청약처럼 온라인으로 증권사에 계좌를 개설해 시작한다. 공모주에 청약할 땐 일종의 보증금인 '증거금'을 내야 한다. 증거금은 청약금액의 50%다. 실제 청약금액은 경쟁률에 따라 정해진다. 내가 낸 증거금 중에 실제 청약금액을 제외한 잔액은 청약기간 뒤에 돌려받는다.

🪙 지나친 '빚투'는 주의하자

　미혼인 30대 직장인 B 씨는 2020년 4월 신용대출을 8,000만 원 받아 폭락장에 들어갔다. '대장주는 망하지 않는다'는 일념으로 전액을 삼성전자 주식에 투자했다. 그렇게 벌어들인 돈은 800만 원가량이었다. 요즘 같은 저금리기에 다른 데 투자해선 보기 힘든 수익이다.

　"주식을 하려 신용대출을 8,000만 원이나 받는다고 하니 주변에서 다들 뜯어 말렸죠. 그래도 그 때 주식에 들어가야 한다는 확신이 있었어요. 다들 말린다고 멈췄으면 얼마나 후회했겠어요."

　코로나19 확산으로 주식 시장이 흔들릴 때 삼성전자를 비롯한 국내 주식을 팔아치우면서 외국인들은 장을 떠났다. 그 때 B 씨 같은 국내 투자자들이 장을 끌어 올렸다. 이들이 '동학개미'라고 불린다. 1894년 반외세·반봉건 운동인 동학농민운동에 빗댄 개념이다.

　"올해 수익 2억 원을 돌파했습니다. 5월 장이 너무 좋았고 전략적으로 대형주를 선택했더니 큰 수익이 생겼네요."

　"제가 이제 주린이를 벗어나는 것일까요? 이번 한 달에만 번 수익이 500만 원이네요. 일하긴 싫고 휴대전화로 주식만 쳐다보게 됩니다."

　동학개미들이 들고 일어난 뒤 재테크 카페엔 이렇듯 승리에 도취된 글이 많다. 빚내서 주식 투자에 뛰어든 사람들의 무용담이 줄을 잇는다. 과거 빚내서 집 사는 열풍에 올라타지 못한 이들의 후회를 우리는 안다. 그래서 더욱 레버리지를 일으킨 주식 투자가 힘을 받았는지도 모른다.

하지만 빚투 급증세가 심상치 않다. 장혜영 정의당 의원이 금융감독원에서 받은 자료에 따르면 2020년 8월 기준으로 신용거래융자 잔액은 16조 2,177억 원으로 전년 말보다 76.1% 급증했다. 연령대별로 보면 20대 증가율이 가장 높았다. 20대는 빚을 8개월 만에 133.8% 늘렸다. 30대도 증가율이 71.6%였다.

요즘 같은 저금리엔 빚투가 최상은 아닐지라도 최선의 투자일 수도 있다. 하지만 전문가들은 이런 생각에 브레이크를 건다. 젊을수록 공격적인 투자를 하라던 PB도 이렇게 경고한다.

"시가총액 5위권에 드는 회사들이 불과 3~4개월 만에 가격이 2배씩 올랐어요. 고점을 찍고 내려갈 때는 타격이 있을 수 있습니다."

🏠 분산투자는 만고불변의 법칙

"주식 투자를 시작한지 20년째인데 수익이 변변치 않아요. 차라리 예전 부동산 급등기에 부동산에 분산투자를 했더라면…."

직장인 C 씨는 분산투자의 원칙을 놓친 게 깊이 후회된다. 주변에서 주식투자 성공담에 솔깃해 주식에 집중한 탓이다. 역시 '달걀은 한 바구니에 담지 말라'는 격언이 그냥 있는 게 아니구나 싶었다.

공격적인 투자에 나설 때 만고불변의 법칙은 분산투자다. 특히 코로나19 이후 장이 출렁이고 또 어떤 변수가 터질지 불안한 시기에는 더욱 그렇다. 공격적으로 투자하려는 사람일수록 분산투자의 원칙을 공식처럼 여겨야 한다. 워런 버핏의 스승이자 '현대적 투자기법의 아버지'라고 불리는 벤자민 그레이엄의 말을 되새기자.

"일반인은 금융자산의 25% 이상을 주식에 투자하지 말아야 한다. 전문가라도 50% 이상을 투자하지 말라."

야성 넘치는 증권사 PB도 자산의 절반 정도는 안전한 자산에 꼭 투자하길 권했다. 나머지 절반으로만 적극적인 투자에 임해야 손실을 봐도 타격이 덜하다는 얘기다.

"자산의 절반 정도는 '언제든지 꺼내 쓸 수 있는' 안전한 자산에 투자하세요. 금도 좋고 국채나 정기예금도 좋습니다."

분산투자를 해야 하는 이유는 연도별 자산의 수익률을 살펴보면 쉽게 알 수 있다. 세계적 투자그룹인 슈로더그룹의 분석 결과를 보자. 2014년과 2015년 수익률이 1위인 자산은 모두 부동산이었다. 연 수익률이 각 해에 11.7%, 1.4%였다. 그런데 부동산은 2016년엔 연 수익률 2.5%로 6위까지 떨어졌다. 2018년엔 수익률이 -6.2%까지 꺼지며 5위에 머물렀다.

반면 하이일드 채권은 2014년과 2015년 연 수익률이 각각 -0.1%와 -4.2%로 각각 5위였다. 그러다 2016년에는 수익률이 14.8%로 1위에 올라섰다. 분석을 마친 슈로더그룹은 말한다. '과거의 성과는 미래의 성과를 보장하지 않는다.'

그렇다고 '묻지마 분산투자'는 위험하다. 분산한답시고 업종을 너무 두루두루 선택하는 것도 문제다. 넓은 영역을 다 담는 건 수익률을 더 해칠 수 있다. 예컨대 요즘 업황이 안 좋은 정유, 화학, 은행 분야 주식을 분산 대상으로 삼는 건 위험하다. 분산을 하더라도 4차 산업혁명 관련 분야 등 유망 업종 내에서 주식을 나눠 투자하는 식이어야 한다.

경험이 많지 않은 투자자라면 상장지수펀드ETF 등 간접투자를 하는 게 나을 수 있다. 전문가들이 시의 적절하게 분산투자가 되게끔 상품을 설계하기 때문이다.

세줄요약 ☆

* 배당주는 배당이 꾸준한지, 대주주 지분이 높은지, 재무제표가 양호한지 확인한다.
* IT, 바이오, 그린뉴딜 등 '주도산업'에 반드시 분산투자하자.
* 공모주는 경쟁률이 너무 높으면 주식을 몇 주 못 받는다.

chapter 7

ETF:
주식 초보자의
투자 연습 기회

돈이 되는 정보가 가장 많이 모이는 곳은 어디일까. 기업 정보가 모이는 증권사? 강남 한복판의 공인중개업소? 좀 더 공인되면서도 보안된 정보는 아마도 금융시장을 관할하는 정부부처에 모이지 않을까. 금융위원회나 금융감독원은 기업들을 감독하며 내밀한 정보와 재무현황을 가장 빠르게 알 수 있다. 이런 정보는 기업 주가나 실적에 직접적인 영향을 준다. 그래서 금융당국자들은 주식에 투자할 때 여러 제한을 받는다. 업무에서 얻은 정보로 투자해 사익을 불리면 안 되기 때문이다.

그래서 궁금했다. 많은 걸 듣고 보는 당국자들은 어떻게 돈을 모을까. 워낙 여러 정보를 접하니 돈의 흐름을 꿰고 있을 듯한데···. 합법의 틀 안에서도 돈 굴릴 방법을 잘 알지 않을까. 2020년 3월 공개된 고위공직자 재산 현황에 답이 나와 있었다. 당국자들은 상장지수펀드ETF,

Exchange Traded Fund를 많이들 활용하고 있었다. 아무래도 주식에 직접 투자하긴 윤리적으로 부담스러우니 ETF를 선호하는 측면도 있을 것이다. 그러나 기본적으로 ETF는 수익이 비교적 높은 게 사실이다. 은퇴 이후를 미리 고민하는 투자자들은 ETF를 연금계좌에 넣어 노후 자금을 불린다. ETF는 수익이 좋으면서 세제 혜택도 쏠쏠하기 때문이다.

🏦 ETF, 주식과 펀드의 '콜라보'

ETF란 특정한 테마의 주식이나 상품을 묶어 만든 지수를 따르는 펀드다. 해당 주식이나 상품 가격이 오르면 수익률이 높아지는 식으로 연동된다. 펀드이긴 한데 주식과 비슷하다. 주식과 펀드의 장점을 모아놓은 상품이라고 보면 된다. 거래소에 상장돼 주식처럼 거래된다는 점에서 일반 인덱스펀드와 차이가 있다. ETF는 단일 종목이 아니라 펀드이기 때문에 주식 투자보다 안전한 것으로 알려져 있다.

ETF는 '기준가격'에 사고팔아야 제대로 거래한 것으로 볼 수 있다. 기준가격은 ETF의 순자산총액을 발행된 좌수로 나눈 값이다. 이 좌당 순자산가치NAV, Net Asset Value를 기준가격이라고 부른다.

ETF의 장점은 주식에 비해 비교적 안전하다는 점이다. ETF는 분산 투자를 할 수 있어 안정적으로 알려져 있다. 또 1만~3만 원의 소액으로도 10개 종목에 분산 투자할 수 있다. 게다가 일반 펀드와 달리 한국거래소가 상장심사를 해 위험한 상품을 가려낸다. 물론 ETF 중에서도 투자자산과 전략에 따라 각기 안전도가 다르니 옥석을 따져봐야 한다.

원하는 시점에 재깍 매도해 환금성이 좋다는 점도 매력이다. 투자자가 매도를 결심하면 펀드는 기본적으로 그날 저녁 발표되는 가격을 기준으로 매도한다. 하지만 ETF는 결심한 그 시점 가격으로 매도할 수 있다. 대금도 펀드에 비해 하루 빨리 받게 된다.

ETF, 주식이나 펀드와 어떻게 다른가

	ETF	주식	인덱스펀드
운용 목표	특정 인덱스	인덱스 초과 수익	특정 인덱스
법정 성격	집합투자증권	지분증권	집합투자증권
투명성	높음	높음	보통
유동성	높음	높음	낮음
결제일	T+2	T+2	T+3
증권 대차	가능	가능	불가
레버리지 기능 (증거금 매입)	가능	가능	불가
거래비용	위탁수수료, 운용보수(약 0.5%)	위탁수수료	운용보수(1~2%)
전 증권사 거래	가능	가능	판매사 한정
시장위험	시장위험	시장·개별위험	시장위험
분산투자	가능	불가	가능
증권거래세	면제	매도 시	적용배제

출처: 한국거래소

💰 ETF, 연금계좌에서 굴리면 절세 효과

직장인 A 씨는 수년 전 가입한 연금저축보험을 연금저축펀드로 갈아타려 하고 있다. 보험 수익률이 워낙 좋지가 않고 수수료도 비교적 많이 나가기 때문이다. 그는 워낙 저금리라 그대로 보험에 노후 자금을 묶이기는 너무 아깝다고 판단했다. 증권사에 새롭게 펀드 계좌를 개설해 ETF로 연금을 굴려볼 예정이다.

'연금을 ETF로도 굴릴 수 있나'라고 묻는 사람들이 많다. 모르는 이들이 꽤 있는데, 가능하다. 개인형퇴직연금IRP은 2012년부터, 연금저축은 2017년부터 적립금을 ETF에 투자할 수 있다. 요즘 연금 수익률이 변변치 않자 ETF에 대한 관심이 많아졌다.

그렇다면 연금을 어떻게 ETF로 굴릴 수 있을까. ETF에 연금을 투자하려면 증권사에서 연금계좌를 만들어야 한다. ETF는 주식처럼 거래소에서 거래되는 상품이기 때문이다. 은행이나 보험사에 계좌가 있다면 증권사 계좌로 옮겨야 한다.

우선 퇴직연금의 경우 투자할 수 없는 ETF가 정해져 있다. 단기투자 상품에 속하는 레버리지 ETF, 인버스 ETF, 파생상품 위험평가액 비중이 40%를 넘는 상품은 금지된다. 투자 손실 위험이 있어서다. 노후 자금이란 연금의 특성을 고려해 손실을 줄일 방파제를 쌓아둔 것이다. 또 퇴직연금은 ETF를 비롯해 위험자산의 비중이 전체의 70%를 넘지 않게 규제한다. 다른 주식형 상품을 합해 70%를 넘지 않게 해야 한다.

연금저축 계좌에서도 ETF를 운용할 수 있다. 마찬가지로 증권사 계좌를 개설할 때 한해서다. 연금저축 계좌는 퇴직연금보다는 약간 운용의 폭이 넓다. 퇴직연금처럼 레버리지 ETF와 인버스 ETF는 마찬가지로 투자가 금지된다. 하지만 파생상품의 위험평가액 비중이 40%를 넘어서는 ETF는 투자를 할 수 있다.

다만 금융권에서도 임금피크제 대상자 등 은퇴가 코앞인 이들에겐 ETF를 통한 연금 재테크를 추천하진 않는다. 노후 자금을 잃으면 회복할 수 있는 기회가 적기 때문이다.

💰 ETF, 이것만은 알고 하자

은퇴가 멀지 않은 투자자가 ETF를 운용해보고 싶다면 지수 추종형 ETF가 그나마 쉽게 접근할 수 있을 것이다. 개별 섹터별 ETF는 리스크가 어느 정도 도사리고 있는 게 사실이다. 전문가들은 주로 배당주, 채권, 리츠 등에 투자해 꾸준히 현금 수익을 주는 ETF를 추천한다.

ETF는 원금을 보장하는 상품이 아니란 점을 기억해야 한다. 손실이 났는데 급히 돈이 필요하면 손절매할 수밖에 없다. ETF의 수익이나 가치를 따져보려면 내가 투자하려는 ETF가 어떤 종목에 투자하고 있는지 확인할 필요가 있다. 거래소와 증권사 홈페이지, 거래시스템HTS에서도 관련 정보를 찾을 수 있다.

ETF 거래에 드는 비용도 따져보자. ETF는 주식처럼 매수하거나 매도할 때 중개수수료를 내야 한다. 동시에 펀드이기 때문에 운용, 판매, 신탁보수 관련 비용도 부담해야 한다. 자산운용사와 상품에 따라 이 비용도 다 달라지니 꼼꼼히 확인해볼 필요가 있다. 혹시 단기거래가 잦으면 위탁수수료가 증가할 수 있으니 유의하자.

ETF는 개별 주식이나 채권에 비해 안정적으로 알려져 있다. ETF엔 10개 이상의 주식이 분산돼 투자돼 있기 때문이다. 하지만 ETF도 실제 주식을 보유하니 혹시나 해당 주식의 기업이 부도를 맞으면 펀드의 일부 자산은 환매할 수 없다.

해외지수 연계 ETF나 원자재 관련 ETF는 환율변동 위험이 있을 수 있다. 환위험을 헤지할 수 있는 ETF도 따로 있다. 이런 펀드들은 펀드 이름 끝에 '(H)'라고 표시된다.

ETF에 투자할 때는 세금도 따져봐야 한다. 국내주식형 ETF에서 생기는 매매차익엔 세금이 나오지 않는다. 하지만 다른 ETF의 매매차익엔 배당소득세가 따른다. 이 배당소득세 부담을 줄이는 데는 연금 굴리기가 유리하다. 연금저축이나 IRP로 ETF에 투자하면 시간이 지나 연금을 빼낼 때에서야 세금이 생긴다. 이를 과세이연이라 한다. 세금을 부과하는 걸 늦춰준다는 의미다. 55세 이후 연금을 받을 때 부담하는 연금소득세는 세율이 연령에 따라 3.3~5.5%이다. 배당소득세율보다 훨씬 낮으니 당분간 굴릴 수 있는 돈덩이가 커질 수 있다.

세 줄 요약 ★

* '기준가격'에 사고팔아야 큰 손해를 보지 않는다.
* 은퇴가 멀지 않았다면 지수 추종형 ETF가 안정적인 편이다.
* 원금보장이 안 돼 은퇴가 코앞이면 노후자금 ETF 투자에 신중해야 한다.

chapter 8

TDF:
은퇴 시기를 정하고
돈을 모으는 펀드

"경제부 기자세요? 재테크 걱정은 없겠네요!"

내가 경제부 기자라고 소개하면 흔히들 이렇게 반응한다. 따끈따끈한 경제 뉴스를 생산하는 곳에 있으니 재테크에 도움이 되는 게 사실이다. 하지만 '중이 제 머리를 못 깎는다'는 말이 이럴 때 쓰이는 구나 싶을 때가 있다. 재테크의 토대가 되는 굵직한 경제 뉴스를 쓰느라 바빠 재테크 타이밍을 놓칠 때가 부지기수다.

핑계일 수 있지만 정말 너무 많이 바쁘다. 특판 적금이 나오면 다 팔리기 전에 가입 버튼을 클릭해야 한다. 하지만 난 특판 적금이 나온다는 기사만 쓰고 있어야 하는 상황이다. 내 은퇴 자금도 주식, 채권을 꼼꼼히 취재해 스스로 분산 투자하고 싶다. 그러나 당장 취재한 내용을 써내기가 더 급하다. 이렇게 재테크에 의지는 있으나 정신없이 사느라 꼼꼼히 따져보기 힘든 직장인들에겐 타깃 데이트 펀드^{TDF}가 적합할 수 있다. 스스로 투자처를 판단해 알아서 돈을 굴려주니 말이다.

최근 들어 시장에서 TDF 상품도 우후죽순 생겨나고 있다. 저금리, 저성장 시대 은퇴자금이 더욱 소중해졌는데, 기존 퇴직연금 상품은 수익률이 그저 그렇기 때문이다. 금융위원회가 2018년 8월 퇴직연금 규정을 고친 뒤 퇴직연금을 TDF에 투자할 수 있다. 기존에는 TDF에 투자할 수 있는 한도가 정해져 있었다.

TDF가 무엇이기에 은퇴자들의 관심을 유독 많이 받고 있을까. 은퇴 이후 더 피같이 소중한 퇴직연금을 지켜주기에 안전한 상품일까. 기존 연금저축이나 연금펀드의 대안처럼 떠오르고 있는 TDF를 제대로 알아보자.

자동 자산배분 기능이 장점

TDF는 자산운용사가 투자자 대신 알아서 돈을 분산해 투자해준다. 바쁜 투자자일수록 자산배분은 리스크를 줄이는 기본 중의 기본이다. 금융권 PB들은 '자산배분을 얼마나 잘했는지에 수익률의 90%가 달려 있다'고 말한다. 기존에도 자동으로 분산투자해주는 자산배분 펀드가 있었다. TDF가 이런 펀드와 다른 점은 가입자가 '내가 언제 은퇴할 것인가'란 질문을 스스로 던지게 하는 점이다. 그 시기에 맞게 모든 포트폴리오를 조정한다.

TDF는 자신의 은퇴 예상시기를 '타깃 데이트(목표로 한 날)'로 정할 수 있다. 운용사들은 그 시기까지 고객 자산이 최대한 불어나게 연도별로 위험자산과 안전자산을 조절한다. 주식 비중을 젊을 땐 높이고 나이 들수록 줄이는 식이다. 투자자는 이것저것 알아보고 돈을 예치하는 귀찮음을 덜 수 있다.

시기를 정하다 보니 TDF에 가입하는 순간엔 왠지 마음가짐이 달라지는 것 같다. 은퇴 예상연도를 결정함과 동시에 '이 돈을 잘 굴려야만 한다'는 결연함이 생긴다고 할까. 제대로 된 은퇴 준비에 들어가는 기분이다.

국내에서 TDF는 역사가 길진 않지만 급성장하고 있다. 금융정보 업체 에프앤가이드에 따르면 TDF 설정액은 2020년 7월 1일 기준 3조 348억 원이었다. 2016년 12월 말만 해도 629억 원에 머물렀는데 말이다. 이제 펀드 수는 100개를 넘어섰다. 앞으로 퇴직연금제도가 개편되면 더 성장할 것으로 전망된다.

세계 TDF 시장은 국내보다 역사가 길다. 미국이 대표적이다. 미국에선 TDF가 1993년경 생겨났다. 2006년 연금보호법에서 가입자가 특별한 의사표시를 안 해도 정해진 프로그램에 따라 투자가 되는 '디폴트 옵션'이 생기며 급성장했다.

🏠 인기 많은 상품은 '2040'

TDF가 주목받는 이유는 아무래도 최근의 수익률일 것이다. 금융정보 회사 에프앤가이드에 의뢰해보니 TDF의 수익률은 국내 다른 유형의 펀드보다 높았다. 2020년 7월 1일 기준 1년간 평균 수익률은 TDF가 2.93%. 반면 국내 주식형 펀드는 1.52%, 국내 혼합형 펀드는 0.16%, 국내 채권형 펀드는 2.06%였다. TDF는 주식 변동기에 그나마 괜찮은 수익률을 낸 셈이다.

좀 더 욕심을 부리는 투자자라면 해외 주식형 펀드만큼은 안 된다고 아쉬워할 수 있다. 같은 기간 해외 주식형 펀드는 6.61%의 수익률을 냈다. 하지만 해외 혼합형이나 채권형은 수익률이 모두 1%대였다. TDF는 은퇴 자금 운용 방법으로선 쏠쏠한 성과를 안겨다 준다.

TDF에 가입하려면 어떻게 해야 할까. 이름도 어려운 이 상품을 어디에 가서 가입한단 말일까. 가입은 은행, 증권회사, 보험회사 등에서 상담을 거쳐 하면 된다. 운용회사에 따라 일부 금융회사에서만 팔기도 한다. 2020년 7월 1일 기준 자산운용사 10곳이 TDF를 운용하고 있다.

TDF의 상품명은 특이하다. 상품명에 가입자가 예상하는 은퇴시기가 명시돼 있다. 펀드이름은 2035, 2040, 2045, 2050 등 5년 단위 연도로 돼 있다. 가입자가 목표로 정할 은퇴 시점을 펀드 이름에서 찾아 가입하면 된다. 예를 들어 2045년에 은퇴할 예정이라면 2045에 가입하면 된다. 운용사들은 가입자들의 다양한 은퇴 시점을 고려해 5년 단위로 상품을 내놨다.

자산운용사들은 상품명에 적힌 연도까지 시간이 흐를수록 위험자산과 안전자산 비중을 조정한다. 주로 젊었을 때는 주식 비중을 높였다가 은퇴에 가까워질수록 줄이는 식이다. 투자자가 일일이 펀드의 투자 포트폴리오를 확인하지 않아도 정해진 방법론이 있다.

요즘 인기 많은 유형은 2040이다. 비교적 중위험 중수익 상품으로 분류되기 때문이다.

"요즘 은행에선 2040을 주력 상품으로 삼고 있어요. 2050이나 2055는 너무 장기로 투자하다 보니 최근 주식 비중이 너무 높아 요즘 수익률이 하락한 측면이 있거든요. 그렇다고 2035에 가입하기엔 채권 비중이 너무 높죠. 주식 반등기에 수익이 잘 안 납니다."

한 시중은행의 연금 담당 직원은 2040 유형을 권하고 있었다. 물론 30대 초반까지의 젊은층에겐 2055도 권한다. 그 보다 높은 연령대에겐 중위험·중수익 상품이 적정하다고 보고 있다.

상품 고를 때 1~3년의 수익률을 관찰하라

국내 TDF 시장은 상위권 운용회사가 거의 과점하고 있다. 에프앤가이드에 따르면 2020년 7월 1일 기준 TDF 설정액은 3조 348억 원. 운용회사별로 보면 미래에셋자산운용(1조 1,547억 원), 삼성자산운용(1조 271억 원), 한국투자신탁운용(2,821억 원) 등의 순이다. 상위 3개 회사가 전체의 81.2%를 거머쥐고 있다.

수탁고가 많아야 소비자로서도 안심이 된다. 운용사의 능력이 뛰어남을 간접적으로 확인할 수 있다. 또 사고 날 가능성이 적다는 생각이 들기 때문이다. 하지만 일부에선 우려도 있다. 이미 대형사들이 시장을 압도했으니 시장 경쟁이 줄어 서비스가 미흡할 수 있다. 정보도 과점사들을 중심으로 흐르니 정확한 정보가 부족할 수 있다. 실제 대형사들에 문의해 TDF 고르는 법을 물으면 "대형사들이 아무래도 낫지 않을까"라고 자부할 뿐이다. 소비자들이 정확히 공부해 저마다의 투자 기준을 세워둘 필요가 있다.

우선 TDF에 가입하려면 은행, 증권사, 보험사 등의 전문가와 상담을 제대로 해볼 필요가 있다. 무턱대고 은퇴 예상연도만 정해 가입하면 다른 변수를 놓칠 수 있다. 스스로 TDF 상품을 평가해보려면 가장 객관적인 지표는 아무래도 수익률이다. 수익률을 짧게 보면 변동성이 큰 시기의 수익만 보게 될 수 있다. 최소 1년에서 3년간의 수익률을 살펴보는 게 적절할 것이다.

에프앤가이드 집계를 보면 2020년 7월 1일 기준 1년간의 평균 수익률은 미래에셋자산운용이 4.96%로 가장 높았다. 이어 NH-아문디자산운용(3.36%), 한화자산운용(2.55%) 등의 순이었다.

운용사별 TDF 현황

운용사명	펀드 수(개)	설정액(원)	순자산(억 원)	1년 수익률(%)
전체	100	30,348.80	35,147.84	2.93
미래에셋	11	11,546.52	13,157.50	4.96
NH-아문디	5	303.90	321.91	3.36
한화	11	696.08	743.87	2.55
삼성	24	10,270.51	12,676.34	1.98
한투신탁	9	2,820.53	3,300.66	2.03
신한BNPP	9	1,865.61	1,966.87	0.98
KB	9	1,971.69	2,099.57	1.15
하나UBS	8	69.72	76.01	0.06
키움투자	6	393.09	399.64	0.95
교보악사	8	411.15	405.46	−2.20

*2020년 7월 1일 기준
출처: 에프앤가이드

💼 글라이드 패스를 비교해 내 성향의 상품을 찾자

TDF가 운용되는 방법론은 '글라이드 패스Glide Path'라고 한다. 글라이드 패스의 사전적 의미는 비행기가 착륙할 때 높은 고도에서 낮은 고도로 안전하게 착륙하게 돕는 장치다. TDF의 글라이드 패스도 가입자의 자산이 수익을 안전하게 지키며 불려지게 돕는다. 운용회사별로 각기 다른 글라이드 패스를 두고 있다. 글라이드 패스는 각 회사 홈페이지마다 공개돼 있다.

"회사별로 글라이드 패스를 꼭 비교해보세요. 펀드 운용현황을 공개한다는 점이 TDF의 특징이죠. 다른 펀드들은 이렇게 안 합니다."

한 운용회사의 펀드 담당자는 TDF를 고를 때 글라이드 패스를 살펴볼 것을 강조했다. 글라이드 패스에는 운용사의 철학이 녹아 있기 때문이다. 어떤 회사는 주식 비중을 높게 유지하려 하고, 또 어떤 회사는 주식 비중을 낮게 운용하는 경우도 있다.

포트폴리오의 구체적인 내용을 알고 싶다면 TDF에 가입한 회사에 문의해보자. 실시간으로 포트폴리오 조정 내용을 알긴 힘들어도 적어도 1개월 전 운용상태는 알 수 있다.

개별 펀드의 수탁고가 50억 원을 넘는지도 확인해야 한다. 펀드가 운용된 지 1년이 넘었는데 수탁고가 50억 원을 못 넘으면 없어질 수

삼성자산운용의 글라이드 패스가 추천하는 기간별 자산 중 주식 비중 (단위: %)

은퇴-35년	-30년	-25년	-20년	-15년	-10년	-5년	은퇴+30년
80	80	79	76	66	55	42	33→22

출처: 삼성자산운용

있다. 당국이 그런 소규모 펀드를 정리할 것을 권하기 때문이다.

🏦 TDF는 원금 손실 가능성이 있는 상품

TDF는 언뜻 들으면 너무나도 은퇴 준비에 적합한 상품이다. 내가 운용 지시를 하지 않고 맡기기만 해도 알아서 운용되니까 말이다. 투자자들이 귀찮음을 덜 수 있다. 그렇다고 TDF가 은퇴 준비용으로 적합하기만 할까. 금융회사들은 마치 '은퇴자금을 굴리기엔 TDF가 딱이다'라고 설명하기 바쁘다. 하지만 국내에선 운용 역사가 길지 않기 때문에 아직 검증되지 않은 점들이 있다. 소비자가 알아서 잘 따져봐야 할 점들을 기억해야 한다.

우선 TDF도 얼마든지 원금 손실 가능성이 있다는 점을 잊지 말아야 한다. 글로벌 금융위기가 생긴다면 손실 없이 운용되기 힘들다. IRP나 퇴직연금 DC형 가입자라면 TDF에 소액을 분산하는 게 안전할 것이다. TDF는 아직 운용 역사가 길지 않고 수탁고도 그리 많다고 할 수 없다. 이런 점을 고려해 잘 따져서 위험을 피하자.

또 수익률이 높다고 운용이 계속 잘 될 것이라고 착각해선 안 된다. 당장 주식 비중이 높은데 장이 좋았다면 수익률이 높게 나올 것이다. 그러다 주식 시장이 나쁘면 얼마든지 손실이 날 수 있다.

🏦 연금저축, IRP계좌에서 TDF 투자하면 세제혜택

국내 TDF는 대부분 해외 자산에 투자하는 해외 TDF에 재투자하는 구조다. 국내 자산이 아니다 보니 15.4% 과세된다. 세금 부담이 상당할 수 있다. 세금 부담을 피하려면 연금저축이나 개인형 퇴직연금^{IRP} 계좌에 가입해 TDF에 투자하는 게 유리하다. 연금저축과 IRP의 투자금을 합해 연간 700만 원까지 세액공제가 가능하다.

소비자가 부담해야 할 수수료가 비싸다는 점도 무시하지 못할 부분이다. TDF는 다른 인덱스 펀드보다 수수료가 높은 편이다. 해외 운용회사와 제휴해 해외 자산에 재투자되는 과정에서 수수료가 더 발생하기 때문이다. 다만 온라인으로 가입하면 수수료가 저렴한 상품도 있다.

TDF는 국내형 펀드보다 환매 후 돈이 지급되는데 오래 걸린다는 점도 알아둘 필요가 있다. 보통 국내형 펀드는 지급까지 4,5일이 걸린다. 반면 TDF는 영업일 기준으로 8,9일이 걸리니 사실상 10일 정도가 걸린다고 봐야 한다.

TDF가 생애주기에 따라 자산을 배분해준다고 하지만 우리에게 딱 안 들어맞을 수 있단 의견도 있다. 국내 운용사들은 대부분 해외 TDF에 재투자하기 때문이다. 미국 TDF는 아무래도 미국인의 생애주기와 자산구조, 경제환경을 반영한다. 운용사들이 나름대로 우리 현황에 맞게 조정해 운용한다고 하지만 한계가 있을 수 있다.

세줄요약 ☆

* 상품을 고를 때 최소 1년에서 3년간의 수익률을 확인하자.
* 회사별 홈페이지에 공개된 '글라이드 패스'로 운용 방식을 알아보자.
* 펀드 수탁고가 50억 원을 넘어야 안정적이다.

chapter 9

청약:
무주택자의 내집마련
민첩하게 하기

'집값이 더 오르기 전에 사야 하나?'

결혼을 앞두고 있는 30대 남성 직장인 A 씨는 집을 사버릴지 심각히 고민 중이다. 문제는 전세금과 예금을 긁어모아도 대출을 5억 원 넘게 받아야만 한다. 대출을 받으면 원리금을 매달 150만 원 넘게 갚아야 한다.

'맞벌이를 하더라도 애 낳으면 생활비가 꽤 들 텐데, 감당할 수 있을까?'

그는 부담감에 주저하다가도 주변의 조언에 생각이 다시 바뀐다. 지인들은 '집값은 더 오를 테니 조금이라도 빨리 사라'고 한다.

이런 분위기로 2020년 여름 부동산 시장은 '패닉 바잉(공황구매)' 열풍이었다. 정부가 규제로 집값을 짓누르려 해도 보란 듯이 뛰어오르는 시장에 사람들이 불안해진 탓이다. 특히 무주택자인 2030세대가 너도

나도 구매 행렬에 올라탔다.

영혼까지 끌어모으는 '영끌 대출'은 맹렬한 투자자만의 이야기가 아니다. 수요자들은 주택담보대출 규제가 심해지니 신용대출과 지인대출로 열심히 돈을 끌어 모은다. 국내 가계신용 잔액은 2020년 9월 말 기준 1,682조 1,000억 원으로 3개월 만에 44조 9,000억 원 증가했다. 영끌족들이 얼마나 바삐 움직였는지 알 수 있다.

코로나19 사태로 경제는 더욱 힘들어졌다. 미국 주택시장에선 가격이 두드러지게 하락했다. 그런데 한국에선 집값이 더 고공행진이다. 상식과 다른 현상을 보며 사람들은 혼란스럽다. 집값이 그간 많이 올랐고 경제도 힘들다니 좀 내려갈지, 아니면 지금의 상승세는 초저금리 시대의 전주곡일 뿐일지 말이다.

사실 어느 누구도 확답하긴 어렵다. 결국 결정은 자신의 몫이다. 자신에 맞는 판단의 토대가 될 전문가들의 견해를 꼼꼼히 들어보자.

🏠 '패닉 바잉'이라 쓰고 '스마트 바잉'이라 읽는다?

"집을 지금이라도 사야 하나요, 기다려야 하나요?"

2020년 여름 부동산과 금융권에서 수년간 취재하며 만난 전문가들에게 속 타는 무주택자들을 대신해 단도직입적으로 물었다. 연말연시, 명절 전후 언론사 설문조사 풀에 꼭 나오는 대표적인 전문가 5명에게만 물어봤다. 이들은 은행 및 증권사 연구위원, 부동산 정보업체 연구원, 대학 교수다. 5명 중 4명은 "집값은 장기적으로 오른다"고 봤다. 큰 방향은 '매수'가 답이란 얘기다.

"그래도 조정기는 오지 않을까요? 조정기까지 기다리면 어떨까요?"

이렇게 묻자 한 교수가 말했다.

"조정기는 오겠죠. 하지만 왔는지도 모르게 지나가 버릴 겁니다. 전문가가 아니면 조정기가 왔는지 알기도 힘들고요."

온라인의 부동산 재테크 카페에서도 집을 지금 살지, 기다릴지를 묻는 사람에게 매수를 권하는 이들이 많다. 지금의 '패닉 바잉'은 '스마트 바잉'이라면서…. 사람들이 불안감에 눈이 뒤집혀 집을 사들이는 것만은 아니란 얘기다. 미래에 돌이켜 보면 지금 사는 게 현명한 선택일 수 있다.

이들은 집값이 앞으로 계속 오를 것으로 전망하는 이유를 초저금리기가 오래 갈 것 같기 때문이다. 금리가 떨어져 시중에 돈은 많이 도는데 돈이 흐를 곳이 마땅치가 않다. 그나마 개미들이 희망을 걸었던 주식에도 세금이 강화된다.

척박한 투자 환경 속에서도 서울 아파트는 단기간에 가치가 많이 올랐다. KB국민은행 부동산 '리브온'에 따르면 2020년 7월 서울의 1㎡당 아파트 평균 매매가격은 1,109만 2,000원이었다. 7개월 만에 9.2% 올랐다. 상승률이 10%를 훌쩍 넘은 지역도 상당했다. 성북구가 18%로 가장 높았다. 동대문

서울 권역별 아파트 실거래 평균 가격 상승률

서울	39%
도심권	58%
동북권	41%
서북권	35%
서남권	43%
동남권	54%

※2017년 4월 말과 2020년 5월 말 비교
※도심권: 종로·중·용산구, 서북권: 은평·마포·서대문구, 동북권: 광진·노원·도봉·동대문·강북·성동·중랑·성북구, 동남권: 강남·서초·송파·강동구, 서남권: 강서·양천·영등포·구로·관악·금천·동작구
출처: 하나금융경영연구소

구(15.3%) 노원구(15.2%) 강북구(14.6%) 구로구(13.1%) 관악구(13%) 서대문구(12.3%) 금천구(11.4%) 등이 그 뒤를 이었다. 코로나 사태 이후 이런 수익률을 내는 투자처는 흔하지 않다.

주택 수요가 공급 대비 여전히 많다는 사실도 가격을 떠받치고 있다. 정부가 2020년 '8·4수도권 주택공급확대 방안(이하 8·4 대책)'을 내놓긴 했다. 하지만 입주가 시작되려면 적어도 4~5년이 걸릴 것으로 보인다.

게다가 2021년엔 '입주 보릿고개'가 닥친다. 서울 아파트 입주물량은 최근 매년 늘며 2020년 5만 3,000채가 예정됐다. 하지만 2021년에는 3만 6,000채로 뚝 떨어진다. 그 이후에 회복된다고 하지만 2021년엔 집값이 영향을 받을 수 있는 일이다.

연도별 입주물량

2020년	5만 3,000채
2021년	3만 6,000채
2022년	5만 채

출처: 국토교통부

"글쎄요. 정부가 주택을 공급하는 지역으로 사람들이 따라갈까요."

한 교수는 의문을 표했다. 정부가 새 집을 공급해도 집값을 진정시키긴 역부족이란 얘기다. 실수요자들은 도심권 대단지 아파트를 원한다. 서울 집값도 도심권 대단지가 끌어올리고 있다. 정부가 외곽에 집을 짓는다고 지금의 수요가 충족되긴 힘들다. 게다가 기존 아파트 거주자들도 '새 아파트'에 대한 욕구가 시들지 않을 것 같다.

정부가 집값을 잡으리란 기대는 이제 싸늘히 식은 분위기다. 20여 차례의 대책이 나왔지만 오히려 불에 기름을 붓는 격이었다. 다주택자의 양도세율을 높이고 고가 주택 대출을 아예 틀어막기도 했다. 그럴 때마다 '이번에는 좀 세게 나왔는걸?'이란 평가가 나오기가 무섭게 서울 집값은 무섭게 뛰었다.

반면 신중론자들도 점점 목소리를 높이고 있다. 자산시장의 버블이 우려된단 얘기가 슬슬 나온다. 한국의 기준금리를 정하는 한국은행 금융통화위원회가 2020년 7월 16일 개최한 15차 회의에서 한 위원은 말했다.

"금융시장과 실물경제 간의 괴리 현상이 어느 정도 불가피하다. 그렇지만 실물경제로의 파급이 장기간 제약될 경우 명목 GDP 대비 민간부채 비율이 계속 상승해 부채과잉 문제가 심화된다. 경제 펀더멘털 대비 자산 가격의 고평가 내지 버블 형성에 대한 우려가 커질 수 있다."

증권사 리포트에서도 버블 가능성이 언급된다. 유동성 증가가 멈추는 시점에 경기가 회복되지 못하면 버블이 생길 수 있다는 설명이다.

이들이 신중론을 펴는 이유는 코로나19발發 경제위기가 만만치 않아서다. 코로나 사태가 종식된 이후에도 한동안 경기는 회복되지 못할 수 있다. 물론 시장에 풀린 돈이 워낙 많으니 부동산 시장이 식긴 힘들어 보인다. 하지만 실물경기가 계속 얼어붙어 있으면 부동산 시장도 영향을 받기 쉽다. 신중론자들이 이런 얘길 할 때는 '아파트는 위험자산'이라고 강조한다. 아파트는 환금성이 나빠 현금으로 재깍 바꾸기 쉽지 않은 재산이 아닌가. 평생 한 번 살까 말까 한 거액의 자산이니 신중을 기할 수밖에 없다. 그런 위험자산을 패닝 바잉하는 흐름은 분명 위험하다.

이들은 말한다. "지금은 투자를 멈추고 아이쇼핑만 해라."

2025년경 주택공급이 충분한 수준을 달성할 것이란 주장도 신중론에 힘을 보탠다. 통계적으로 따지면 인구 1,000명 당 주택 호수가 사상 최대치를 찍을 수 있단 얘기다. 전월세상한제와 사실상 4년까지 살 수 있게 해주는 계약갱신청구권제 시행도 변수가 됐다. 전세금이 뛰어오르긴 했지만 지역에 따라선 집을 굳이 사지 않아도 버틸 수 있는 환경이라고 보는 시각도 있다. 실수요자라면 최근 새로 생긴 임대차 3법(계약갱신청구권·전월세상한제·전월세신고제)을 최대한 활용해 전세나 월세로 버티다 나중에 집을 사도 늦지 않는다는 얘기다.

인구 1,000명 당 주택 수(단위: 호)

1995년	2000년	2005년	2010년	2015년	2016년	2017년	2018년
214.5	248.7	330.4	356.8	383.0	387.7	395.0	403.2

출처: 통계청, 국토교통부

신혼부부 · 생애 최초 주택 구입자, 소득 기준 미리 따져보자

"기존에 겨우 (청약)점수 채워 기다렸는데 소득 기준에 걸려 신혼부부 특별공급에 못 넣는 40대 초반 엄마입니다. 아이 둘, 셋 낳고 키우시는 40, 50대 분들이 현실적으로 더 급한 것 같은데요. 신혼부부들은 행복주택이라도 들어갈 수 있잖아요."

국토교통부가 2020년 7월 28일 홈페이지에 보도자료를 올리자 한 시민이 하소연하는 댓글을 달았다. 보도자료는 신혼부부와 생애 최초 주택구입자에 대한 특별공급이 늘어난다고 소개하는 내용이었다. 그는 20, 30대에 대한 부러움과 지난 시간에 대한 원통함을 꾹꾹 눌러 글을 썼다. 청와대 국민청원 게시판에도 40, 50대 무주택자의 설움이 넘치는 글들이 올라온다.

4050세대가 부글부글 원통한 건 그만큼 2030세대의 청약 혜택이 늘어나서다. 다르게 말하면 신혼부부나 소득 기준을 충족하는 생애 최초 주택 구입자들은 좋은 시절을 만났다. 전문가들도 이구동성 '2030 젊은층은 패닉 바잉보단 청약 정책의 혜택을 누려라'라고 말했다.

4050세대도 오래된 무주택자라면 실망할 일이 아니다. 예전보다 소득이 많아도 생애 최초 구매자로 인정받는 길이 열렸기 때문이다.

청약에서 유리한 '신혼부부'와 '생애 최초 구입자'로 인정하는 소득 기준이 완화되는 점에 주목하자. 민영주택 신혼부부 특별공급은 우선공급에서 전년도 도시근로자 월평균 소득의 100%(맞벌이는 120%), 일반공급에서 140%(맞벌이는 160%)까지 인정해준다. 생애 최초 특별공급은 우선공급에서 130%, 일반공급에서 160%까지 인정한다.

공공 분양도 완화된다. 신혼부부 특별공급 중 우선공급에선 전년도 도시근로자 월평균 소득의 100%(맞벌이는 120%)까지, 일반공급에선 130%(맞벌이는 140%)까지 지원 가능하다. 생애 최초 특별공급은 우선공급에서 100%, 일반공급에선 130%까지 가능하다.

🏠 청약가점, 합격권인지 냉정하게 판단하자

'청약가점이 매년 2점씩 오를 테니 조금만 더 버티면 당첨되지 않을까.'

무주택기간 10년째인 직장인 B 씨는 서울 강남권 아파트들을 바라보며 생각해본다. 강남 아파트 청약은 터무니없는 바람일까. 아니면

잠실 쪽 재건축 아파트들 분양 땐 승산이 있을지도 모른다. 지금 청약 가점은 50대 중반으로 지금으로선 당첨이 너무나도 애매한 수준이다. 그렇다고 청약통장을 내던지고 기존 주택 매매로 돌아서자니 그간 버틴 시간이 아깝다.

청약 가점이 애매한 사람들에게 전문가들은 말한다. '가점이 합격권이 아니라면 과감히 기존 아파트로 눈을 돌리라'고 말이다.

"애매한 가점으로 막연하게 청약을 생각해선 안 되죠. 당첨 커트라인이 정말 높아요. 집값은 오르는데 분양가는 거의 반값인 곳도 있으니 얼마나 인기가 많겠어요. 게다가 분양 물량이 앞으로는 더욱 줄잖아요."

'조금만 더 버티면 청약 가점은 오른다'고 생각하는 사람들이 많다. 하지만 가격은 우리를 기다려 주질 않을 것이다. 분양가도 주변 시세와 연동해 오르기 마련이다.

전문가들은 2020년 여름, 가을 무렵에 2020~2021년 서울 아파트 당첨 안정권을 60점 이상으로 예측했다. 이 책이 출간된 후에는 안정권 점수가 더 높아질 수 있다. 일단 전문가들은 60점에 미치지 못하면 적극적으로 기존 아파트를 물색해보라고 한다.

부동산 정보업체 '직방'이 청약홈의 1순위 당첨가점 커트라인을 분석한 결과 2020년 11월 말 기준 서울은 58.4점이었다. 7월 말 기준으로는 56.8점이었는데 불과 4개월 사이에 또 2점 가까이 올랐다. 경기는 43.3점, 인천은 49.7점으로 4개월 전과 같았다. 다시 말하지만, 이는 평균 가점이 아니라 커트라인이다.

청약할 때는 눈치 싸움을 많이들 한다. 특히 인기 지역 분양이 시작

서울 주요 분양단지 가점 커트라인

지역	가점 커트라인
서울	58.4점
인천	49.7점
경기	43.3점

※2020년 11월 말 기준
출처: 직방, 청약홈

되면 대입 눈치작전을 방불케 한다. 분양 물량이 많은 주택형이라고 유리한 게 결코 아니다. 나와 같은 생각으로 지원하는 가점 높은 경쟁자들이 많으니 말이다. 어떨 땐 '다들 분양 물량 많은 유형에 몰리겠지'란 생각으로 분양 물량 한 자릿수인 유형에 지원하는 이들도 있다. 그러다 예측이 엇나가는 경우도 있다. 결국 후회 없을 만큼 열심히 공부해서 소신 지원하는 수밖에 없다.

대출규제, 실거주 요건 확인해 지원

청약에 임할 때는 부적격 당첨자가 되지 않도록 특히 주의해야 한다. 실수로 잘못 입력해 당첨 요건을 못 갖춘 것으로 판명이 나면 계약이 취소된다. 주변에 강남권 남부러운 아파트 분양에 당첨됐다가 이런 이유로 계약이 날아가 버리는 경우들이 있다. 특히 특별공급에 신청한다면 더 주의를 기울이자. 청약 경험이 많지 않은 사람들이 특별 공급에 몰리다 보니 부적격이 많이 나오는 편이다.

청약 전 중요한 건 자금이 잘 조달될지 따져봐야 한다는 점이다. 분양가 9억 원이 넘는 주택은 중도금 대출이 안 되는 점을 잊지 말아야 한다. 자세한 대출 계획 없이 덜컥 청약에 합격했다가 돈을 조달하지 못해 재당첨 제한을 받을 수 있다. 이 얼마나 아까운 일이겠는가.

청약에 당첨된 아파트에 실거주를 할 수 없다면 주택담보대출을 받기 힘들다. '6·17 부동산 대책' 이후 규제지역에서 주택담보대출을 받아 집을 사면 6개월 이내에 전입해야 한다. 1주택자라면 대출 실행 뒤 6개월 안에 기존 집을 처분하고 전입해야 한다. 이러한 실거주 요건을 못 맞추면 대출이 회수된다.

수도권 투기과열지구의 재건축 아파트 분양을 노릴 때는 재건축 조합원 실거주 요건을 충족해야 한다. 2020년 말까지 조합설립 인가 신청을 못한 단지는 분양 신청자가 2년을 실거주해야 새 아파트 입주권을 받는다. 주택 구입을 위해 보금자리론을 받을 때는 3개월 안에 전입을 하고 1년 이상 실거주해야 한다는 점도 알아두자.

전세대출을 받아뒀거나 앞으로 받을 계획이라면 신중해야 한다. 투기지역 및 투기과열지구에서 시가 3억 원 초과 아파트를 새로 구입할 때는 전세대출 보증이 제한된다. 이미 전세대출을 받은 뒤 이런 지역에서 3억 원 초과 아파트를 사면 전세대출이 회수된다.

🔖 3기 신도시 사전청약, 일반분양은 가점으로 선발 안 해

'지금이라도 경기 하남시로 이사 가서 2년을 버텨야 할까.'

20대 C 씨는 결혼을 앞두고 수도권에 빌라 1채를 사려다 고민 중이다. 정부가 3기 신도시 사전청약을 미리 진행한다고 해서다. 3기 신도시 지역 중 한 곳인 경기 하남시에 미리 이사를 갈까 생각해 봤다. 해당 지역 거주자에게 우선권을 주기 때문이다. 게다가 곧 결혼을 하면 신혼부부 특별공급에 당첨되기 유리해지지 않을까 기대해본다.

하지만 모든 일이 쉽지가 않다. 입주 시점까지 너무 요원한 데다 당첨되려면 가점이 한참 부족할 것만 같다. 3기 신도시만 바라보고 있다가 낙방하면 그땐 빌라마저도 가격이 오를지 모르는 일이다.

청약 시장에선 3기 신도시에 대한 관심이 높아지고 있다. 2021년 하반기부터 사전청약이 시작되기 때문이다. '그 먼 곳까지 많이들 갈까'라고 생각하는 사람들도 있다. 교통망이 갖춰지려면 시간이 걸리기 때문이다. 하지만 자금력이 부족한 신혼부부 등 무주택자들에겐 부담을 한층 덜 수 있는 기회일 수 있다.

2030세대 젊은층은 3기 신도시에 관심이 있다면 청약 요건을 미리 확인해 둘 필요가 있다. '신혼부부니까, 자녀가 많으니까 유리하겠지'라고 막연히 생각만 했다가 낙방하면 버틴 시간이 속 쓰리게 아플 것이다.

3기 신도시는 대부분 공공주택으로, '사전청약'으로 진행된다는 점이 다르다. 사전청약이란 본청약보다 1~2년 앞서 입주 예정자를 모집하는 제도다. 사전청약 당첨자는 당첨을 유지하려면 본청약 때까지 무주택 등의 자격을 계속 유지해야 한다. 사전청약은 최종 분양가가 본청약 때와 같다. 특별공급과 일반 공급이 나뉘어 진행된다.

사전청약은 여러 단지가 띄엄띄엄 진행돼도 1건만 진행할 수 있다. 중복 신청할 수 없다. 물론 사전청약에 당첨돼도 다른 일반 아파트 청약에 신청할 순 있다. 마음이 바뀌면 3기 신도시 입주를 포기하고 다른 아파트에 도전할 수 있는 것이다.

일반분양은 민영주택과 달리 청약가점으로 결정되지 않으니 주의하자. 전용면적 40㎡ 초과 주택은 저축 납입금 총액이 많아야 당첨에 가까워진다. 그 이하 주택은 청약 납입 횟수가 많을수록 당첨에 유리하다. 1순위는 입주자저축에 가입한 지 2년이 지나야 한다. 청약통장 월납입금을 24회 이상 납입해야 하는 건 물론이다. 이러한 공공주택 분양이 어려운 상황이라면 민간분양도 일부 있다. 수도권 공공택지 분양주택 77만 채 중 30만 채가량이 민간분양으로 나온다.

사전청약 주택은 경기 남양주 왕숙, 하남 교산, 과천 과천지구, 인천계양지구 등이 중심이 될 예정이다. 3기 신도시 지역 중 개발이 본격화한 곳은 5곳이다. 경기 남양주 왕숙, 고양 창릉, 하남 교산, 부천 대장, 인천 계양이다. 이 가운데 어느 곳에 청약을 해야 할까. 물론 개인마다 직장이 가까운 곳으로 선정하는 게 유리하다.

이 중에서 미래 교통여건을 따져서 고른다면 왕숙, 창릉, 교산이 유리한 곳으로 꼽힌다. 물론 입주 시기에 교통망이 다 갖춰질진 모르는 일이다. 하지만 신도시 지역 중 교통망 개발 계획이 비교적 잘 수립돼 있다. 왕숙은 수도권광역급행철도GTX B노선이, 교산은 송파~하남 도시철도가, 창릉엔 경전철 고양선이 지날 예정이다.

3기 신도시 공급 계획

지구명	면적(㎡)	세대 수(채)
남양주 왕숙·왕숙2	1,134만	6만 6,000
하남 교산	649만	3만 2,000
인천 계양	335만	1만 7,000
고양 창릉	813만	3만 8,000
부천 대장	343만	2만
과천 과천	155만	7,000
안산 장상	221만	1만 4,000

출처: 국토교통부

그럼 누구에게 청약당첨이 유리할까. 우선 해당 지역에 2년 이상 거주한 사람에게 당첨기회가 많이 돌아간다. 다른 요건을 충족하는 지원자라면 미리 원하는 지역으로 이사 갈 필요도 있겠다. 물론 2020년 이후 이사 간다면 2021년 하반기 시작되는 초기물량에선 우선권을 갖기 힘들 것이다.

다른 지역 거주자도 도전해볼 수 있다. 해당 지역 거주자만 100% 뽑는 게 아니기 때문이다. 66만㎡ 이상 택지는 전체 분양 물량의 절반을 해당 지역 주민에게, 나머지는 그 외 지역 주민에게 나눠준다. 예를 들어 수원시에서 공급되는 물량은 수원시 거주자에게 30%, 경기도 거주자에게 20%, 나머지 서울시 및 인천시 거주자에게 50%가 배정될 예정이다.

🏦 수도권 '줍줍'은 꼭 도전, '못난이'는 피해야

'21만 5,085대 1'.

40대 맞벌이 주부 D 씨는 2020년 봄 한 아파트 단지의 청약에 넣었다가 아연실색했다. 20만을 넘는 숫자 중에 한 명을 뽑는 단지라니. 물론 경쟁률이 높을 줄은 알았다. 하지만 이런 경쟁률은 살면서 대입에서도, 직장 공채에서도 만나본 적 없는 숫자였다. 고급 주상복합 아파트가 저렴한 가격에 손에 잡히는 상상은 정말 일장춘몽이 돼버렸다. 당첨이 됐을 누군가에게는 정말 꿈과 같은 기회였을 것이다. 3년 전의 비교적 저렴한 분양가로 고급 주택의 주인이 됐을 테니 말이다. 시세차익이 10억 원으로 예상됐다.

이 청약은 '줍줍'으로 불리는 무순위 청약이었다. 남은 알짜 아파트를 줍는다고 해서 줍줍이다. 무순위 청약은 미계약, 미분양에 대비해 받는 사전 예약이나 계약 완료 뒤 잔여분을 추가로 공급하는 '사후 접수'를 말한다. 시장에서 무순위 청약에 열광하는 이유는 자격 제한이 거의 없기 때문이다. 집이 있는 사람도, 청약통장이 없는 사람도 응할 수 있다. 만 19세 이상으로, 해당 지역이나 광역권 거주자면 된다. 당연히 청약가점도 묻질 않는다. 정부가 부동산 투기를 막으려 청약 문지방을 규제로 얼기설기 막아 놨으니 무순위 청약이야말로 하늘이 주는 기회라 할까. '줍줍'이란 말대로 줍고 또 주워야 하는 물량이다.

무순위 청약은 무엇보다 분양가가 저렴한 편이란 점이 매력이다. 분양가가 기존 본청약 때와 같다. 본청약을 한 지 몇 년 뒤에 진행되니 시세 차익을 노리기 좋다.

사실 몇 년 전만 해도 아는 사람들만 아는 줍줍이었다. 건설사 홈페이지를 통해 조용히 공고가 나니 아는 사람만 알음알음 지원하곤 했다. 하지만 이젠 제도가 바뀌었다. 서울 및 수도권 투기과열지구에서 2020년 2월 3일 이후 입주자모집 공고가 난 단지나 잔여세대가 20채 이상인 단지는 한국감정원 '청약홈'에서 모집한다.

물론 그 외의 지역은 분양 대표 홈페이지나 모델하우스 방문을 통해 줍줍에 도전할 수 있다. 이런 지역에선 모델하우스를 방문해 '관심 고객'으로 등록해두면 줍줍 정보를 빨리 얻기 좋다.

줍줍은 이제 귀해지고 있다. 정부가 '줍줍 과열'을 막기 위해 투기과열지구에서의 예비당첨자 비율을 공급물량의 80%에서 500%로 늘려버렸다. 미계약, 미분양 물량이 나오면 예비당첨자에게 돌아가게 되는 것. 무순위 청약으로 공급되는 일이 줄어들 것이다.

가성비가 좋은 줍줍을 놓치지 않으려면 청약홈의 '청약 알리미' 서비스를 받아 보거나 부동산 재테크 카페의 글들을 꼼꼼히 챙겨보자.

줍줍이 다 좋은 건 아니다. 아무래도 예비당첨자까지 거쳐서 미계약이 나온 곳은 '못난이'일 가능성이 높다. 동이나 호수가 안 좋을 수 있다. 입지에 따라 줍줍을 하지 말아야 할 곳이 있다. 괜히 입지가 안 좋은 곳 줍줍에 당첨됐다가 손해를 볼 수 있다. 규제지역 줍줍에 당첨됐는데 등기를 할 때 시세가 안 오를 수도 있다.

세 줄 요약 ☆

* 2030세대는 청약에서 신혼부부 · 생애최초 주택 당첨 공략해볼 만하다.
* 청약가점 60점 미만이면 청약보단 기존 아파트 적극적으로 물색해보자.
* 무순위 청약 '줍줍'이 다 좋은 건 아니니 입지와 동, 호수를 가려 도전해야 한다.

'청포자'의 기존 아파트
꼼꼼하게 고르기

　서울에 사는 40대 맞벌이 주부 A 씨는 최근 청약통장을 과감히 포기하기로 마음먹었다. A 씨 부부가 그간 부은 청약통장 가점은 54점. 서울 분양아파트 청약에 당첨되기 정말 애매한 점수다. 최근 들어 서울 분양아파트에 줄줄이 청약을 했지만 결과는 다 낙방. 주변에선 더 도전하다보면 비인기 평형에라도 당첨될 수 있다고 조언한다. 최근 서울의 한 주상복합 아파트 청약가점 커트라인은 그의 가점보다 1점 높았다. 그는 순간 망설였다. '이러다 당첨이 될 수도 있지 않을까….'

　하지만 그런 기대로 그 동안 시간만 갔다. 집값은 더 올라버렸다. 이제 그는 신축들 사이에 낀 구축을 찾아보고 있다. 비교적 가격이 저렴하지만 주변 신축들과 집값 동반 상승이 기대되는 곳으로….

　A 씨처럼 '청포자(청약포기자)'들이 생겨나고 있다. 분양시장이 넘볼 수 없는 영역이 돼가고 있어서다. 기존 아파트 값이 천정부지로 오르

니 비교적 가격이 저렴하고 신축 프리미엄이 있는 분양에 너도나도 뛰어들고 있다.

차곡차곡 쌓은 점수가 아깝긴 하지만 점수가 애매하면 과감한 선회가 현명할 수 있다. 시장에선 서울 합격권을 청약가점 60점으로 본다. 그 이하면 구축으로 눈을 돌리라고 조언한다.

점수가 안정권이 아니라면 기존 아파트 구매를 위한 정교한 전략을 짜자. 청약을 할 땐 공부를 많이 하지 않아도 시세 차익이 따라온다. 워낙 새 아파트의 가치가 높기 때문이다. 하지만 기존 아파트를 살 때는 다르다. 입지, 재건축이나 리모델링 가능성 등을 염두에 두고 미래 가치를 가늠해봐야 한다.

🏠 서울에도 아직 저평가된 곳이 있다

"강을 건너려면 징검다리부터 찾으세요."

고공행진 중인 집값에 갈피를 못 잡는 무주택자들에게 한 고수는 이렇게 조언했다. 작고 낡은 집이어도 자금 사정에 맞는 곳부터 빨리 잡으란 얘기다. 이 집이 '꿈의 집'으로 향하는 바다를 건너게 해줄 '징검다리'가 되어 줄 것이기 때문이다.

주택 시장에서 '미래 가치가 뛰어난 아파트는 '한강변'이나 '강남권'에 가깝다'는 게 공식이다. 누구나 이런 곳의 집들을 꿈꾼다. 하지만 사람들 생각이 다 똑같다. 다들 이런 곳에 모여들다 보니 이런 곳 집값은 비쌀 수밖에 없다. 보통 10억 원 이상을 마련할 수 있을 때 접근할 수 있게 됐다.

인기 지역 아파트 가격에 좌절하고만 있을 수 없다. 언제 또 그럭저럭한 아파트들의 가치가 10억 원을 찍을지 모른다. 벌써 서울 아파트 중위 매매가격은 9억 원을 훌쩍 넘어섰다. 전문가들은 "수도권에도 상대적으로 저평가된 아파트들이 분명히 있다"고 말한다.

그러면 내 몸에 맞는 집은 어떻게 찾을까. 상대적으로 저평가된 곳들을 살펴볼 필요가 있다. 부동산 고수들은 '등잔 밑'에 주목할 것을 권한다. 서울 역세권 대단지 아파트가 등잔이라면 그 근처의 작은 단지 또는 나홀로 아파트 말이다. 이런 아파트들은 대단지 아파트 가치가 오를 때 가치가 동반 상승할 수 있다. 요즘은 재건축이 어려워졌으니 리모델링 가능성이 있는 노후 아파트를 찾아보는 것도 방법이다.

지역을 따질 땐 서울 금천구, 관악구, 구로구를 추천한다. 이 지역들은 서울 강남권 출퇴근에 편리하면서 비교적 가격이 저렴하다. 자금이 이보다 더 부족한 수요자라면 경기 부천시, 인천 부평구가 알맞을 수 있다. 이 지역은 여의도 출근자들에게 인기가 있다. 서울 종로나 중구 도심으로 출근하는 사람이라면 경기 파주시, 일산시, 의정부를 살펴보면 좋다.

지방시장은 어떨까. 서울과 지방 시장의 양극화가 뚜렷해질 것이라는 전망이 많긴 하다. 특히 다주택자나 법인들이 지방의 주택을 먼저 팔 것으로 예상된다. 큰 시세 상승은 기대하기가 어려운 상황이긴 하다. 하지만 지방시장 중 실수요자가 많은 곳은 장기적으로 집값이 오를 것으로 전망된다. 광역시를 중심으로 실수요가 많은 곳 중심으로 '손바뀜'이 일어날 듯하다. 전세가격이 불안한 데다 금리가 워낙 낮기 때문이다.

"앞으로 1, 2년 안에 지방 시대가 열립니다."

이렇게 장밋빛 전망을 내놓는 전문가도 있었다. 2021년부터 주택 공급이 급감할 것으로 보이는 데다 지방의 개발 호재가 살아있다는 이유에서였다. 최근 방사광가속기가 구축된 충북 청주나 수도권과 가까운 충남 천안, 강원도 원주 등이 관심을 받고 있다. 지방의 개발 호재를 잘 찾아보면 알짜 투자처가 보인다.

지역을 정했다면 그 중에 또 고려할 공식이 있다. 주택시장의 신중론자들은 집값 조정 리스크를 고려해 전형적인 투자공식을 기억하라고 강조한다. 지하철역에서 도보로 10분 내의 역세권, 가치가 높은 브랜드, 1,000채 이상 규모의 대단지라는 3박자를 갖춰야 집값이 안정적이다.

최근 들어 패닉 바잉과 함께 빌라 열풍도 불고 있다. 아파트를 찾지 못한 젊은층들이 빌라 구매에 나서고 있다. 이에 대해선 추천하는 이가 많지 않았다. 빌라는 입지에 따라 다르긴 하겠지만 아파트에 비해 수요가 적고 미래 가치를 담보하기 힘들 수 있어서다.

재건축 아파트, 조합설립 인가 나야 안심

'언젠가 재건축이 될 듯한데 무리가 되더라도 일단 사고 볼까.'

1주택을 보유하고 있는 B 씨는 서울 강북구의 낡고 작은 빌라 1채를 사야할 지 고민이다. 빌라가 재건축되고 주변 일대가 재개발 되면 든든한 노후자금이 될 듯하다. 하지만 재건축 규제가 워낙 강해졌다. 그는 제대로 사업이 추진될지 알 길이 없다. 게다가 기존 집에 빌라까지 사면 세금 부담이 어마어마하니 쉽게 결정하기 힘들다.

부동산 시장에서 어떻게든 돈을 벌어보려는 이들은 재건축 주택에 여전히 관심을 갖는다. 주택 마련에 한 발 늦은 실수요자들도 '몸테크'를 강행한다. 낡고 좁은 아파트여도 내 몸 하나 불편한 것을 감수해 훗날 재건축으로 인한 시세 차익을 꿈꾸는 것이다.

하지만 아파트가 재건축되려면 몇 겹의 규제들을 통과해야 한다. 재건축 아파트는 여전히 투자가치가 있을까? 전문가들은 재건축 아파트보다는 이왕이면 신축을 사길 권한다. 재건축이 추진되기 워낙 어려워진 여건이니 말이다.

신축 아파트를 살 여력이 없어 재건축 아파트를 물색 중이라면 수년의 세월을 버틸 각오가 돼 있어야 한다. 재건축 아파트는 사업 추진에 대개 8~9년은 걸린다는 점을 기억해야 한다.

재건축 아파트가 재건축의 어느 단계에 와 있는지도 확인하자. 아파트가 재건축되려면 여러 단계를 거쳐야 한다. 이 단계를 거치다가 엎어지기도 하고 다시 추진되기도 한다. 절차는 기본계획수립→ 정비구역지정→ 안전진단→ 추진 위원회 구성 및 승인→ 창립총회→ 조합설립인가→ 시공자선정→ 건축심의, 환경, 교통영향평가→ 사업시행인가→ 분양신청→ 관리처분 인가→ 철거 및 착공→ 일반분양 등으로 진행된다.

요즘은 조합설립인가가 나야 수요자들이 '이 아파트가 재건축이 되긴 되겠구나'라며 안심할 수 있다. 6·17 대책에 따라 제도가 바뀌어서다. 2021년부터 수도권 투기과열지구에서 조합설립 인가를 받은 재건축 단지는 2년 이상 실거주한 사람만 분양권을 받는다. 조합원 중에 실거주 기간 2년을 못 채운 사람들은 이래저래 반대하며 조합 설립을 늦추려 할 수 있다.

이런 제도 변화 때문에 재건축 아파트를 매수하려는 사람은 이젠 2년간 실거주할 수 있어야 한다. 몸테크 각오가 돼 있다면 사업이 빨라질 수 있을 곳을 가급적 찾아보자. 사업 단계가 어느 정도 진척된 곳이면 좋겠다.

혹시 이미 재건축·재개발 주택을 소유하고 있다면 움직이지 않는게 현명하겠다. 재건축이나 재개발이 추진되기가 참 힘들어진 게 사실이다. 하지만 최근 정부가 공급대책을 내놓으면서 택지가 얼마나 희소한지 보여줬다. 그린벨트 해제 외엔 재건축이나 재개발이 그나마 수요자들이 환호하는 대단지 양질의 아파트를 공급할 수 있다.

조합원들이 지켜야할 제도는 잘 알아둬야 한다. 투기과열지구의 재건축 아파트 조합원은 일정기간 지위 양도가 제한된다. 조합설립 인가

재건축과 리모델링의 차이점

	재건축	리모델링
추진 가능 연한	입주 30년 후부터	입주 15년 후부터
안전진단 등급	D, E등급	B등급 이상
초과이익환수	적용	없음
거주의무	2년	없음
분양가 상한제	적용	30가구 미만 미적용
용적률 인센티브	임대주택, 기부채탑 등 비율 고려해 산정	15층 이상 3개층, 15층 미만 2개층
기부채납	도로, 공원, 녹지 등 의무제공	없음(공공 리모델링 제외)

출처: 땅집고

부터 소유권이전등기까지 조합원 지위를 양도할 수 없다.

재건축 초과이익 환수제도 만만치 않은 부담이다. 조합원은 이 제도에 따라 재건축 아파트로 얻은 이익이 주변 집값 상승분과 비용 등을 빼고 1인당 평균 3,000만 원을 넘으면 초과 금액의 최고 50%를 부담금으로 내야 한다.

💼 1주택자는 미래 가치 따져 갈아타기

"1주택자이신가요? 최고의 투자를 하셨네요."

1주택자들에게 전문가들은 말한다. 투자에 성공했다고. 장기간 1주택을 보유한 사람들을 말하는 것이다. 움직이지 않고 1주택으로 눌러앉은 사람들은 앉아서 몇 억 원을 번 요즘이다.

그럼에도 1주택자들도 '갈아타기'를 고민해볼 필요가 있다. 10년 정도 집을 보유했다면 이제 바뀐 세상, 바뀐 미래 가치를 생각하며 상급지로 옮겨가는 게 좋다. 굳이 집 문제가 아니어도 우린 10년 주기로 우리의 삶을 리뉴얼 해줄 필요가 있다. 자녀 교육이란 인생의 과제가 끝나 간다면 그에 맞게 자산을 재조정해보는 식으로 말이다. 불안한 은퇴 이후를 고려하면 더욱 그렇다.

새 아파트 대단지가 들어선 동네엔 구축과 새 아파트의 가격차가 크지 않다. 그 갭을 대출이나 지인 찬스로 메울 수 있다면 주거 여건과 투자 가치가 높은 새 아파트로 갈아타는 것도 좋겠다.

다만 1주택자들이 갈아탈 땐 동시에 팔고 사야 한다. 요즘 시장이 워낙 불확실하니 집을 팔았다가 상급지의 가격이 언제 또 뛸지 모르는 일이다.

다주택자들은 어려운 시절을 만났다. 주택을 계속 보유할지 팔지는 세금 계산을 제대로 해봐야 한다. 양도세와 보유세 중 어떤 쪽을 감당할 수 있을지 저울질해보자. 보유세 부담을 못 버틸 것 같다면 빨리 매도 결단을 내려야 할 것이다.

🪙 수익형 부동산 투자, 예전 같지 않아

"새 아파트 1채 샀는데 가격이 많이 오르니 욕심이 생기네요. 1주택자가 추가로 집을 살 방법은 없을까요?"

"1주택자인데 여윳돈 3억 원이 있어요. 갭투자할 곳 있을까요?"

요즘 재테크 카페에 많이 올라오는 질문이다. 유동성이 넘쳐나는데 금리는 워낙 낮으니 투자자들은 부동산에 머물 수밖에 없는 요즘이라서 그럴까. 정부가 각종 세금과 대출 규제로 1주택자의 손발을 옭아매려 하지만 투자자들은 목마르다. 어떻게든 투자 통로를 찾아내려 한다.

"요즘은 1주택 보유가 최고의 투자인 시기지요."

전문가들에게 투자처를 묻자 아쉽게도 대부분 이런 답을 내놨다. 그만큼 보유세, 취득세 부담이 상당하기 때문이다. 그렇다면 수익형 부동산 투자는 어떨까. 예전엔 꼬마빌딩이나 오피스텔, 도시형생활주택 등 수익형부동산 시장이 활황이던 때가 있었다. 하지만 이제 그건 옛말이 된 분위기다. 수익형부동산도 투자할 때 더욱 신중해져야 할 때다. 코로나19 확산으로 자영업이 타격을 입고 상권이 침체되고 있다.

오피스텔도 상업용일 때만 안심하고 투자할 수 있을 듯하다. 이제 주거용 오피스텔이 주택으로 산정될 수 있다. 요즘은 세무당국에서 오피스텔이 주거용인지 꼼꼼히 조사한다는 말까지 들린다.

다만 고액 자산가들은 여전히 상가를 거래하고 있다.

"요즘은 꼬마빌딩 거래가 많이 줄었어요. 그래도 50억 원에서 150억 원 사이인 매물이 거래가 많이 되고 있죠. 알짜 매물이 많진 않지만 일단 한 번 나오면 금방 거래가 됩니다."

은행권 전문가가 들려준 얘기다. 자금력이 충분한 자산가라면 강남권, 용산, 강북의 도심 건물들에 투자해볼 만하다.

💼 자금조달계획서 꼼꼼히 쓰기

집을 사기로 마음을 먹었다면 자금조달계획서를 미리 살펴두자. 조정대상지역에선 3억 원 이상, 비규제지역에선 6억 원 이상인 주택을 사면 '주택취득자금 조달 및 입주계획서(자금조달계획서)'를 의무적으로 내야 한다. 정부는 조정대상지역과 비규제지역에서 불법 거래를 막으려 감시망을 더 촘촘히 만든 것이다.

게다가 투기과열지구에서 9억 원을 초과하는 주택을 산다면 자금조달계획서 작성 항목별로 증빙자료를 첨부해 내야 한다. 증빙자료는 예금잔액증명서, 소득금액증명원 등이다. 증빙자료는 자금조달계획을 객관적으로 입증할 수 있어야 한다.

공인중개사를 통해 계약한 매수자는 중개사에게 실거래 신고서와 자금조달계획서, 증빙자료를 같이 내면 된다. 개인정보 노출이 우려된다면 직접 제출할 수 있다. 신고관청에 직접 내거나 스캔이나 파일로 인터넷 부동산거래관리시스템에 낼 수 있다.

증빙자료를 내지 않아도 되는 경우도 있다. 계획서를 제출할 때 기존의 부동산 매도계약이 아직 체결되지 않았을 때, 금융회사 대출신청이 안 됐을 때 등이다. 대신 매수자는 자금조달계획서에 내용은 꼭 적어야 한다. 국토교통부나 신고 관청이 나중에 증빙자료 제출을 요청할 수 있다. 공인중개사가 먼저 실거래 신고서를 제출하고 난 뒤여야 한다. 증빙자료를 안 내면 매수자는 관련법에 따라서 과태료를 500만 원을 내야할 수 있다.

자금조달계획서 내용을 살펴보자. 우선 자금의 출처를 예전보다 더 자세하게 적어야 한다. 증여·상속 자금 제공자와의 관계, 그 밖의 차입금 제공자와의 관계, 금융기관 대출 유형별 세부 구분 등의 항목이 있다. 지급수단은 계좌이체, 현금지급, 보증금·대출 승계 등인지를 밝혀야 한다.

30대 후반 무주택자 C 씨는 서울의 9억 원이 넘는 아파트를 사며 양가 부모님께 1억 원씩 2억 원의 돈을 빌리려 한다. 부모님들께선 '이자 없이 돈을 빌려줄게. 집값에 보태고 나중에 천천히 갚아라'라고 말씀하셨다. 그런데 막상 자금조달계획서를 쓸 생각을 하니 궁금한 게 한두 가지가 아니다. 부모님께서 빌려주신 2억 원은 어떻게 적어야 탈이 없을까.

요즘 영끌족들은 부모님들 자금을 빌리는 게 기본이다. 그렇다 보니 세무사들에게 자금조달계획서를 쓸 때 부모님께 빚낸 돈을 어떻게 밝힐지 문의가 많다. 이럴 때 차용증을 작성하는 건 기본 중 기본이다.

세무사들은 부모에게 돈을 빌리면 자금조달계획서에 정확히 밝히고 이자와 원금을 제대로 갚아야 한다고 강조한다. 자식들은 보통 이자를 자동이체로 부모 계좌에 보낼 때가 많다. 주의해야 할 점은 이자가 적정해야 한다는 점이다. 상속세 및 증여세법 시행령에 따른 적정 이자 수준을 따라야 한다. 이는 기준금리에 연동되는데, 시중 금리보다 늦게 변동돼 요즘 시중 이자율보다 높은 편이긴 하다.

게다가 세무당국은 자녀가 부모에게 빌린 원금을 갚는지 확인한다. 상환 기한이 상식을 벗어난 수준이 아니어야 문제가 되질 않는다. 시중은행의 주택담보대출 최장 만기 등을 참고해 기한을 설정해야 할 것이다.

"분양에 당첨되면 잔금을 치를 때 제 자산이 얼마나 될지 알 수가 없어요. 지금 연봉을 기준으로 미래소득을 추정해 자금으로 적으면 어떨까요?"

세무사에게 물었다. 재테크 카페에 워낙 이런 질문들이 많이 등장해서다. 하지만 '노No'라는 명쾌한 답이 나왔다.

"많이들 그런 질문을 하세요. 하지만 자금조달계획서는 제출 당시에 내 수중에 있는 돈만 써내야 합니다. 미래소득을 쓸 순 없어요."

부부 공동명의로 주택을 구입하는 사람들도 자금조달계획서를 작성하며 헷갈린다. 애초에 남편과 부인의 자금 여력을 정확히 계산해봐야 한다. 그에 따라 지분 비율을 정해야 하는 것이다. 그 비율에 맞춰 자금을 적어야 한다. 만약 남편과 부인의 지분 비율이 6대 4인데 자금을 5대 5로 맞춰 적어낸다면, 남편이 부인에게 증여한 꼴이 된다. 부부 간 증여는 10년간 6억 원까지만 증여세가 공제되니 주의하자.

조정 대상 지역 및 투기과열지구 지정 현황(2020년 6월 19일 기준)

	투기과열지구(48개)	조정 대상 지역(69개)
서울	전 지역 ('17.8.3)	전 지역 ('16.11.3)
경기	과천('17.8.3), 성남분당('17.9.6), 광명, 하남('18.8.28), 수원, 성남수정, 안양, 안산단원, 구리, 군포, 의왕, 용인수지·기흥, 동탄2('20.6.19)	과천, 성남, 하남, 동탄2('16.11.3), 광명('17.6.19), 구리, 안양동안, 광교지구('18.8.28), 수원팔달, 용인수지·기흥('18.12.31), 수원영통·권선·장안, 안양만안, 의왕('20.2.21) 고양, 남양주, 화성, 군포, 안성, 부천, 안산, 시흥, 용인처인, 오산, 평택, 광주, 양주, 의정부('20.6.19)
인천	연수, 남동, 서('20.6.19)	중, 동, 미추홀, 연수, 남동, 부평, 계양, 서('20.6.19)
대전	동, 중, 서, 유성('20.6.19)	동, 중, 서, 유성, 대덕('20.6.19)
대구	대구수성('17.9.6)	-
세종	세종('17.8.3)	세종('16.11.3)
충북	-	청주('20.6.19)

출처: 국토교통부

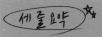

* 대단지 아파트에 가까운 소단지 아파트도 시세가 동반 상승 가능하니 주목하자.
* 재건축 아파트는 '조합설립 인가'가 나야 안심하고 투자할 수 있다.
* 부모님 돈을 빌릴 땐 차용증 쓰고 이자와 원금 제대로 갚아야 불이익 피할 수 있다.

STEP

3

세테크로
지갑의 구멍을
막자

chapter 10

똑똑한 세테크,
개정된 부동산 세법
살피기부터

"결혼식은 올릴 거지만 혼인 신고는 안 하고 살래요."

요즘 부동산 재테크 카페에 심심치 않게 올라오는 사연이다. '세금 때문에 결혼하기가 무섭다'는 그들의 속사정은 뭘까.

주택 한 채씩 보유한 남녀가 공식 부부가 되면 공식적인 '2주택자'가 된다. 2주택자가 되니 안 내던 세금을 갑자기 물어야 한단다. 각자 '서류상 싱글'을 유지하면 1주택자로 돈을 아끼며 살 수 있는 일. 그러다 보니 이런 비공식적인 부부가 늘고 있다.

이럴 정도로 세금이 무거워진 시대다. 오죽하면 '양포 세무사'가 생겨났다는 '웃픈' 얘기까지 생겼을까. '양포'란 '양도소득세를 포기했다'는 의미다.

그만큼 세금이 무거워졌고 상당히 복잡해졌다. 경우의 수가 너무 많다. 주택의 매입 및 매도 시기가 언제인지, 주택 가격이 얼마인지, 보유 주택 수는 몇 채인지에 따라 공식이 다르다. 절세를 하려면 이렇게 하라고 시원스럽게 말하기가 힘들어졌다.

'세금은 부동산 부자들이나 걱정할 일이지'라고 생각하고 있다면 착각이다. 이제 세금은 다주택자들만의 얘기가 아니다. 이제 '똘똘한 한 채'를 갖고 있다면 세금이 만만치 않다. 자녀 교육이나 부모님 모시는 문제로 '일시적 2주택자'가 됐다면 집 처분 시기를 더더욱 잘 따져야 한다. 자칫하면 1주택자에게 주어지는 비과세 혜택을 못 받을 수 있기 때문이다.

우선 2020년 개정세법에서 기존과 달라진 부동산 세제를 정리해본다. 개인 소비자에게 해당되는 내용을 중심으로 살펴본다. 다음 장에서는 세무사와 함께 보유 주택 수 사례별로 절세 방법을 풀어본다. 절세법은 양도소득세, 종합부동산세, 취득세로 나눠 소개한다. 요즘 시장에서 문의가 많은 분야 순이다.

1. 양도소득세

양도소득세는 집을 팔 때 보유하는 동안 발생한 차익에 일정한 세율을 곱해 과세하는 세금이다. '양포 세무사' 얘기가 나올 정도로 내용이 어렵다. 그리고 금액이 다른 세금에 비해 크다. 그러니 더욱 공부가 필요한 분야다.

양도세를 신고하는 시점은 토지, 건물, 분양권의 경우 양도일이 속하는 달의 말일부터 2개월 이내다. 전세금, 대출 등 채무를 안고 증여하는 부담부증여는 증여일이 속한 달의 말일부터 3개월 이내다. 토지

거래계약 허가구역의 토지로, 토지거래허가를 받기 전 잔금을 받았다면 허가일이 속하는 달의 말일에서 2개월 이내다. 잔금을 내기 전 허가를 받았다면 잔금일로부터 2개월 내이니 참고하자. 다음은 개정된 주요 내용이다.

고가주택 1채 소유자, 거주기간 늘려야 절세

실거래가 9억 원을 초과하는 주택을 1채 소유하고 있는 사람을 살펴보자. 서울 아파트 중간값인 중위가격이 이미 9억 원을 훌쩍 넘었으니 많은 사람들이 이에 해당된다. 이제 9억 원 초과 주택에 사는 사람은 오래 거주하지 않으면 양도소득세 부담이 늘어날 수 있다. 아파트를 오래 보유할수록 세액공제를 많이 해주던 장기보유특별공제 요건이 강화됐기 때문이다.

9억 원을 초과하는 주택 1채를 보유한 사람이 2021년 1월부터 집을 양도하면 세액공제 혜택이 줄어들 수 있다. 1주택자들은 기존엔 보유기간 요건만 맞추면 세액공제 혜택을 받았다. 하지만 이젠 보유기간 요건에 더해 거주기간 요건도 충족해야 한다. 이젠 고가 아파트를 갖고 있는 사람은 세금 부담을 피하려면 해당 아파트에 들어가 거주 기간을 늘려야 하겠다.

예를 들어 9억 원 초과 아파트를 10년간 보유하고 있던 사람은 기존엔 양도세를 80% 공제받았다. 이 아파트에 얼마나 거주하건 상관이 없었다. 하지만 이젠 1주택자가 같은 수준의 공제 혜택을 받으려면 10년간 보유하면서 동시에 10년 내내 거주해야 한다.

만약 10년간 보유하면서 5년만 거주했다면 집을 팔 때 60%의 세액공제만 받는다. 보유기간 10년일 때의 공제율 40%(연 4%×10년)에 거주기간 5년일 때의 공제율 20%(연 4%×5년)를 더하기 때문이다. 세액 공제율이 20%포인트 줄어들었다. 양도세 부담이 그만큼 늘어나는 것이다.

만약 10억 원에 산 아파트를 10년 갖고 있다가 15억 원에 팔았다고 치자. 이때 양도차익이 5억 원이다. 예전 같았으면 집 주인은 5억 원의 80%인 4억 원을 공제 받을 수 있는 일이었다. 이젠 이 정도 금액을 공제 받으려면 보유기간 10년 내내 살아야 한다.

10년 보유하더라도 5년만 거주했다면 60%만 공제받는다. 양도차익의 60%는 3억 원이다. 결국 5년만 거주한 사람으로선 양도세 과세

보유 및 거주 기간에 따른 1세대 1주택자 장기보유특별공제율

보유기간	공제율(%)	거주기간	공제율(%)
3년 이상~4년 미만	12	2년 이상~3년 미만 (보유기간 3년 이상에 한정)	8
		3~4년	12
4~5년	16	4~5년	15
5~6년	20	5~6년	20
6~7년	24	6~7년	24
7~8년	28	7~8년	28
8~9년	32	8~9년	32
9~10년	36	9~10년	36
10년 이상	40	10년 이상	40

※2021년 1월 1일 이후 양도 분부터 적용
※2020년 7월 발표된 개정세법 기준
출처: 기획재정부

표준이 1억 원 늘어나는 셈이다.

집 산 지 2년 안 돼 팔면 양도세 늘어

2021년 6월부터는 산 지 얼마 안 된 집을 바로 팔면 양도세 부담이 커진다. 단기 차익을 노리려다 세금 폭탄을 맞을 수 있는 것이다. 양도세 부담을 줄이려면 '내가 이 집을 2년 이상 보유할 수 있는가'를 꼭 따져보자.

주택은 물론, 조합원 입주권도 보유기간이 1년 미만이면 양도세율이 40%에서 70%로 오른다. 1년 이상~2년 미만이면 양도세율은 60%가 된다. 이 규정은 2021년 6월 1일 양도분부터 적용됨을 기억하자.

2년 미만 보유 주택, 입주권의 양도소득세율

보유기간	양도소득세율(%)
1년 미만	70
1년 이상~2년 미만	60

※2021년 6월 1일 이후 양도 분부터 적용
※2020년 7월 발표된 개정세법 기준
출처: 기획재정부

분양권은 기존엔 조정대상지역에 속할 때만 양도세가 중과됐다. 보유기간에 상관없이 양도세율은 50%였다. 하지만 2021년 6월 1일 양도분부터는 어느 지역이든 상관없이 모든 분양권이 중과대상이 된다.

마찬가지로 분양권도 산 지 1년 미만이면 양도세율이 70%다. 1년 이상이면 60%를 부담하게 된다.

다주택자 양도세율 최고 75%까지 올라

다주택자는 정말 어려운 시기를 만났다. 양도소득세 중과세율이 대폭 오른다. 2021년 6월 1일 이후 양도하는 주택부터 중과세율이 인상된다. 2주택자는 기본세율에 20%포인트가, 주택 3채 이상을 보유한 세대는 기본세율에 30%포인트가 추가된다. 주택이 3채 이상이면 양도세율이 최고 75%까지 될 수 있다. 2020년 개정세법에서 과표 10억 원 구간에 45%의 세율이 추가됐기 때문이다.

세금 부담이 무거워진 다주택자라면 종합부동산세 등 보유세와 양도세를 잘 저울질해봐야 할 것이다. 양도세가 만만치 않긴 하다. 하지만 혹시 보유세가 더 많이 나온다면 2021년 6월 전에 처분하는 게 현명하다.

양도세를 계산할 때 기준이 되는 주택 개념도 달라졌다. 2021년 1월부터 1주택자가 분양권을 갖고 있을 때는 2주택자로 계산된다. 예전엔 조합원입주권을 갖고 있을 때만 2주택자로 분류됐다. 이젠 분양권만 갖고 있어도 비과세 혜택을 못 받거나 다주택자가 될 수 있으니 주의하자. 다만 2020년 12월 31일 이전 취득한 분양권은 주택수에 포함되지 않는다.

🏠 2. 종합부동산세

'종부세'라고 불리는 종합부동산세는 고액의 부동산 보유자에게 부과된다. 주택의 공시가액 합산액이 6억 원을 초과할 때 낸다. 1세대 1주택자는 9억 원을 초과하는 경우가 해당된다. 토지는 상업용 건물 부속 토지의 경우 공시가격 합산액이 80억 원을 초과할 때, 나대지와 잡종지 등은 5억 원을 초과할 때 이에 해당한다. 종부세는 매년 6월 1일 기준으로 부과된다.

'똑똑한 한 채'만 가져도 종부세 만만치 않아

다주택자들의 종합부동산세도 상당히 오르니 다주택자들의 절세가 더욱 중요해졌다. 국회에서 "종합부동산세가 다주택자 때려잡는 무기가 됐다"는 날선 비판이 나올 정도다. 그만큼 종부세가 살벌해졌다.

보유 주택이 2채 이하일 경우 종합부동산세율은 2021년 과세분부터 과세표준 구간에 따라 기존보다 0.1~0.3%포인트 오른다. 주택 2채가 모두 다 조정대상지역에 있을 땐 얘기가 다르다. 조정대상지역의 주택 2채 보유자나 주택 3채 이상 보유자는 세율이 0.6~2.8%포인트 인상된다.

종부세는 이제 다주택자들만의 이야기가 아니다. 1주택자여도 종부세 부담이 만만치 않아졌다. '똑똑한 한 채'를 가졌다면 적지 않은 세금을 각오해야 한다. 시가가 20억 원인 1주택자가 해당하는 과세표준 구간은 3~6억 원이라고 할 때, 이 구간에 적용되는 종부세율은 0.7%에서 0.8%가 된다.

시가 30억 원이 속하는 과세표준 구간은 6억~12억 원. 이 구간에선 세율이 1.0%에서 1.2%로 오른다. 시가 123억 5,000만 원 초과는 과세표준 94억 원 초과 구간이다. 이에 해당하는 주택 보유자는 최고 3.0%까지 적용 받을 수 있다.

같은 조건에서 3주택 이상이거나 조정대상지역에 주택 2채를 갖고 있는 사람은 최고 세율이 6.0%나 된다.

세부담 상한선도 올라가 다주택자 세금부담이 더욱 불어난다. 원래

종합부동산세액과 재산세액을 합한 '합산보유세액'은 정해진 상한 이내로 부과된다. 이 때 '상한'은 '전년 합산보유세액×상한비율'로 정한다. 그런데 이 상한비율이 조정대상지역 2주택자의 경우 기존 200%에서 300%로 오른다.

주택수와 과세표준에 따른 종합부동산세율

과세표준	주택 2채 이하 보유자(%)	주택 3채 이상 또는 조정대상지역 2채 보유자(%)
3억 원 이하	0.6	1.2
3억 원 초과~6억 원 이하	0.8	1.6
6억 원 초과~12억 원 이하	1.2	2.2
12억 원 초과~50억 원 이하	1.6	3.6
50억 원 초과~94억 원 이하	2.2	5.0
94억 원 초과	3.0	6.0

※2021년 과세분부터 적용
※2020년 7월 발표된 개정세법 기준
출처: 기획재정부

60세 이상 1주택자, 종부세 세액공제 챙기자

개정 세법엔 세금이 는다는 뉴스만 있는 건 아니다. 부동산 보유자들이 반길만한 변화도 있다. 2021년 종부세 과세분부터 60세 이상 고령자는 세액공제를 많이 받게 된다. 1세대 1주택자 중 60세 이상인 사람은 기존보다 10%포인트 인상된 종부세 공제율을 적용받는다. 이에 따라 나이별 공제율은 60세 이상~65세 미만이 20%, 65세 이상~70세 미만이 30%, 만 70세 이상이 40%가 된다.

장기보유 공제와 고령자 공제를 합치면 더 많은 혜택을 볼 수 있다.

한 집에 오래 거주한 60세 이상 고령자라면 꼭 챙겨야할 혜택이다. 장기보유 공제율은 기존 대로다. 보유기간이 5~10년이면 20%, 10~15년이면 40%, 15년 이상이면 50%. 다만 둘의 합산 공제한도가 있다. 합산 공제한도는 기존엔 70%였지만 2021년부터는 80%로 높아진다.

고령과 장기보유에 따른 세액공제 혜택은 2021년부터 집 한 채를 공동 보유하는 부부에게도 적용된다. 기존에는 집을 공동명의로 보유한 부부는 고령·장기보유 세액공제를 받지 못했다. 다만 이런 혜택을 받으려면 단독명의 1세대 1주택자처럼 9억 원만 공제받는다. 이런 혜택을 포기하고 기존처럼 공동명의 부부 1인당 6억 원씩 12억 원을 공제받는 길을 택해도 된다.

📑 3. 취득세

취득세는 집을 사고 등록할 때 내는 세금이다. 집을 살 때 거래한 금액(취득가액)이 해당하는 과세표준에 따라 정해진 세율을 적용한다. 집을 산 사람은 집을 취득한 날로부터 60일 이내에(상속취득은 6개월 이내) 자산이나 납세의무자 소재지 지방자치단체에 신고·납부해야 한다.

다주택자 취득세율 강화

다주택자들은 집을 새로 살 때 취득세가 불어난다. 기존에 2, 3주택자는 1주택자처럼 취득세율을 1~3% 적용받았다. 4주택자는 취득세율이 4%, 법인은 1~3%였다. 하지만 취득세 개정으로 세율이 2주택자는 8%, 3, 4주택자는 12%, 법인은 12%가 됐다.

조정대상지역이 아닌 지역에선 2주택자가 1~3%, 3주택자가 8%, 4채 이상 보유자가 12%를 적용 받는다. 기존 집을 팔기 전 일시적으로 2주택이 되는 사람만 기존 세율을 적용 받는다. 1주택자는 취득세율이 주택 가액에 따라서 1~3%다.

2020년 7월 10일 대책이 발표되기 전에 계약을 한 사람은 종전 세율을 적용받는다. 물론 계약자는 증빙서류를 잘 제출해야만 한다.

이사 가려 집을 추가로 살 때 처분 기한 준수해야

이사, 학업, 취업 등으로 일시적으로 2주택자가 될 때가 있다. 이 때 기존 집을 처분해야 하는 기한을 잘 알아둬야 한다. 그렇지 않으면 진짜 2주택자로 분류돼 취득세를 더 물어야 할 수 있다.

1주택을 소유한 1세대가 다른 집 1채를 추가로 사면 기존 집을 정해진 기한 내에 처분해야 1주택 세율(1~3%)을 적용 받는다. 정해진 기한은 3년이다. 하지만 기존 집과 새로 산 집이 모두 다 조정대상지역에 있다면 1년 안에 처분해야 한다.

주택 보유자는 이 기한을 놓치면 뼈아프게 세금을 물어야 한다. 2주택 세율(8%)을 적용한 세금을 물어야 하는 건 기본이며 차액에 대한 가산세도 부담해야 한다.

이런 계산을 할 땐 주택이 조정대상지역, 비조정대상지역 중 어디에 있느냐에 따라 헷갈린다. 기존 집이 어디에 있느냐는 상관없다. 두 번째 집을 비조정대상지역에서 살 때는 주택 가액에 따라 1~3%를 적용 받는다. 반대로 비조정대상지역에서 집 한 채를 갖고 있다가 조정대상지역에서 두 번째 집을 사면 취득세는 8%다.

2채 이상을 보유한 다주택자는 '일시적 2주택자'와 같은 혜택을 받을 수 없다. 이사, 학업, 취업 등 불가피한 이유로 잠시 집을 더 사더라도 이런 예외를 인정받을 수 없으니 주의하자.

그렇다면 주택 1채를 갖고 있다가 아파트 분양권을 갖게 된 사람은 어찌될까. 세금 부담을 피하려면 분양권 취득일로부터 3년 내에 집을 팔아야 한다고 생각할 수 있다. 하지만 실제론 아파트가 준공된 뒤 주택의 취득일을 기준으로 3년 내에 기존 집을 팔면 된다. 물론 두 집이 모두 조정대상지역 내에 있으면 1년 안에 처분해야 한다.

조정대상지역 아파트 증여받을 때 취득세 강화

조정대상지역에서 공시가격이 3억 원 이상인 아파트를 증여받으면 취득세가 대폭 오른다.

이럴 경우 증여 취득세율은 원래 3.5%였는데 12%가 되는 것이다. 이 외의 다른 주택은 현행대로 취득세율 3.5%를 적용 받는다.

1세대 1주택자가 배우자나 직계존비속에게 증여한다면 조정대상지역에 있는 집이라 해도 3.5%를 적용받는다. 1주택자이니 배우자나 직계존비속에 대한 증여는 투기로 보기 힘들기 때문이다.

30세 미만, 미혼 자녀라도 취업하면 세대분리 가능

다주택자가 되는 일을 가급적 피하는 게 유리하다 보니 '1세대'의 개념이 중요해졌다. 가족 중에 부모가 보유한 집이 있는데 자녀가 덜컥 집을 사버리면 2주택자가 돼 버릴 수도 있다. 1세대의 개념을 잘 알아둬야 이런 억울한 일을 피할 수 있다.

1세대엔 누구까지 포함이 될까. 본래 1세대는 세대별 주민등록표에 같이 적혀 있는 가족으로 구성된 세대다. 그러니 억울하게 다주택자로 세금을 물지 않으려면 주민등록표를 빨리 확인해보자. 서류에 같이 살지 않는 가족이 포함돼 있다면 빨리 정리하자.

배우자와 미혼인 30세 미만의 자녀는 주민등록표에 속해 있지 않더라도 한 세대로 본다. 내게 집이 이미 있다면 배우자나 30세 미만의 자녀가 분양에 당첨되거나 새 집을 살 경우 난 다주택자가 된다.

하지만 자녀가 30세 미만이어도 일정한 소득이 있고 따로 산다면 얘기가 다르다. 여기에서 자녀의 '소득'은 종합소득, 퇴직소득, 양도소득 등을 포함한다. 이 소득은 국민기초생활 보장법에 따른 기준 중위소득의 40% 이상이 되어야 한다. 참고로 2020년 기준 1인 가구 중위소득은 월 175만 원이다. 이 기준으로 보면 월 70만 원 이상을 벌면서 부모와 따로 살면 별도 세대다.

건강이 안 좋은 부모를 모시려 한 집에 살 땐 어떻게 될까. 자녀가 65세 이상의 직계존속(배우자의 직계존속 포함)을 봉양하려 세대를 합치면 부모와 자녀의 세대는 각각의 세대가 된다. 이 때 자녀는 30세 이상이거나 혼인했어야 한다. 30세 미만이라면 마찬가지로 중위소득의 40% 이상을 벌어야 한다.

다주택자 따질 때 상속주택은 5년간 제외

주택 수를 계산할 때 어디까지를 주택으로 볼 것인지가 중요하다. 우선 공공성이 높거나 투기로 보기 어려운 주택은 세무당국이 주택 수에서 제외해준다. 가정어린이집, 노인복지주택, 국가등록문화재, 농어

촌주택, 공공주택사업자의 공공임대주택, 재개발사업을 위해 멸실목적으로 취득하는 주택 등이 포함된다.

상속받은 주택은 상속개시일로부터 5년까지는 주택 수로 계산하지 않는다. 물론 5년이 지나서도 계속 갖고 있는 사람은 이 주택을 주택 수에 넣는다. 혹시 상속주택을 여럿이서 공동 소유할 땐 상속지분이 가장 큰 상속인이 소유자가 된다. 최대 지분자가 아니면 주택 수에 합산될 것을 걱정하지 않아도 된다.

분양권이나 입주권은 소유 주택 수에 포함된다. 하지만 실제 주택을 취득하는 시점에 취득세가 부과된다는 점을 기억하자. 법이 개정되기 전인 2020년 8월 11일 이전에 취득한 분양권, 입주권은 주택 수에 계산되지 않는다. 아파트가 준공된 후 취득세를 낼 때도 취득세가 중과되지 않는다. 법 개정 이후 취득한 분양권, 입주권이라면 주택으로 계산한다. 아파트가 준공돼 취득세를 납부할 때도 마찬가지다. 분양권 보유자는 취득 당시 보유한 주택 수를 고려해 취득세를 낸다.

주택으로 봐야할지 애매한 게 오피스텔이다. 재산세 과세대장에 '주택'으로 적혀 있다면 주거용 오피스텔임이 공식화된 것이니 주택 수에 포함된다. 오피스텔 분양권 자체는 취득세에서는 주택 수로 계산하지 않는다. 오피스텔이 실제 주거용으로 쓰였는지 확인되지 않기 때문이다. 오피스텔 취득 시점에선 건축물 대장상 용도에 따라 건축물 취득세율(4%)이 적용된다.

한편 고소득자라면 양도세, 종부세, 취득세 외에도 소득세 부담도 상당하니 소득세의 변화도 참고하자. 개정안에 따르면 소득세 최고세율은 과세표준(세금을 매기는 기준금액) 중 5억 원 초과 구간에서 바뀐

주택 수 합산 및 중과 제외 주택

	구 분	제외 이유
1	가정 어린이집	육아시설 공급 장려
2	노인복지주택	복지시설 운영에 필요
3	재개발사업 부지확보를 위해 멸실목적으로 취득하는 주택	주택 공급사업에 필요
4	주택시공자가 공사대금으로 받은 미분양주택	주택 공급사업 과정에서 발생
5	저당권 실행으로 취득한 주택	정상적 금융업 활동으로 취득
6	국가등록문화재 주택	개발이 제한되어 투기대상으로 보기 어려움
7	농어촌 주택	투기 대상으로 보기 어려움
8	공시가격 1억 원 이하 주택 (재개발 구역 등 제외)	투기 대상으로 보기 어려움, 주택시장 침체지역 등 배려 필요
9	공공주택사업자(지방공사, LH 등)의 공공임대주택	공공임대주택 공급 지원
10	주택도시기금 리츠가 환매 조건부로 취득하는 주택(Sale & Lease Back)	정상적 금융업 활동으로 취득
11	사원용 주택	기업활동에 필요
12	주택건설사업자가 신축한 미분양된 주택	주택 공급사업 과정에서 발생 ※ 신축은 2.8% 적용(중과대상 아님)
13	상속주택(상속개시일로부터 5년 이내)	투기 목적과 무관하게 보유 ※ 상속은 2.8% 적용(중과대상 아님)

출처: 행정안전부

다. 5억 원 초과~10억 원 이하는 42%로 유지된다. 하지만 10억 원 초과는 기존 42%에서 45%로 오른다.

조정 대상 지역 및 투기과열지구 지정 현황(2020년 6월 19일 기준)

	투기과열지구(48개)	조정 대상 지역(69개)
서울	전 지역 ('17.8.3)	전 지역 ('16.11.3)
경기	과천('17.8.3), 성남분당('17.9.6), 광명, 하남('18.8.28), 수원, 성남수정, 안양, 안산단원, 구리, 군포, 의왕, 용인수지·기흥, 동탄2('20.6.19)	과천, 성남, 하남, 동탄2('16.11.3), 광명('17.6.19), 구리, 안양동안, 광교지구('18.8.28), 수원팔달, 용인수지·기흥('18.12.31), 수원영통·권선·장안, 안양만안, 의왕('20.2.21) 고양, 남양주, 화성, 군포, 안성주, 부천, 안산, 시흥, 용인처인, 오산, 평택, 광주, 양주, 의정부('20.6.19)
인천	연수, 남동, 서('20.6.19)	중, 동, 미추홀, 연수, 남동, 부평, 계양, 서('20.6.19)
대전	동, 중, 서, 유성('20.6.19)	동, 중, 서, 유성, 대덕('20.6.19)
대구	대구수성('17.9.6)	–
세종	세종('17.8.3)	세종('16.11.3)
충북	–	청주('20.6.19)

출처: 국토교통부

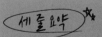

* 시가 9억 원 초과 주택 1채를 보유하면 보유기간, 거주기간 요건 모두 갖춰야 절세
* 주택과 조합원 입주권을 1년 미만 보유하다 팔면 양도세율 70%
* 일시적 2주택자가 되면 기존 집을 팔아야 하는 기한을 잘 지켜야 세금 폭탄 피해

chapter 11

부동산 절세,
사례로 알아보기

부동산 세제가 워낙 복잡해졌다. 각자가 처한 여건에 따라 절세 방법이 각기 다르다. 절세 방법을 일률적으로 소개하기 어려워진 것이다.

그래서 재테크족들이 가장 많이 궁금해 하는 사례를 중심으로 절세 방법을 풀어본다. 부동산 재테크 카페의 글들을 보면 주된 문의가 몇 가지로 수렴된다. 주로 부부 공동명의와 단독명의 중 어느 쪽이 절세에 유리할지, '일시적 1세대 2주택' 보유자는 어떤 집을 먼저 파는 게 좋을지를 묻는다.

이해를 돕기 위해 보유 주택 수에 따라 대표적인 질문을 골랐다. 다음은 부동산 세무를 전문으로 맡고 있는 우병탁 신한은행 부동산투자 자문센터 팀장이 친절하게 들려준 답변이다.

🏠 고가의 주택 1채 보유, 공동명의로 절세

Q 서울의 한 아파트를 분양받아서 15년 이상은 보유할 예정입니다. 사정상 바로 입주는 못하고 전세를 놓을 예정입니다. 분양가가 10억 원가량입니다. 아내와 공동명의로 해서 보유세를 절세하는 게 나을지, 아니면 단독명의로 하는 게 나을지 궁금합니다. 참고로 배우자 명의로는 따로 재산이 없습니다.

A 분양가가 10억 원이면 공시가격은 8억 원이라고 가정하고 종부세를 계산할 때 공동명의가 더 유리합니다. 공시가격이 혹시나 9억 원으로 오르더라도 1주택은 단독명의일 경우 9억 원이 공제됩니다. 즉 공시가격 9억 원이 될 때까지는 종부세가 없습니다. 하지만 공동명의일 땐 부부 각 6억 원씩 공제를 받습니다. 합해서 12억 원이 공제되는 것입니다. 공시가격 12억 원이 될 때까지는 종부세가 없단 의미입니다. 따라서 공동명의가 종부세 부담이 더 적습니다.

게다가 2020년 12월 공동명의 주택 1채 보유자가 종부세를 낼 때 새로운 혜택이 생겼습니다. 기존에는 공동명의 1주택으로 12억 원만 공제 받았습니다. 하지만 이젠 단독명의 1주택자처럼 9억 원의 공제를 받으면서 고령자·장기보유 세액공제도 받을 수 있습니다. 다만 기존처럼 12억 원의 공제를 받고 싶다면 고령자·장기보유 세액공제는 못 받게 됩니다. 공동명의로 주택을 보유하는 게 더욱 유리한 셈이지요.

공동명의로 보유하면 나중에 집을 팔 때 양도세도 절감할 수 있습니다. 공동명의이면 누진세율이 낮아지기 때문입니다. 예를 들어 분양가가 10억 원, 양도가액이 20억 원이고, 10년 이상 보유하며 거주해 1주택 비과세를 받는 상황이라고 가정해봅시다. 이 조건에서 양도세는 단독명의일 때 약 2,600만 원, 공동명의일 때 약 1,600만 원입니다. 공동명의면 양도세를 1,000만 원 정도 절감할 수 있는 것이지요.

일시적 1가구 2주택, 처분 기한 주의해야

Q 2016년 7월 서울 마포의 아파트와 대구의 아파트를 연달아 매입했습니다. 현재 마포에 거주하고 있습니다. 대구 아파트에는 전세를 놨습니다. 일시적 1가구 2주택 양도세 절세를 위해서 1주택자가 되려 합니다. 먼저 대구 아파트를 팔고 서울의 다른 신규 아파트를 사고 싶은데 절세 혜택이 있을까요.

A 2주택자이기 때문에 대구 아파트를 팔면 양도세 중과세(최고 52%)를 적용받게 됩니다. 그 후 서울 소재 다른 아파트를 산다면 1년 안에 그 집으로 전입하면서 마찬가지로 1년 안에 마포 아파트를 파는 게 좋습니다. 그래야 비과세 됩니다. 물론 양도차익이 9억 원을 초과하는 액수엔 과세가 됩니다.

2주택자가 집 처분 순서를 두고 고민하고 있다면 이 원칙을 기억해보세요. ① 조정대상지역이 아닌 곳의 주택을 먼저 양도해 주택 수를 줄입니다. ② 그 후 조정대상지역 주택을 양도합니다. 물론 주택마다 미래가치가 다르니 잘 따져봐야 하겠지만 이런 순으로 처분하면 세금이 절감되기 쉽습니다.

💳 조정지역 2채 소유자, 차라리 증여가 유리

Q 서울 서초구 잠원동에 시세 20억 원(공시가격 약 16억 원) 아파트 1채, 경기 성남시 분당에 시세 13억 원 아파트(공시가격 약 7억 2,000만 원, 전용면적 84㎡)를 갖고 있습니다. 아직 퇴직 전이라 고정적으로 현금수익이 있습니다. 그래서 세금을 내며 갖고 있고 싶은데 부담이 만만치 않아 고민이 큽니다. 차라리 자녀에게 증여하는 게 현명할까요?

A 조정지역에 주택 2채를 갖고 계시군요. 2채를 계속 갖고 싶으시다면 배우자나 독립한 무주택 자녀에게 증여를 하시는 게 낫습니다. 이런 방식으로 종합부동산세 부담을 줄일 수 있습니다. 다만 이렇게 하면 인상된 취득세율(12%)로 취득세가 예전보다 늘고 증여세도 발생한다는 점을 기억하세요. 이와 같은 조건에서는 증여할 경우 종부세가 연간 약 5,000만 원 절감됩니다. 분당 아파트를 배우자에게 증여할 때 증여세는 약 2억 원, 취득세는 약 1억 2,000만 원(지방소득세와 농어촌특별세 별도) 예상됩니다.

💳 조정지역, 비조정지역 각 1채 보유자, 차라리 '똑똑한 한 채'로 바꿔라

Q 서울 마포구에 20평대 시세 15억 원짜리(공시가격 11억 5,000만 원), 동작구에 시세 10억 원가량(공시가격 7억 원)인 아파트를 갖고 있습니다. 종부세가 만만치 않을 것 같습니다. 은퇴를 이미 했기 때문에 수익이 없고 고정적인 임대수익도 없습니다. 처분하긴 해야 할듯한데 어떻게 해야

종부세를 절감할 수 있을까요?

A 차라리 두 주택을 처분하고 '똑똑한 한 채'를 가지시는 게 나을 듯합니다. 두 아파트를 팔고 서울 강남구 반포의 시세 25억 원 30평대 아파트(공시가격 20억 원)를 사셨을 때를 따져보겠습니다. 이럴 때 종부세는 기존 2채를 보유했을 때 2,220만 원이고, 똑똑한 반포 아파트로 갈아탈 때 720만 원입니다. 연간 약 1,500만 원 절감됩니다. 양도세는 시세차익을 5억 원 정도 보셨다고 가정할 때 약 1억 9,000만 원 정도 발생합니다. 양도세를 한 번 내기만 하면 매년 아파트 2채를 갖고 있느라 부담해야하는 종부세를 줄일 수 있는 것이지요.

🏠 조정지역 2채, 비조정지역 1채 보유자, 부인에게 증여가 절세

Q 저는 3주택자입니다. 서울 마포구 시세 15억 원(공시가격 11억 5,000만 원)인 30평 아파트, 서울 용산구 시세 13억 원(공시가격 10억 원)인 30평 아파트, 부산 해운대구에 시세 4억 5,000만 원(공시가격 3억 원) 30평대 아파트가 있습니다. 집을 팔기보다는 갖고 있고 싶은데 절세할 수 있는 방법을 찾고 싶습니다.

A 갖고 계신 3채 중에서 조정대상지역의 주택을 부인께 증여하면 어떨까요. 현 상태에서는 종부세가 약 4,658만 원이지만, 증여 후에는 2,290만 원이 됩니다. 종부세를 연간 2,368만 원씩 줄일 수 있는 셈입니다. 물론 증여세와 취득세는 고려를 하셔야 합니다.

만약 조정대상 지역 주택이 아니라 부산에 있는 아파트를 증여할 경우엔 증여세가 0원이고 취득세는 1,600만 원에 불과합니다.

세 줄 요약 ☆

* 부부가 단독명의가 아니라 공동명의로 집을 소유하면 절세 가능성 높다.
* 일시적 2주택자, 비조정대상지역 집을 먼저 팔고 조정대상지역 집을 양도하면 유리하다.
* 조정지역 주택 2채 소유자, 1채를 배우자나 무주택자 자녀에게 증여하면 절세 가능하다.

chapter 12

주식에서 번 돈, 이것만 알면 절세할 수 있다

2020년 7월 발표된 세법개정안만큼 투자자들의 관심이 뜨거웠던 적도 없을 것이다. 부동산 세제도 말이 많았지만 금융 세제도 만만치 않았다. '금융투자소득세'란 세금이 생기며 금융부자들의 계산이 복잡해졌다. 주식 양도소득세를 내야 하는 기준은 이른바 '동학개미'들의 거센 반발을 샀다. 당초에 정부는 1년에 2,000만 원 넘게 벌면 최고 25%의 양도소득세를 부과하려 했다. 이에 "해도 해도 너무하다"는 불만이 들끓자 기준은 5,000만 원 초과로 결정됐다.

정부가 제도를 황급히 뒤바꿀 정도로 주식 투자자들이 세금에 파르르하게 된다. 그만큼 세테크가 정말 중요해졌다. 한두 푼 벌기도 어려운 시대, 세금이 조금이라도 늘면 더욱 속 쓰리다. 2020년 7월 발표된 세법개정 주요 내용을 미리 숙지해두자. 큰 방향성을 알아야 '미리 투자해둘 걸…' 하는 탄식이 안 나올 것이다.

💰 2023년부터 금융 투자소득 3억 원 넘으면 25%가 세금

2023년부터 금융 투자소득세가 생긴다. 주식, 채권, 펀드, 파생상품 등 금융투자상품에서 생긴 모든 소득과 손실을 합산해 과세한다. 이외 다른 소득과는 분류해 과세한다. 세율은 20%다. 단 금융투자소득이 3억 원을 초과하면 25%다. 같은 해에 주식 양도세도 생긴다. 대주주든 개미투자자든 주식을 거래하며 세금을 부담하게 된다. 수억 원을 동원해 투자할 수 있는 '슈퍼 개미'들의 부담이 커졌다.

대신 양도차익 중 연간 5,000만 원이 넘는 부분에 대해서만 세금이 부과된다. 이는 국내 상장 주식과 공모 주식형 펀드를 합산한 금액 기준이다. 해외 주식, 비상장 주식, 채권 등 기타 금융 투자소득은 250만 원이 공제된다.

예를 들어 국내 상장 주식과 펀드에 투자해 1억 원의 수익을 올렸다면 5,000만 원을 제외한 나머지 5,000만 원에 대해 20%의 세금을 물게 된다. 이 때 생기는 이자 및 배당소득은 종합소득과 합산돼 금융소득종합과세 여부가 결정된다. 다만 배당소득의 경우 15.4%로 원천징수된 세액은 기납부세액으로 공제된다.

금융 투자로 생긴 손실은 5년간 이월 공제한다. 수익이 나는 연도와 함께 계산해 순이익을 구해 이 순이익에 대해 세금이 매겨진다. 원천징수 주기는 1개월이었지만 6개월로 늘어난다. 주식을 거래할 때 내는 증권거래세는 점진적으로 낮아진다. 세율이 2020년엔 0.25%였지만 2021년에는 0.23%, 2023년에는 0.15%가 된다.

🏠 2022년 1월부터 가상통화 투자해 이익내면 세금내야

과세 대상이 아니던 가상통화에도 세금이 부과된다는 점도 새로운 점이다. 가상통화 투자족들에게 일종의 분기점이 될 만한 순간이지 않을까 싶다.

가상통화에 투자하는 사람들은 2022년 1월부터 연간 250만 원을 초과한 이익을 내면 20%를 세금으로 내야 한다. 투자자들이 이미 보유한 가상통화의 취득가액은 2021년 12월 31일을 기준으로 삼는다. 단 실제 취득가액이 더 높으면 실제 취득가액을 기준으로 한다. 거래이익은 기타소득으로 분류돼 분리과세된다.

예컨대 가상통화 거래이익이 연간 500만 원이라고 하자. 이 때 공제되는 250만 원을 제외한 나머지 250만 원에 대해 세금이 붙는다. 세율이 20% 적용되니 이 투자자가 내야 하는 세금은 50만 원이 된다.

🏠 ISA, 주식도 담을 수 있다

비과세 상품으로 대표적인 개인종합자산관리계좌^{ISA} 가입 문턱이 훨씬 낮아졌다. 2021년부터는 만 19세 이상이면 누구나 가입할 수 있게 됐다. 기존엔 소득이 있는 사람만 가입할 수 있어 가입률이 저조하단 비판을 받았다. 한 때 '국민 재테크 계좌', '만능통장'이라 불리던 ISA가 다시 각광 받을 수 있을지 주목된다.

운용 상품도 다양해지게 됐다. ISA에 편입할 수 있는 상품이 예금, 펀드에서 주식으로 확대됐다. 비과세 혜택을 받기 위해 가입해야 하는 기간도 당초엔 5년이었지만 3년으로 줄었다. 가입자들이 좀 더 자유롭게 자금을 굴릴 수 있게 됐다.

2020년 개정세법의 금융 관련 주요 내용

금융 투자소득세	−2023년부터 투자수익 3억 원 이하에 20%, 초과에 25% 과세 −국내 상장주식 및 공모 주식형펀드에 연 5,000만 원까지 공제 −투자손실 이월 공제 5년으로 늘림 −원천징수 주기를 6개월로 연장
증권거래세	−2021년 0.23%로, 2023년 0.15%로 인하
가상통화 기타소득세	−2022년 1월부터 연간 250만 원 초과하는 거래이익에 20% 과세
개인종합자산 관리계좌(ISA)	−2021년부터 만 19세 이상 국내 거주자 가입 가능 −투자 상품 주식으로 확대 −비과세 의무가입 기간 5년에서 3년으로 단축

출처: 국토교통부

세줄요약 ☆

* 2023년부터 금융투자소득 연간 5,000만 원 초과분에 세금(20~25%)이 생김
* 2022년 1월부터 가상통화로 연간 250만 원을 넘는 이익을 내면 20%를 세금으로 내야 한다.
* ISA는 만 19세 이상이면 누구나 가입 가능하며, 주식도 편입할 수 있다.

chapter 13

금융 절세법,
사례로 알아보기

금융 세제도 워낙 복잡하니 상담 사례에 따라 해법을 찾아본다. 요즘 부모들은 자녀에게 일찍이 펀드나 주식을 사주면서 증여를 고민한다. 주변 아이 엄마들은 '아이 명의로 굳이 가입하면 번거로우니 부모 명의로 돈을 모아뒀다 증여하라'고도 한다. 과연 맞는 말일까. 해외 주식 투자 열풍이 불면서 세금을 언제 신고해야 하는지, 양도세 부담을 줄이려면 어찌해야 하는지 문의도 많다. 자산가들은 해외 주식 차익에 붙는 세금을 아끼려 부부끼리 증여한다는데 맞는 방법일까.

재테크족들이 자주 묻는 질문을 손문옥 한경세무법인 세무사에게 물었다. 손 세무사의 친절한 답변을 아래 소개한다. 기존 세법을 토대로 설명하면서 2020년 발표된 개정세법 내용도 참고로 곁들였다.

💰 증여는 미리 시작하고 신고도 서두르자

Q 36개월 된 아이 명의로 주식계좌를 개설했습니다. 매달 주식을 5만 원어치씩 매수하고 있습니다. 펀드는 매달 10만 원씩 적립하고 있어요. 증여세는 언제 어떻게 신고하나요. 또 얼마나 나올까요?

A 부모가 증여 의사를 가지고 매달 주식계좌에 5만 원, 펀드계좌에 10만 원, 총 15만 원씩 불입하고 있다면 최초 불입일을 기준으로 정기금의 평가방법으로 평가해 증여할 수 있습니다. 예를 들어 180만 원(15만 원×12개월)을 10년 동안 적립해주기로 한다면 각 연도에 받을 금액을 3%의 이자율로 할인해 현재가치로 평가하면 약 1,535만 4,360원이 됩니다. 여기에서 3%는 2017년 3월 10일 이후 상속이 개시되거나 증여받은 분부터 적용되는 이자율입니다. 결국 증여하는 금액은 10년간 1,800만 원이 아니라, 1,535만 4,360원이 되는 것이죠. 부모가 미성년자인 자녀에게 증여할 땐 2,000만 원까지 증여공제가 가능합니다. 따라서 이런 경우엔 납부할 세금 없이 증여할 수 있습니다.

증여가액이 2,000만 원을 넘을 때는 고려해야 할 점이 있습니다. 혹시 도중에 주식이나 펀드에 돈을 불입하지 못하게 되어도 2,000만 원에 대한 증여공제는 다 써버리게 됩니다. '이번에 2,000만 원 못 채웠으니 나중에 2,000만 원을 채워 공제를 받겠다'라고 말씀하셔도 소용이 없는 것이지요.

증여가액이 2,000만 원을 넘지 않으면 세금을 내지 않으니 신고를 안 해도 불이익은 없습니다. 하지만 내야 할 세금이 있으면 최초 불입일의 말일로부터 3개월 안에 자녀 주소지 관할 세무서에 신고해야 합니다. 신고는 증권사에서 수수료를 받고 제휴된 세무법인에 부탁하기도 합니다. 부모가 이 기한을 잘 지켜 신고하면 증여세의 3%를 공제해 줍니다. 이 기한을 넘겼다면 가산세가 세금의 20%나 붙습니다. 하루가 지날 때마다 조금씩 세금이 더 추가되죠. 물론 법정 신고 기간 내에 신고를 한다면 감면 기회가 있습니다.

Q 미성년자인 아이 명의로 적금을 가입해 매달 저축하고 있습니다. 미성년자는 10년에 2,000만 원까진 증여세가 없다고 들었습니다. 반면 성인은 10년에 5,000만 원까지 증여세가 부과되지 않는다고 알고 있어요. 그렇다면 일찍이 부모 명의로 적금을 가입한 뒤 자녀가 성인이 됐을 때 증여하는 게 유리한가요?

A 그렇지 않습니다. 증여공제는 10년간 자녀가 미성년자일 땐 2,000만 원, 성인이 됐을 땐 5,000만 원이 모두 가능합니다. 10년 단위로 공제받을 수 있는 기회가 생기니 미성년자일 때 2,000만 원 공제를 받고 10년이 지나 성인이 되면 5,000만 원을 또 공제받으면 되죠. 그러니 이왕이면 미리 증여하시는 게 유리합니다.

게다가 증여하신 뒤 발생되는 이자, 배당, 차익 등은 자녀의 자산으로 봅니다. 그러니 미리 증여하시면 수익을 늘려 증여하실 수 있게 되니 유리하실 수 있습니다.

🏦 국내·해외주식, 2020년 양도 분부터 손익통산

Q 펀드와 주식은 세금을 징수하는 시기가 언제인가요?

A 펀드란 투자자의 자금을 투자전문기관이 주식, 채권 등 다양한 금융상품으로 운용하고 그 실적을 투자자에게 배당해 주는 집합 투자 상품입니다. 보통 '결산일'과 '환매일'에 과세됩니다.

결산일이란 펀드에서 발생한 수익을 정산해서 재투자하는 절차입니다. 결산은 일반적으로 펀드에서 수익이 나면 1년에 한번 정해진 날에 실행합니다. 이때는 금융기관이 실제로 투자자에게 이익을 나눠주는 것은 아닙니다. 결산일까지 발생된 이익에 세금을 미리 떼고 남은 금액을 펀드에 재투자하는 방식입니다.

그리고 환매할 때는 직전 결산일부터 환매일까지 발생된 이익에 대해서 세금을 내게 됩니다. 펀드의 이익은 모두 배당소득으로 금융기관이 지급하기 전에 15.4%(지방소득세 포함)의 세율로 원천징수합니다. 투자자는 금융소득 종합과세 대상자가 아니라면 별도로 신고하고 납부하지 않아도 됩니다.

주식의 경우에는 배당과 매도 시 양도차익에 대해 과세가 될 수 있는데요, 배당소득과 양도소득은 다르게 과세됩니다. 먼저 배당소득은 앞서 말씀드린 펀드의 배당소득과 마찬가지로 지급받을 때 금융기관이 15.4%(지방소득세 포함)의 세율로 원천징수하고 지급합니다. 하지만 양도차익은 투자자가 1년에 2번 직접 신고 납부해야 합니다.

상반기(1~6월) 매도분에 대해서는 8월 말일까지, 하반기(7월~12월) 매도분에 대해서는 다음해 2월 말일까지 신고 납부해야 합니다. 이때 주식 양도차익은 비상장주식이면 무조건 과세됩니다. 상장주식이라면 대주주에 해당되는 경우에만 과세대상이 됩니다. 하지만 2020년 발표된 세법개정안에 따르면 2023년부터는 비상장이든 상장이든 주식에 양도세가 다 부과됩니다.

Q 골드 선물 상장지수펀드ETF로 3,000만 원의 수익을 보고 있습니다. ETF를 매도하지 않고 내년이 되면 올해 종합과세대상 금액엔 포함되지 않나요? 아니면 ETF를 보유 중인 상태에서 연말에 과세되나요? 금융소득종합과세를 할 때는 15.4%의 배당소득세를 제외한 금액을 기준으로 계산되나요?

A 만약 골드선물 ETF에서 수익을 보고 있지만 매도하지 않고 다음 해로 넘긴다면 그 매매차익은 올해 종합과세대상 금액엔 포함되지 않습니다. ETF의 분배금은 수령 시 금융 소득에 포함되고 15.4%(지방소득세 포함)의 세율로 원천 징수됩니다.

그리고 금융소득종합과세 대상금액은 세전 금액, 즉 배당 소득세를 차감하기 전 금액이 기준금액이 됩니다.

🪙 해외 주식, 매도 다음 해 5월까지 신고납부

Q 올해 미국 주식을 사고팔아 258만 원의 수익을 냈습니다. 그러면 250만 원을 초과하는 8만 원에 대해서만 양도세가 부과되나요? 계산하면 양도세는 얼마일까요? 혹시 제가 올해 주식을 팔지 않고 내년에 팔아 250만 원 넘는 수익을 냈다면 올해는 비과세되나요?

A 해외 주식에 투자해 수익이 발생한 경우에는 양도소득세가 부과됩니다. 2019년 양도분까지는 국내 주식과 해외 주식의 손익통산이 되지 않았는데, 2020년 양도분부터는 국내 주식과 해외 주식의 손익이

통산됩니다.

그러므로 만약 국내 주식의 손익은 없고 미국 주식에서 258만 원의 수익이 생겼다면 250만 원을 초과하는 8만 원에 대해서 22%(지방소득세 포함)인 1만 7,600원의 양도세만 내면 됩니다. 혹시 올해 팔지 않고 내년에 판다면 내후년 5월에 세금을 내게 됩니다. 주식을 팔 때는 판해의 다음 연도 5월에 신고 납부해야 한다는 점을 잊지 마세요.

Q 해외 주식은 종목을 거래할 때마다 세금을 내나요? 테슬라 주식에서 5,000만 원 수익, 아마존에서 3,000만 원 손실을 내고 애플 주식에서 1,000만 원 수익을 냈다면 세금이 어느 정도 나올까요?

A 해외 주식의 양도소득세는 1년에 한번 5월에 신고 납부합니다. 매년 1월 1일부터 12월 31일까지 발생한 해외 주식의 양도소득은 그 다음해 5월에 신고 납부하는 것이지요. 거래할 때마다 세금을 내는 게 아닙니다.

한 해에 테슬라 주식 5,000만 원 수익, 아마존 주식 3,000만 원 손실, 애플 주식 1,000만 원 수익을 냈다면 통산해서 총 3,000만 원의 이익에 대해 세금을 냅니다. 여기에 인별로 양도소득 기본공제 250만 원을 차감하고 22%(지방소득세 포함)의 세율을 적용합니다. (3,000만 원-250만 원)×0.22는 605만 원이니, 605만 원의 세금을 내야 합니다.

Q 미국 주식을 1억 원에 취득해 평가 금액이 3억 원이 됐습니다. 이럴 때 가족에게 증여해 절세하는 방법이 있다고 들었습니다. 이 때 양도세는 얼마인가요? 이 양도세를 줄이기 위해 누구에게 얼마씩 증여하는 게 유리

할까요?

A 미국 주식을 1억 원에 취득해 3억 원이 되었다면 양도차익이 2억 원 발생했으므로 매도 해 양도소득세를 낸다면 4,345만 원의 세금을 내야 합니다. (2억 원-250만 원)×22%를 하면 4,345만 원이 나오기 때문이지요.

이 때 배우자에게 증여 후 양도한다면 이러한 세금을 절세할 수 있습니다. 현재 평가금액 3억 원의 미국 주식을 배우자에게 증여한다면 어떠한 세금도 내지 않습니다. 배우자증여공제는 6억 원이기 때문입니다. 6억 원까지는 증여세 없이 배우자에게 줄 수 있고 주식의 경우 부동산과 달리 명의변경에 대해 별도의 취등록세도 내지 않기 때문입니다.

그 후 증여받은 배우자가 해당 주식을 3억 원에 양도한다면 배우자의 취득가액은 증여받은 가액인 3억 원으로 양도차익이 없어 내야 할 양도소득세도 없습니다. 2020년 7월 발표된 개정 세법에 따르면 주식의 증여 후 양도 시 취득가액을 증여자의 취득가액으로 산정할 수 있도록 하는 이월과세규정이 담겨있습니다. 따라서 해외주식 증여 후 1년 안에 양도하게 되면 남편의 당초 취득금액인 1억 원으로 계산되어 양도세가 다시 커집니다. 반대로 증여 후 1년 후에 양도하면 양도세는 줄어듭니다. 다만, 미국주식의 양도금액이 실질적으로 증여받은 배우자에게 귀속되지 않고 증여자에게 귀속된다면 얘기가 달라집니다. 이는 단지 세금을 줄이기 위한 부당행위로 보일 수 있습니다. 세무당국이 증여한 사람의 취득가액인 1억 원을 기준으로 양도소득세를 추징할 수 있으므로 주의해야 합니다.

Q 해외 주식에 투자할 땐 해당 국가에서 배당소득세를 내나요? 국내에서도 세무당국이 배당소득세를 내라고 하면 이중으로 내야 하는 건가요?

A 해외 주식에 직접 투자해 배당을 받으면 배당소득으로 보아 과세됩니다. 먼저 해외에서 배당이 지급되면서 원천징수가 되고 국내에서 추가로 과세됩니다. 다만, 해외에서 원천징수된 세금은 외국납부세액공제 제도를 통해 공제해 줍니다. 이중과세 되는 것은 아닙니다.

참고로 국내에서 과세되는 방식은 해외주식에 투자한 방법에 따라 다르니 잘 알아두는 게 좋겠습니다. 일반적인 방법은 국내 금융기관을 통해 해외주식투자가 가능한 계좌를 만들어 해외주식에 투자하는 것입니다. 이때는 투자자가 배당을 받으면 해외에서 원천징수한 후 국내 금융기관에서 국내 세율과의 차액을 추가로 징수합니다. 그 후 다른 금융소득과 합산해 2,000만 원을 넘으면 종합과세합니다.

국내 금융기관을 통하는 것이 아니라 해외에 직접 계좌를 만들어 해외 주식에 투자하는 경우에는 다릅니다. 먼저 해외에서 원천징수되는 것은 동일합니다. 하지만 국내에서는 원천징수되지 않고 해당 배당소득은 무조건 종합과세대상이 됩니다.

맞벌이 부부, 소득 높은 쪽 중심으로 지출해야 연말정산 유리

Q 맞벌이 신혼부부입니다. 한 사람 소득으로 전부 지출하고 나머지 한 사람 소득은 모두 저축을 하려 합니다. 이렇게 하는 게 절세에 도움이 될까요? 그렇다면 어느 쪽 소득으로 지출을 하는 게 좋을까요?

A 우선 매년 소득에 대한 연말정산 측면에서 살펴보겠습니다. 연말정산은 매월 받는 월급에 대해 1차적으로 간이세액표에 따라 세금을 원천징수하고, 1년 총 급여에 대해 1년에 한번 정산하는 제도입니다. 이 때 1년 동안의 지출은 신용카드 소득공제를 통해 소득세를 줄일 수 있습니다. 이는 소득에서 차감하는 방식입니다. 이왕이면 연봉이 높은 사람이 공제를 받으면 적용되는 세율이 높아 절세효과가 더 큽니다.

예를 들어 100만 원의 소득공제를 받는다고 해봅시다. 연봉이 높아 세율이 38.5%(이하 지방소득세 포함)가 적용되는 사람, 연봉이 낮아 16.5%가 적용되는 사람이 있습니다. 각자 절약할 수 있는 세금은 각각 38만 5,000원, 16만 5,000원이 됩니다. 연봉 높은 사람의 절세효과가 더 큽니다.

다만 신용카드 소득공제는 주의합시다. 사용금액 전체를 공제해주는 것이 아니고 총 급여의 25%를 초과해 사용한 금액에 대해 일정비율로 공제해 줍니다. 맞벌이 부부의 연간 사용금액에 따라 절세효과가 다를 수 있는 것이죠.

다른 한 편으로 상속세 및 증여세 측면에서는 부부의 자산은 골고루 분산되는 것이 좋습니다. 상속세 및 증여세율은 자산의 규모에 따라 높아지는 10~50%의 누진세율 구조입니다. 각각 적용되는 공제금액이 있기 때문에 부부의 자산이 분산되어 있는 경우 절세효과가 크다는 점 참고하시기 바랍니다.

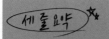
세 줄 요약

* 부모 명의로 돈을 모아 자녀가 성인일 때 증여하기보다 미성년자 때 증여해야 절세 효과
* 해외 주식을 팔 때는 판 다음 연도 5월에 세금을 신고하고 납부해야 한다.
* 해외 주식 투자 수익, 6억 원까지는 증여세 없이 배우자에게 줄 수 있다.

금융 전문 기자가 강력 추천하는
절세 금융상품

'이제 세금이라도 아껴야 돈을 모으지….'

결혼을 앞두고 있는 30대 직장인 A 씨는 미뤄뒀던 세테크를 본격적으로 시작했다. 매년 연말정산 때마다 20만 원씩 뱉어내야 하니 속이 쓰리던 참이었다. 바쁜 일상에 그냥 지나치다 결혼 자금을 마련할 생각에 한 푼이라도 아껴야겠다고 마음먹었다.

일단 그간 무심했던 노후자금 마련용으로 개인형 퇴직연금IRP에 가입했다. 공제 한도를 꽉꽉 채워 돈을 넣었다. 세대주를 부모님에서 자신으로 바꿀까 고려중이다. 주택청약종합저축의 절세 효과를 누리려면 세대주여야 하기 때문이다. 여기에서 끝이 아니다. 의무 가입기간이 줄어든 개인종합자산관리계좌ISA도 만들지 생각해보고 있다.

저금리 탓에 절세 상품에 관심을 갖는 이들이 많다. 절세 상품은 아예 세금이 나오지 않는 '비과세 상품', 일반적인 세율보다 낮게 원천징수되는 '분리과세 상품'이 있다. 이런 상품에서 생긴 금융소득은 종합 과세 여부를 판단할 때 합산되지 않는다.

저금리, 저성장기엔 투자 수익이 쏠쏠하지 않으니 절세 상품에 적 극적으로 가입해 세금이라도 줄여야 하지 않겠는가. 물론 절세 상품이 다 좋은 것만은 아니다. 가입자가 급하게 돈이 필요해 중도해지를 하 면 기타소득세 16.5%가 생겨 이자는 물론 원금도 손실을 볼 수가 있 다. 가입할 때는 급하게 목돈이 필요하진 않은지 따져봐야 할 일이다.

절세 상품에 가입해서 이자나 배당의 발생 시점을 분산시킬 필요도 있다. 이자나 배당이 한 해에 몰리지 않게 두루 조정하면 세금이 줄어 든다. 세무당국이 한 해의 소득을 합산해 세금을 계산하기 때문이다. 예금이나 채권은 이자가 정해진 시기에 나오지만 펀드나 주식은 투자 자가 수익을 받을 때를 정할 수 있다.

또 고려할 점은 가족 명의로 분산 투자하기다. 금융소득종합과세 는 부부나 가족 합산 소득을 고려하는 게 아니다. 개인별 금융소득을 기준으로 판단한다. 금융소득을 가족 명의로 분산해 놓으면 소득세를 줄일 수 있다. 증여세가 면제되는 한도는 10년간 합산한 금액을 기준 으로 배우자는 6억 원까지, 성인 자녀는 5,000만 원까지, 직계존속은 5,000만 원까지, 사위나 며느리 등은 1,000만 원까지다.

절세의 기본, 연금저축상품

은행권 프라이빗 뱅커[PB]들이 가장 기본적으로 추천하는 절세 상품 은 연금저축이다. 연금은 앞서 연금 부문에서 대략적인 내용을 소개한

바 있다. 세액 공제 혜택을 다시 한 번 정리해 보자. 연금저축은 연 400만 원까지 세액공제가 된다. 세액공제 비율은 총 급여가 5,500만 원 이하일 경우 16.5%. 그 이상의 소득일 경우엔 공제율이 13.2%다. 총 급여가 1억 2,000만 원 이거나 종합소득금액이 1억 원을 넘는 사람은 연 300만 원 한도에서 공제 받는다.

개인형퇴직연금IRP도 세액공제 혜택이 있다. 공제한도는 연금저축 불입액을 합해 연 700만 원까지다. 연금저축으로 400만 원 한도를 채운 뒤 세액공제를 받으면 IRP는 300만 원까지 공제가 가능하다.

원래 연금저축에 세액공제 한도인 400만 원까지 넣고 나머지 300만 원을 IRP에 넣는 사람들이 많았다. 요즘엔 단순하게 IRP 하나로 관리하라는 조언이 많다. IRP 안에서 상품을 다양하게 구성할 수 있기 때문이다. 상장지수펀드ETF에도 투자할 수 있다. 굳이 연금저축의 펀드형을 선택하지 않더라도 ETF에 투자할 길이 있다. 물론 연금보험이 연금 개시 시점에 보험금이 보장된다는 안정성이 있다. 이런 안정성을 IRP로 누리고 싶다면 정기예금을 중심으로 IRP를 구성하면 된다.

📂 개인종합자산관리계좌ISA, 19세 이상 누구든 가입

개인종합자산관리계좌ISA는 계좌 안에 들어있는 다양한 상품의 손익을 통산해 만기가 돼 인출될 때 200만 원까지 비과세 혜택을 준다. 이를 초과하는 수익에는 9% 분리과세 혜택이 있다. 서민형의 비과세 한도는 400만 원까지 된다.

ISA는 납입 한도가 연 2,000만 원이다. 하지만 5년간 1억 원까지

이월 납입이 가능해졌다. 아쉬운 점은 가입자가 1억 원을 넣은 뒤 추가 불입이 안 된다는 점이다. 추가 불입이 안 돼 아쉽다면 ISA가 만기일 때 개인형퇴직연금^{IRP}으로 옮기는 게 유리하다. 만기 시 해지금액은 300만 원까지 세액공제가 된다. 게다가 세액공제 혜택이 연금계좌에서 700만 원까지 되니 합해서 1,000만 원까지도 되는 셈인 것이다.

가입 문턱도 확 낮아졌다. 2020년 발표된 개정세법에 따르면 2021년부터 만 19세 이상 국내 거주자면 누구나 가입할 수 있다. 의무 계약 기간도 줄어들었다. 기존에는 비과세 혜택을 받으려면 5년 이상 가입해야 했다. 하지만 2021년부터 가입기간 3년만 지나면 계약자가 돈을 꺼낼 수 있다. 계약자가 원하면 계좌를 해지해 돈을 다 꺼내 쓰고 난 뒤 재가입할 수도 있다.

ISA에 담는 자산도 다양해졌다. 상장주식도 계좌에 담을 수 있게 됐다. 상장주식에서 생기는 배당소득은 비과세 혜택을 받는다. ISA 계좌에 있는 다른 상품과 손익통산도 할 수 있다. 예를 들어 일반형 ISA 계좌에서 전체적으로 300만 원 수익이 났는데 그 중 주식에선 200만 원 손실이 났다면 세금을 떼일까? 손익통산으로 수익이 100만 원뿐이기 때문에 과세되지 않는다. ISA는 200만 원까지 비과세하기 때문이다.

ISA는 신탁형과 일임형으로 나눈다. 신탁은 고객이 스스로 상품을 선정한다. 상품을 고르는 능력과 의지가 있어야 한다. 위험성향을 나눠 투자하지 않으니 다소 투자 위험이 있을 수 있다. 일임형은 '알아서 돈을 굴려주세요'라며 맡기는 형태이다. 금융회사는 고객의 위험성향을 5개로 분류해 관리한다.

은행과 증권사 중 어디로 갈지 고민하는 투자자들도 있다. 대개 일임형의 경우 은행은 보수적으로, 증권사는 공격적으로 운용하는 경향이 있으니 참고하자.

총급여액 7,000만 원 이하면 주택청약종합저축

주택청약종합저축도 세금을 아낄 수 있는 상품이다. 근로소득이 있는 거주자는 총급여액이 7,000만 원 이하인 무주택 세대주이면 세금을 공제받을 수 있다. 일용근로자는 제외된다. 주택청약종합저축은 연말정산을 할 때 과세연도 납부금액의 40%를 근로소득금액에서 공제하는 혜택을 준다. 이러한 특례는 2022년 말까지 예정돼 있다.

만 19~34세라면 '청년우대형' 주택청약종합저축을 들어둘 만하다. 우선 이 저축은 금리가 가입기간에 따라 최고 연 3.3%나 된다. 일반 청약저축 금리가 연 1%대인 점을 고려하면 쏠쏠하다.

청년우대형은 세제 혜택이 더 많다. 2020년 개정세법대로 가입한 지 2년이 넘으면 이자소득 500만 원까지, 원금 연 600만 원까지 비과세 혜택을 준다. 이자소득 비과세 기준은 연 소득 2,000만 원이다. 경제적으로 어려운 청년에 혜택이 돌아가도록 가입조건은 엄격하게 설계됐다. 연 급여가 3,000만 원 이하여야 한다. 무주택자여야 하긴 하지만 세대주는 물론 세대원도 가입할 수 있다.

장기 저축성 보험, 10년 계약 유지해야

변액 연금보험과 같은 장기 저축성 보험은 요건을 잘 갖춰야 세금을 아낄 수 있다. 일시납의 경우 10년 계약을 유지하고 5년 이상 납입하면 이자소득에 대한 세금이 면제된다. 납입액은 1억 원까지다. 월 적립식도 계약 기간이 10년 이상이어야 절세할 수 있다. 월 적립금은 150만 원까지다.

암보험, 재해보험, 건강보험 등 보장성 보험은 이자소득에 세금이 붙지 않는다. 보장성 보험의 보험료도 연 100만 원 한도까지 세액공제가 된다. 공제율은 불입액의 12%(지방소득세 포함하면 13.2%). 보험료를 연 100만 원 이상 냈다면 12만 원을 받을 수 있다는 의미다.

💰 세금 전액 면제되는 비과세 저축

비과세 종합저축은 2022년 말까지 가입한 분에 한해서 이자소득(배당소득)세가 적용되지 않는다. 다만 가입대상이 한정적이다. 65세 이상 거주자, 장애인, 독립유공자, 상이자, 기초생활수급자, 5·18 민주화운동부상자, 고엽제후유증환자여야 가입할 수 있다.

비과세 한도는 1인당 5,000만 원까지다. 이 한도는 자유롭게 분배할 수 있다. 예컨대 정기예금에 3,000만 원, 펀드에 2,000만 원을 넣고 비과세 종합저축 한도를 사용하면 된다.

이 외에 농협, 수협 등의 조합에 일정금액을 지분형태로 출자하거나 예탁하면 쏠쏠한 혜택이 있을 수 있다. 원래 2020년 가입자까지는 비과세 혜택이 있었지만 그 후 종료되고 분리과세 혜택만 남았다. 1인당 1,000만 원까지만 불입해야 한다.

예탁금은 20세 이상 거주자로 농·임·어민, 농·수·신협, 산림조합,

새마을금고 등의 조합원 회원이어야 가입할 수 있다. 출자금과 같이 일부가 분리 과세된다. 1인당 불입 가능한 액수는 3,000만 원 이하다.

브라질 국채, 환율 변동성은 주의

브라질 국채는 한국과 브라질의 조세조약에 따라 비과세되는 채권 상품이다. 고율의 이자가 생기면 이를 비과세로 받을 수 있는 것이다.

다만 해외 채권형 펀드로 브라질 국채를 투자한다면 얘기가 달라진다. 해외 채권형 펀드에서 나오는 배당소득은 조세조약과 무관하기 때문이다. 펀드 수익 중 해외채권에서 생긴 이자, 해외채권매매차익, 환차익은 15.4%를 원천징수한다. 브라질 국채는 비과세 상품으로 한 때 인기가 높았지만 요즘은 특히 주의를 기울여야 한다. 투자 경험이 많고 리스크를 감수할 수 있는 투자자만 투자하는 게 좋겠다. 최근 들어 브라질 국채 수익률이 마이너스를 보이기도 했다. 브라질 헤알화 가치가 계속 떨어지면서 이자 수익을 환차손이 상쇄해버리고 있기 때문이다. 헤알화는 브라질 경기침체 우려와 정세 불안 속에 약세를 보이고 있다.

세줄요약 ★

* 연금저축은 연 400만 원까지 소득별 13.2~16.5% 세액공제 혜택이 있다.
* IRP는 세액공제 한도가 700만 원으로, ETF 등 다양한 상품으로 구성이 가능하다.
* ISA 가입 뒤 만기 시 IRP로 옮기면 1,000만 원까지 세액공제가 가능하다.

핀테크로
똑똑한 소비를

chapter 14

저성장기 생존법
'푼돈 테크'

'에이 겨우 1,000원 차이인데 뭘….'

마트에서 아이 장난감이 온라인 쇼핑몰보다 1,000원 비싸도 그냥 사버리던 나였다. 이렇게 절약 관념이 없던 내가 요즘 뒤통수를 맞은 기분이다. 만기가 돌아온 적금을 찾아 재예치하려 다른 예·적금을 살펴보니 금리가 연 1~2%대 뿐. 이미 시중에 0%대 적금마저 나왔다. 돈을 모으기가 여간 어려워진 게 아니다.

문제는 앞으로 금리가 더 내려갈 가능성이 높다는 사실이다. 우리도 기준금리가 0%대에 진입해버렸다. 이러다 '마이너스 금리' 시대를 사는 것 아닐까. 충분히 가능한 미래다. 벌써 가까운 일본부터 북유럽 국가, 독일, 영국에선 '가보지 않은 길'이 시작됐다. 사람들은 은행에 예·적금을 맡길 때 이자를 받는 대신 수수료를 내야 한다. 이는 우리에게 머지않은 미래일 수 있다.

그래서인지 요즘 사람들은 악착같아졌다. 재테크 카페엔 "푼돈이 목돈 된다"고 선언하며 푼돈을 모아보겠단 다짐들이 줄 잇는다. 주부들은 금리가 0.1%포인트라도 높은 예·적금을 찾아 타 지역 새마을금고, 신협 지점으로까지 원정을 간다. 2030세대는 금리 연 5%대인 카카오뱅크 특별판매 적금 가입에 몰려 판매 시작 1초 만에 적금이 완판되기도 했다. 시중에는 1,000원으로 가입하는 보험, 투자 상품들이 나오기 시작했다.

누군가는 아파트 잔여분양 물량을 '줍줍'해서 하룻밤 사이에 1억 원도 번다고 말할지도 모른다. 푼돈 모아 어느 세월에 목돈 버냐고…. 푼돈 테크는 부동산 투자 같은 목돈 굴리기에 비해 초라하긴 하다. '너무 짠내난다'고 생각될 수 있다. 하지만 부동산 투자엔 목돈이 필요하다. 화려한 상승기가 언제 올지, 과연 앞으로 오기나 할지 모를 일이다. 요즘 같은 저성장, 저금리 시대엔 푼돈 테크가 작지만 강한 힘을 발휘한다.

은행 정기예금 평균 금리 추이(단위: %)

시기	금리
2019년 8월	1.61
9월	1.64
10월	1.62
11월	1.70
12월	1.69
2020년 1월	1.62
2월	1.51
3월	1.37
4월	1.34
5월	1.19
6월	1.02
7월	0.94
8월	0.91

※신규 취급액 기준
출처: 한국은행

💳 매일 1,000원씩 적금 붓는 시대

'서울에서 부산 가는 KTX'.

20대 직장인 A 씨의 카카오뱅크에는 얼마 전 이런 메시지가 떴다.

'160일간 이만큼 모았어요'란 글과 함께. 서울에서 부산으로 떠날 수 있는 KTX표 살 돈을 모았단 뜻이다. 잔돈을 160일간 모은 결과다. A 씨는 인터넷전문은행 카카오뱅크가 내놓은 '저금통' 프로그램에서 이런 뿌듯한 메시지를 만났다.

저금통은 잔돈 모으기 상품이다. 저축 가능한 액수는 하루에 1원에서 999원까지다. 저금통은 매일 자정 카카오뱅크 계좌에 있는 1~999원의 잔돈이 자동으로 저금통으로 이체된다. 10만 원이 모이면 모바일 저금통에서 돈을 빼야 한다. 금리는 출시 당시 연 2.0%. 금리는 일별로 계산돼 나가니 그리 높진 않다. 그래도 A 씨는 잊고 있던 잔돈이 5개월여 만에 부산행 여행을 선물해주니 만족한다.

이 프로그램은 주말을 제외한 5일간만 활성화된다. 하루 최대 999원씩 쌓이니 10만 원을 모으려면 최소 5개월가량 걸린다. 돈은 찔끔 쌓이고 시간은 질질 끄니 '고구마 재테크'라고 해야 할까. 5개월가량 이 돈을 잊고 지내보면 '사이다 재테크'다. 나도 모르게 10만 원어치 가족 외식비가 떡하니 마련돼 있을 것이다.

재미있는 점은 '엿보기' 기능이다. 돼지 저금통은 배를 가르지 않으면 액수를 알 수 없다. 하지만 카카오뱅크 저금통은 매달 5일 엿보기 기능으로 저축액을 확인할 수 있다. 잔액으로 살 수 있는 상품을 보여주는 방식이다. 4,000~5,000원이 모이면 아메리카노 이미지가, 9만 5,000~10만 원이면 제주 항공권 이미지가 뜬다. 이 내용을 카카오톡 친구에 공유해 자랑할 수도 있다.

이런 기능은 20, 30대 젊은 층에게 저축의 재미를 느끼도록 유도한다. 돈 모으기도 어려워졌는데 이런 재미라도 있어서 다행이라 해야 할까. 저금리, 저성장 시대를 더 오래 살아갈 2030세대라면 이런 재미를 찾으며 저축을 몸에 익혀야 할 것 같다. 기성세대들도 대출을 끌어쓰느라 바빠 저축의 의미를 잊지 않았던가. 돈 모으기 어려워진 노후를 위해 푼돈 저축의 묘미를 깨우쳐야 하지 않을까.

푼돈 모으기를 어떻게 시작해야 할지 막막한가? 그렇다면 저금통 같은 다양한 '푼돈 테크' 상품에 가입해보자. 이미 금융회사들이 발 빠르게 새로운 서비스를 내놨다. 푼돈 테크 상품들은 바쁜 소비자가 번거롭지 않도록 돕는다. 잔돈을 알아서 자동으로 저축계좌로 옮겨주는 점이 특징이다. 바빠서 재테크에 신경 쓸 틈이 없는 이들의 마음을 간파했다. 소비자들이 가입만 해두면 '티끌 모아 태산'까진 아니어도 푼돈이 쏠쏠한 쇼핑비로 돌아올 수 있게끔 말이다.

이제 이런 상품을 발견하기 쉽다. 핀테크 업계가 대표적이다. 토스의 '토스카드'로 결제하면 1,000원 미만의 잔돈이 별개의 자동저축 계좌에 모아진다. 모인 금액을 바로 확인할 수 있고 캐시백도 생긴다.

은행권의 잔돈금융도 다양해지고 있다. 우리은행의 '우리 200일 적금'은 매일 3만 원 이내로 입금을 할 수 있다. 2020년 말 상품이 나올 당시 기본금리가 1%인데 최대 1.3%포인트 우대된다. 소소하지만 몇천 원, 몇 만 원이라도 200일간만 바짝 모을 수 있는 것이다. IBK기업은행의 '평생설계저금통'은 카드를 결제할 때 정해둔 잔돈을 결제 계좌에서 적금이나 펀드 계좌로 자동으로 이체해준다. KDB산업은행의 '데일리 플러스 자유적금'도 체크카드로 결제할 때 설정한 자투리 금액을 적금 계좌로 자동으로 보내준다. 저축은행도 이런 상품을 내놓고 있다. 웰컴저축은행은 '잔돈모아올림 적금'을 판매하고 있다. 사전에 정해둔 계좌에 잔돈이 자동으로 적립된다.

카페라떼를 마실 돈으로 틈틈이 노후 준비를 할 수 있는 상품도 있다. KB국민은행의 'KB라떼 연금저축펀드'는 5,000원을 수시로 연금 계좌에 넣을 수 있다. 또 KB카드의 일정 비율을 연금저축으로 자동 이체할 수도 있다. '내가 얼마를 쓰든 쓴 돈의 몇 퍼센트씩은 꼭 연금으로 모아둔다'는 개념이다.

은행들은 적금 설계의 기존 문법을 깨고 있다. 납입 금액과 주기를 단축한다. 신한은행의 '쏠편한 작심3일 적금'은 매월 1회씩이 아니라 매주 1~3개 요일을 정해 최소 5,000원부터 입금할 수 있다. 틈틈이 자투리 돈을 이체할 수 있어 부담이 적게 느껴진다.

대신 잔돈금융 상품을 이용할 땐 조건을 잘 따져봐야 한다. 금융회사들이 상품에 따라서는 자사 카드만 사용하라는 등 여러 조건을 달 수 있다. 저축해주는 한도가 정해져 있는 경우도 있다.

💰 금리 쏠쏠한 아동수당, 세뱃돈 적금 챙기기

"맘 카페에서 소식을 듣고 특판 기간이 끝날까봐 서둘러 달려갔죠."
2019년 봄 출산한 B 씨는 아이가 백일도 안 됐을 무렵 산후조리원 동기들과 신협으로 우르르 몰려갔다. 금리가 높은 아동수당 적금에 가입하기 위해서다. 당시 금리가 연 5.4%나 됐다. 연 1~2%대인 시중 예·적금에 비하면 놓칠 수 없는 기회였다.

"요즘 돈 벌기도 힘든데 애를 키우려면 이자를 1,000원이라도 더 받을 수 있는 곳에 돈을 맡겨야죠."

산후조리원 동기들도 같은 생각이었다. 그래서인지 맘 카페에는 금리가 조금이라도 높은 적금 정보를 공유하는 글들이 늘었다.

아동수당 적금은 기껏해야 월 20만 원씩 넣을 수 있는 상품이지만 엄마들 사이에선 필수 상품이 됐다. 농협, 신협, 새마을금고 등 상호금융권을 중심으로 금리가 더 높기 때문이다. 은행들은 신규 고객을 모으려 금리나 특별 프로모션에 더 신경을 쓰고 있다. 아동수당 지급 대상이 2019년 9월부터 만 6세 이하에서 만 7세 이하로 확대됐기 때문이다. 주부들에겐 쏠쏠한 혜택이 늘어난 것이다. 월 10만 원씩 들어오는 아동수당을 생활비에 얹어 써버리느니 차곡차곡 모아 금리를 붙이면 애들 교육비로 더 알차게 쓸 수 있다. 연말 연초가 되면 은행들이 새로운 프로모션을 걸고 아동수당 적금을 내놓으니 좋은 조건을 따져 가입해볼 만하다.

아이들에게 들어오는 세뱃돈도 아동수당 적금을 비롯한 아동전용 상품에 저축해두면 유용하다. 은행에 따라서 출산, 학교 입학과 졸업 등 특정한 기념시기에 우대 금리를 얹어주는 곳도 있으니 따져볼 필요가 있다.

아이들 명의로 청약통장을 만들어 소액씩 부어 놓는 것도 푼돈 테크의 한 방법이다. 얼마 전 기사를 보고 뒤통수를 맞은 기분이었다. 국내 10세 미만의 영유아 및 어린이 중 42.4%가 이미 청약통장을 갖고 있다고 한다. 10명 중 4명꼴이 어린이 청약통장 가입자인 셈이다. 하나금융연구소가 발표한 결과다. 청약 준비를 벌써부터 하다니…. 정말 발 빠른 엄마들의 부지런함에 감탄할 수밖에 없었다. 아이들 명의로 소액이라도 넣어두려는 엄마들이 많은 것이다. 청약통장은 매월 2만 원에서 50만 원까지 납입할 수 있으니 말이다.

물론 미성년자의 가입기간은 아무리 길어도 2년만 인정된다. 10세 미만부터 지나치게 서두를 일은 아닐 법하다. 하지만 어쨌거나 성인이 되기 전엔 들어주는 게 좋겠다. 부동산 '패닉 바잉' 시기의 청약점수 커트라인을 생각해보자. 우리 아이들이 집을 마련하려 할 때 또 1, 2점이 귀해질지 알 수 없는 일 아닌가. 게다가 청약통장은 납입 금액을 언제든 자유롭게 바꾸면서 이자도 챙길 수 있다. 소득공제도 가능하니 알뜰 주부들이 그냥 지나칠 리가 없다.

🖤 1,000원으로 투자하고 보험 가입

'투자가 확정되었습니다.'

요즘 카카오톡으로 이런 알림이 오는 소리가 반갑다. 아동수당 10만 원씩 카카오페이를 통해 상장지수펀드ETF에 붓는 소리다. 카카오톡으로 지인들에게 선물을 하면 쌓이는 일종의 포인트 '알'도 싹싹 긁어 투자한다. '자동투자'만 설정해 두고 한동안 잊고 지냈는데 4개월 만에 수익률이 연 5%였다. 물론 큰돈이 들어온 건 아니지만 요즘 보기 힘든 수익률 아닌가. 그냥 뒀으면 소리 없이 새어나가 버릴 돈이었다.

이런 소액 투자 상품이 점점 늘어나고 있다. 신한카드는 결제하고 남은 잔돈을 신한금융투자를 통해 자동으로 펀드에 투자해준다. 1,000원 이하 잔돈을 투자하겠다고 설정해둔다면 4,100원짜리 물건을 신한카드로 결제한 뒤 잔돈 900원이 다음날 신한금융투자를 통해 펀드에 자동 투자된다. 삼성증권의 '티클 저금통 서비스'는 1,000원 미만의 잔돈을 종합자산관리계좌^{CMA}에 자동으로 쌓아준다. 삼성증권이 스타트업인 '티클'과 손잡고 내놓은 서비스다.

이런 소액 투자 상품이 큰돈이 되긴 힘들다. '이렇게 해서 어느 세월에 돈을 벌 건가' 싶을 수 있다. 큰돈은 따로 벌면 된다. 이런 잔돈 투자는 고기를 삶고 난 육수를 모아쓰는 정도로 생각하자. 투자와 친하지 않은 '재린이(재테크+어린이)'라면 큰 위험 없이 투자를 시도해보는 맛보기가 되기도 한다. 저성장, 저금리기가 길고 길어질 것이라고 하니 이런 투자를 적극 시도해봐야 한다.

요즘 2030세대일수록 보험에 가입할 땐 좀 망설이게 된다. 워낙 여윳돈을 마련하기 쉽지 않은 시대이고 '손해 보는 거 아닐까'란 의심도 든다. 복잡한 미래를 고민하느라 보험료에 얽매이기 보단 현재를 즐기자는 생각도 든다. 이렇게 시대가 변하니 보험도 진화하고 있다. 단돈 1,000원으로도 가입할 수 있는 '미니 보험'이 늘고 있다. 가입자들은 보험료에 부담을 느끼지 않고 쉽고 간편하게 보험에 가입할 수 있다.

보험 분야 핀테크 서비스 '보맵'은 하루 700원으로 가입하는 '귀가 안심보험'을 팔고 있다. 필요한 날짜만 골라 가입할 수 있다. 가입하면 이륜차를 제외한 자동차 교통상해 4주 이상, 강력범죄 및 성폭력범죄 보상, 골절 수술비 등을 100만 원까지 보장받는다. 보맵에는 하루 660원짜리 운전자 보험, 1,290원짜리 자전거보험도 있다.

대형 보험사들도 요즘 미니 보험을 많이들 내놓고 있다. 삼성생명의 '미니 암보험'도 연간 보험료가 30세 남성 기준으로 1종은 7,905원, 2종은 2,040원이다. 보장 범위가 기존 상품에 비해 좁긴 하지만 원하는 분야에 집중할 수 있다.

🪙 생활에서 잔돈 모으는 테크

'티끌 모아 커피 한 잔.'

20대 여학생 C 씨는 이런 생각으로 모바일 애플리케이션 '캐시워크'를 꾸준히 쓰고 있다. 이 애플리케이션은 가동시킨 뒤 100걸음을 걸을 때 마다 1캐시를 적립해준다. 적립금은 '1캐시＝1원'처럼 현금처럼 사용할 수 있다. 하루 최대 100원까지 적립 가능하다. 100원씩 한 달을 모으면 3,000원짜리 아메리카노가 공짜로 생긴다. 돈을 많이 적립하려 오랜 시간 걸어 다니면 건강에도 좋으니 일석이조라는 생각이다.

"친구들을 만나거나 학교에서 공부하다 잠이 올 때 커피를 꼭 마시잖아요. 커피값이 학생에겐 큰 부담이에요. '내가 사치를 부리는 건 아닌가'라는 생각이 들죠. 하지만 이렇게 돈을 모아 커피를 사면 정말 뿌듯해요."

그녀의 푼돈 테크는 여기서 그치지 않는다. '넷플릭스'를 싸게 활용할 수 있는 팁이 있다. 친구 5명이 돈을 나눠 결제하는 방식이다. 혼자서 결제할 때보다 한 달에 2,400원을 절약할 수 있다. 그녀는 "2,400원을 아끼면 학교 내 카페에서 커피 한 잔을 사 마실 수 있으니 이렇게 돈을 아끼는 재미가 있다"고 소개했다.

요즘 젊은층의 푼돈 테크 영역은 끝이 없다. 각종 이벤트 참여를 통한 포인트 모으기 등 기상천외한 방법들이 재테크 카페에서 공유되고 있다. 푼돈 테크는 최근 금융과 IT가 결합된 핀테크 서비스가 활성화되며 불붙고 있다. 푼돈을 모아주는 각종 애플리케이션이 출연하고 있는 것이다. 돈 벌기 어려워진 세태 속에 핀테크를 만난 젊은이들은 '짠

내 나는 신인류'의 모습을 보여준다.

20대 여학생 D 씨는 업체들의 설문조사 참여 기회를 알려주는 애플리케이션으로 쏠쏠하게 소액을 모은다. '오베이'라는 애플리케이션을 깔면 기업들의 새로운 설문조사 요청이 있을 때마다 알람이 온다. 애플리케이션에 뜨는 설문조사 예상 소요시간, 적립금을 확인한 뒤 마음에 드는 조사에 참여한다. 적립금이 쌓이면 편의점이나 카페에서 사용할 수 있다.

앱테크 사례들

애플리케이션 이름	앱테크 방법
캐시워크	100걸음 걸을 때마다 1캐시 제공 5,000~6,000캐시를 받으면 쿠폰 선물
캐시슬라이드	스마트폰 잠금화면에서 광고, 콘텐츠를 보면 캐시가 쌓임
타임스프레드	스마트폰을 안 보는 15분마다 리워드를 제공 공부하는 학생들이 애용
토스	비정기적인 퀴즈를 맞히거나 하루에 만보 이상 걸으면 포인트 제공
OK캐시백	애플리케이션에 접속해 출석체크, 오락 애플리케이션에서 잠금해제하면 포인트 쌓임
잼라이브	퀴즈를 맞히면 상금 제공. 다른 애플리케이션에 비해 비교적 지루하지 않다는 평가
오베이	설문에 참여하면 현금으로 전환 가능한 오베이머니를 줌
스펜더	본인 영수증을 올리면 1장당 100원씩 제공 단 하루 업로드 횟수 제한
챌린저스	책 읽기, 운동하기 등 설정된 목표를 달성하면 상금을 제공

그녀는 공부에 집중하면서 소액을 모으는 애플리케이션도 쓴다. 15분간 휴대전화를 켜지 않으면 1원이 적립되는 애플리케이션 '타임스프레드'다. 이 애플리케이션 덕에 푼돈을 모으면서 공부에 더욱 집중하게 됐다. 예전엔 공부하다 지루하면 스마트폰에 자꾸 손이 갔다. 잠시 페이스북, 인스타그램을 산책하다보면 시간이 훅 가버리곤 했었다. 이젠 공부에 집중하면서 돈도 번다.

세줄요약 ⭐

* 연말연초 아동수당 적금 가입 이벤트 때 가입하면 금리가 높은 편이다.
* 미성년자는 청약통장에 가입해 청약가점을 최대 2년 인정받을 수 있다.
* 모바일 애플리케이션을 켜고 걷거나 휴대전화 끄고 있으면 포인트 생기는 앱테크가 인기다.

chapter 15

이제 긁는 결제에서
찍는 결제로

'하루에 몇 천 원씩 쓴다고 큰일 나겠어?'

30대 주부 A 씨는 매일 편의점에 들러 간식 3,000~4,000원 어치씩을 사 먹는 게 '소확행(소소하지만 확실한 행복)'이었다. 저렴한 간식이니 부담 없이 카드를 긁곤 했다. 그런데 매달 가계부를 정산해보니 편의점에서 솔솔 새어 나가는 간식비가 상당했다. '간식비만 끊어도 남편이랑 외식을 몇 번이고 하겠네….'

A 씨는 달콤한 간식 소비의 유혹을 벗어나려 간편결제를 시작했다. '○○페이'로 불리는 간편결제 서비스다. 그녀는 시중은행의 간편결제 애플리케이션을 월초에 내려받아 그 달에 쓸 돈을 미리 충전했다. 잔액이 부족하면 다른 계좌에서 돈이 들어오는 '자동충전' 기능은 당연히 막아놨다. '이번 달엔 충전액만큼만 돈을 써야지'라고 결심한 A 씨. 애플리케이션에 뜨는 잔액을 확인하며 결제하다 보니 자연스럽게 간식

비도 줄었다. 페이로 찍으면 편의점에서 쌓이는 캐시백을 애플리케이션에서 수시로 확인하니 뿌듯했다.

젊은 재테크족을 중심으로 간편결제 서비스 이용이 늘고 있다. 요즘엔 간편결제가 단순한 결제수단 이상이다. A 씨처럼 지출을 제어하는 수단이 되기도 한다. 물론 계좌에 돈이 부족하면 다른 계좌에서 자동 충전되는 기능은 꺼놔야 한다.

간편결제는 실물 카드 없이 스마트폰만 있으면 해결되니 간편하다. 결제에 필요한 절차가 더 간단한 점도 무시하지 못한다. 포인트도 쉽게 적립되고 쉽게 소비된다. 요즘같이 푼돈이 아쉬운 시대에 야무지게 잔돈을 긁어모을 수 있는 팁이 된다.

앞으로 간편결제로 재테크 효과를 누리는 '페이 테크'가 무궁무진해질 것으로 보인다. 정부는 신용카드보다 간편결제 시장을 키우려는 분위기다. 똑똑한 소비자들도 온라인 쇼핑을 할 때 스마트폰 페이 결제로 빠르고 쉬운 결제를 선호한다. 이제 '긁는 결제'보다 '찍는 결제'가 대세가 되는 것일까. 그렇다고 간편결제가 핀테크의 발전으로 등장한 재테크계의 신기루일까. 알고 보면 불안한 점이 없지 않다. 새로운 기술, 제대로 알고 활용해볼 필요가 있다.

🪙 온라인 쇼핑 늘며 간편결제도 확산

간편결제 서비스는 스마트폰에 카드나 계좌 정보를 미리 입력해 두고 결제할 때는 애플리케이션에서 간단한 터치로 본인인증 절차를 거쳐 송금하는 서비스다. 신용카드사의 앱 카드, 네이버, 카카오 등 플랫폼회사의 각종 페이가 대표적이다.

간편결제는 핀테크의 영역이니 ICT 회사나 금융회사가 내놓는 서비스라고 생각하기 쉽다. 세상이 변했다. 어느덧 유통회사까지 자체 페이 서비스를 줄줄이 내놓고 있다. 신세계그룹은 'SSG페이', 쿠팡은 '쿠페이', 배달의 민족의 '배민페이'…. 여기에 지방자치단체도 '제로페이' 등 지역화폐를 간편결제 형식으로 도입하고 있다. 그야말로 '페이 춘추전국시대'다.

간편결제는 실물 카드가 없어도 되니 신용카드에 비해 간편한 점이 큰 매력이다. 더구나 네이버쇼핑, 쿠팡 등 대표적인 온라인 쇼핑 플랫폼의 자체 페이는 시간과 노력을 아껴준다. 한 애플리케이션에서 쉽고 빠르게 결제해주니 말이다.

간편결제 서비스 등장 초기엔 '얼마나 늘겠나'란 냉소적인 전망이 나왔다. 신용카드의 아성을 깨기가 워낙 힘들기 때문이다. 실제 지금까지도 신용카드 실물을 이용한 결제가 압도적이다. 하지만 최근 들어 간편결제 이용 흐름이 심상치 않다. 코로나19로 인해 확산세가 거세졌다.

집콕 기간이 길어지며 온라인 쇼핑과 배달 서비스 이용이 급증했다. 사람들은 집안에서 스마트폰 터치만으로 계산하는 데 길들여지고 있다. 실제 네이버의 간편결제인 네이버페이의 2020년 1분기(1~3월) 거래액은 전년 동기보다 46% 증가하며 처음 5조 원을 넘어섰다. 카카오의 간편결제 카카오페이도 같은 시기 거래액이 14조 3,000억 원으로, 1년 만에 39% 증가했다.

간편결제 이용건수 및 금액 추이(단위: 백만 건, 십억 원)

구분	2016년		2017년		2018년	
	이용건수	이용금액	이용건수	이용금액	이용건수	이용금액
온라인	682	23,658	989	40,706	1,511	60,603
오프라인	176	3,222	420	9,345	866	19,542
합계	858	26,880	1,409	50,051	2,377	80,145

출처: 금융감독원

🪙 간편결제로 포인트 쉽게 쌓고 쉽게 쓰자

20대 B 씨는 네이버 쇼핑을 이용하며 네이버 페이의 포인트를 차곡차곡 쌓고 있다. 네이버 페이는 네이버 애플리케이션에서 간단하게 결제할 수 있는 간편결제 서비스인데 쉽지만 그냥 넘기기 쉬운 포인트 쌓기 팁이 있다. 네이버 쇼핑에서 결제 뒤 구매확정 버튼을 누르고 리뷰를 간단히 남기면 소액이나마 포인트가 쌓인다. 여기까지는 그래도 좀 알려져 있는 방법. B 씨는 더 나아가 '한달 사용 리뷰 쓰기'를 실천한다. 네이버 쇼핑 결제내역을 누르면 한달 사용 리뷰 쓰기 페이지가 뜬다. 간단한 소감을 남겨도 소소한 포인트가 쌓이는 것이 장점이다.

간편결제의 매력은 이렇게 쉽게 쌓고 쉽게 쓸 수 있는 포인트다. 사실 카드의 포인트는 어디에 얼마나 모여 있는지 아는 이가 많지 않다. 확인하려면 절차도 복잡하고 사용할 수 있는 매장도 다양하지 않다. 그러다 보니 포인트가 방치된 채 적립만 되다 유효기간이 지나 버리기 십상이다. 실제 카드정보회사 '카드고릴라'가 2020년 5월 발표한 1,001명 설문조사에서 '신용카드 포인트를 사용하지 않는 이유'에 대한 답으로 '포인트 사용법 및 사용처를 몰라서'(32.4%)가 가장 많았다. '매월 적립되는 포인트를 확인하지 않아서'(26.1%)란 답이 그 뒤를 이었다. 이에 비해 간편결제 포인트는 애플리케이션에서 바로 쉽게 확인할 수 있다. 애플리케이션으로 수시로 포인트를 확인하면 스스로 절약을 독려하는 인센티브가 된다. 또 온라인 쇼핑몰 결제와 연계돼 원터치로 쉽고 빠르게 포인트를 소비할 수 있다.

페이 포인트 주는 신용카드들

이쯤 되면 신용카드 회사들이 간편결제 회사에 위협을 느끼지 않을까. 신용카드 회사들은 간편결제를 추격하는 차원을 넘어서 페이의 문법을 따라 가고 있다. 오히려 페이를 사용할 때 할인 혜택을 주는 식으로 간편결제를 지원한다. 카드사들은 간편결제를 사용하면 할인을 해주는 카드를 내놓고 있다. 간편결제의 확산은 불가피하니 간편결제와 함께 성장할 수 있는 길을 찾는다.

KB국민카드의 '톡톡 페이카드'는 전월 실적에 따라 간편결제 이용액의 최대 40%를 할인해준다. 하나카드의 '카카오페이 신용카드'는 전월 사용금액에 따라 사용액의 25%를 깎아준다. 신한카드 'O2O'는 온라인은 물론 오프라인 페이를 이용할 때도 할인 기회를 준다.

해외 결제할 때 수수료 아끼는 방법

"라인페이 오네가이시마스(부탁합니다)."

직장인 C 씨는 최근 일본에 출장을 갔다가 이 말 한마디로 쇼핑을 끝내다시피 했다. 공항에서 그간 미뤄둔 '폭풍 쇼핑'을 하던 중이었다. 예전엔 현금이 모자라 '어디서 환전하지' 늘 고민했다. 몰아서 쇼핑을 하다 보니 벌어진 일이었다. 하지만 이젠 현금 없이도 한국에서 사용하던 네이버페이로 결제하니 이렇게 편할 수가 없었다.

해외여행을 앞두고 바쁜 나머지 미처 환전을 못했다면? 해외여행 중에 환전한 현금이 갑자기 바닥났다면? 이제 해외에서도 걱정 없이 신용카드 대신 페이로 찍는 날이 왔다.

간편결제 서비스를 일본, 동남아시아 등 해외 가맹점에서도 이용할 수 있다. 아직 초기여서 사용 국가가 제한적이지만 간편결제 업체들은 적극 국가를 늘릴 예정이다. 일부 결제업체들이 일본, 마카오 등에서 서비스를 시작하고 있다. 대신 해외 결제한도는 하루에 200만 원, 한 달에 1,500만 원이다.

해외 간편결제의 장점은 3%가량인 해외 환전 수수료를 절약할 수 있다는 점이다. 환율의 움직임을 민감하게 따지며 환전할 필요가 없다. 결제할 때마다 애플리케이션에 원화와 외화로 가격이 즉각 표시된다. 귀국 전에 남는 동전들을 처리할 고민도 없어진다. 대신 다른 곳에서 특별히 우대 환율을 받을 수 있다면 실익을 따져보는 게 좋겠다.

🔖 한꺼번에 많은 액수 충전해두면 위험

간편결제가 편리하긴 하지만 조심해야 할 점이 있다. 아직 핀테크 분야에 대한 규제나 제도가 촘촘하지 않다 보니 충전금을 보호할 법이 없는 게 현실이다. 혹시나 간편결제 업체가 불의의 폐업 등을 당하면 고객에게 충전금을 돌려주지 못할 수도 있는 일이다. 간편결제 충전액이 급증하고 있는 가운데서도 이런 보호 장치가 부족해 우려의 목소리가 크다.

금융감독원에 따르면 2019년 말 기준 국내 간편결제·송금업체 55곳에 쌓인 선불충전금은 1조 6,700억 원인데, 1년 만에 34% 급증했다. 한국은행에 따르면 2019년 간편결제는 하루 평균 602만 건 일어났다. 이용금액은 하루 평균 1,745억 원이나 됐다.

간편결제 업체들도 소비자들의 이런 불안을 안다. 그래서 얼마 전부터 카카오페이의 경우 선불계좌를 증권계좌로 업그레이드 할 수 있다. 증권계좌는 잔액 5,000만 원까지 예금자보호를 받을 수 있다. 원할 때 언제든 다시 선불계좌로 바꿀 수도 있다.

간편결제는 아직 사용처가 신용카드만큼 충분하지 않다는 점도 한계다. 대표적인 간편결제 서비스 카카오페이나 네이버페이는 각각 카카오톡과 네이버 플랫폼을 기반으로 생태계를 넓혀 가고 있다. 기본적으로 자체 플랫폼을 벗어나면 포인트 적립률 등 인센티브가 부족한 편이다. 일반 점포에서도 아직 페이 결제가 힘든 경우가 많다.

주요 간편결제 서비스 현황

구분	서비스 제공자 (간편결제 서비스명)
은행 (7개사, 11종)	우리은행(우리간편결제서비스, 위비꿀페이, 위비페이), 부산은행(썸패스), 신한은행(SOL Pay), 국민은행(리브뱅크페이), 케이뱅크(케이뱅크페이), 하나은행(N Wallet), 농협은행(올원페이, 올원뱅크, NH앱캐시)
카드사 (8개사, 9종)	현대카드(앱카드), 비씨카드(페이북), 롯데카드(앱카드, 핸드페이), 신한카드(Pay FAN), 우리카드(우리페이), 삼성카드(앱카드), 국민카드(앱카드), 하나카드(1Q페이)
전자금융업자 (26개사, 28종)	다날(오픈형 간편결제), 롯데멤버스(L.pay), 이베이코리아(스마일페이), 비바리퍼블리카(토스 결제 서비스, 편의점 결제 서비스) 엔에이치엔페이코(페이코), 엘지씨엔에스(카카오페이 카드결제), 카카오페이(카카오페이), 엘지유플러스(페이나우), 엔에이치엔한국사이버결제(NHN KCP 간편결제), 세틀뱅크(간편계좌결제), 갤럭시아커뮤니케이션즈(머니트리), 하렉스인포텍(유비페이), 스마트로(SS-pay), 쿠콘(체크페이), 신세계아이앤씨(SSG pay), 티몬(티몬페이), 핀크(기프티콘구매), 11번가(11pay), 원스토어(One pay), 코나아이(코나카드), 쿠팡(로켓페이), 케이지이니시스(KPAY, KPAY.W), 네이버(네이버페이), 인터파크(One pay), 핑거(하나로마트 바코드 결제), 에스피씨네트웍스(카드자동결제)
단말기제조사 (2개사, 2종)	삼성전자(삼성페이), 엘지전자(엘지페이)

출처: 금융위원회, 금융감독원

세 줄 요약 ☆

* 간편결제로 잔액을 정해두고 결제하면 지출을 통제하는 효과가 있다.
* 간편결제는 애플리케이션으로 포인트를 쉽게 확인하고 소진할 수 있다.
* 간편결제 계좌에 지나치게 돈을 많이 충전해 놓으면 나중에 돌려받지 못할 수 있다.

chapter 16

알아두면 돈이 모이는
오픈 뱅킹

'고객님, 지금 이 펀드에 가입하시면 어떨까요.'

'이 금융상품은 해지하시는 게 낫겠습니다.'

스마트폰 애플리케이션에 수시로 이런 메시지가 뜬다. 애플리케이션에 입력된 내 금융정보를 분석해 나온 조언이다. 어렵고 복잡한 금융, 안 그래도 바쁜 일상에 신경 쓰기 어렵던 참이라 이런 조언은 기특하지 않을 수 없다. 한 애플리케이션에 접속하면 내가 가입한 예·적금, 펀드, 보험, 대출 등이 한 눈에 줄줄이 뜬다. 수시로 모든 내역을 확인하니 만기가 돌아온 적금을 방치해둘 걱정이 없다. 급히 돈이 필요하다면 한 애플리케이션에서 여러 금융회사의 대출 조건을 빠르게 비교해본다.

이러한 모습은 머지않아 현실이 될 예정이다. 이미 이런 서비스의 초보 단계가 시행되기 시작했다. 2019년 12월 오픈 뱅킹^{open banking}이

은행권 결제망에서 전면 실시된 것이다. 오픈 뱅킹은 말 그대로 은행을 개방한다는 의미다. 먼저 은행의 결제망이 개방됐다. 이제 소비자들은 하나의 은행 애플리케이션에만 접속하면 다른 여러 은행의 계좌들을 조회하고 돈을 이체할 수 있다.

결제망 개방은 시작일 뿐이다. 은행들은 앞으로 고객의 각종 카드사용 내역이나 대출 정보 등 신용데이터도 공유할 수 있다. 제도가 더 다듬어지면 고객이 한 애플리케이션에만 접속해도 내가 거래하는 모든 은행권 금융정보를 한 눈에 보게 되는 셈이다. 금융회사들은 이 정보를 한 곳에 모아 분석할 수 있다. 고객에게 필요한 재테크 컨설팅을 해줄 수 있게 된다.

"이제 소비자가 원하는 시기에 목표 금액을 설정하면 애플리케이션의 자산관리 조언을 받으며 노후자금을 쌓는 시대가 될 겁니다."

한 금융지주회사의 디지털 담당 임원은 자신감에 찬 표정으로 말했다. 오픈 뱅킹이 발전하며 진정한 '목적 기반 투자Goal based investment'가 가능해진다는 얘기다. 만약 만 60세에 20억 원을 모으겠다는 목표를 애플리케이션에 설정하면 애플리케이션이 정밀한 컨설팅을 제공할 것이다. 애플리케이션은 내 금융거래 내역과 지출 스타일을 철저히 분석한다. 어떤 상품에 가입하면 좋을지, 소비를 얼마나 줄여야 하는지 수시로 잔소리한다. 저금리, 저성장에 돈 모으기 어려운 시대에 정말 효자 서비스가 아닐 수 없다.

이제 오픈 뱅킹을 알아야 한다. 경기 침체로 돈 벌기는 어렵고 수익 내긴 더욱 어려운 시기 아닌가. 갖고 있는 자산이라도 똑똑하게 굴려야 노후가 안전해진다. '금융 문맹', '디지털 문맹'이어도 겁먹을 일은 아니다. 다행인지 불행인지 은행들은 아직 오픈 뱅킹의 걸음마 단계다. 금융회사들이 내놓은 새로운 서비스를 차차 가입해 연습해보자. 오픈 뱅킹에 가입하는 데 걸리는 시간은 5분도 채 되지 않는다. 속속 나오기 시작하는 오픈 뱅킹 서비스를 경험하다 보면, 어느새 노후 자산을 차곡차곡 쌓아가는 자신을 발견하게 될 것이다.

급성장할 오픈 뱅킹, 미리미리 배워두자

오픈 뱅킹이란 말 그대로 은행의 속내를 공개한다는 의미다. 우선 은행의 결제망이 개방됐다. 2019년 10월 말 일부 시중은행들을 대상으로 오픈 뱅킹이 시범 실시됐다. 같은 해 12월 18일 핀테크 기업까지 본격 시행되면서 모바일 뱅킹이 새로운 국면을 맞았다. 예를 들어 신한은행의 '쏠' 애플리케이션만 깔면 이 애플리케이션에 국민은행이나 우리은행 등 어느 은행의 계좌든 등록해 잔액을 조회하고 서로 송금할 수 있게 됐다.

오픈 뱅킹이 아직은 널리 알려지진 않았다. 하지만 알고 보면 발 빠른 재테크족들은 이미 오픈 뱅킹을 활용하고 있다. 2019년 10월 말 실시된 뒤 국내 가입자 수의 흐름을 보면 우린 정보기술IT 강국답다. 역시 확산 속도가 빠르다. 금융위원회에 따르면 오픈뱅킹 가입자는 시범기간에는 317만 명이었는데 전면 실시 이후 1,197만 명으로 늘었다. 하루 평균 이용건수도 시범기간에 173만 건이었다가 전면 실시 이후 374만 건으로 뛰었다.

시중은행 디지털 담당 임원들은 "앞서 오픈 뱅킹을 시작한 영국 등 다른 선진국에 비하면 가입자 속도가 폭발적이다", "앞으로 더 파급력이 클 것이다"라고들 흥분하며 말했다.

오픈 뱅킹을 선도적으로 실시한 영국은 시행 초기 가입자 수가 이렇게까지 늘진 않았다. 그럼에도 조만간 인구의 절반가량이 이 서비스로 은행 업무를 볼 것으로 추산된다. 우리도 IT 강국답게 오픈 뱅킹의 수준이 발전되면서 오픈 뱅킹을 나만의 맞춤형 은행 창구로 삼는 이들이 늘 것이다.

이제 금융회사들은 싹 달라진 금융서비스를 그리고 있다. 결제망을 공유하는 데서 더 나아가 카드 결제 내역, 보험 가입 내역 등 다양한 신용정보를 공유하는 큰 그림이다. 애플리케이션 한 곳에서 다른 은행의 주택담보대출이나 증권사의 펀드 등에도 가입할 수 있도록 말이다.

오픈 뱅킹 작동 원리

이용기관 (핀테크 기업)		오픈뱅킹 센터 (금융결제원)		참가은행
간편결제 기업, 간편송금 기업, P2P 사업자, 자산관리사 …	오픈 API 제공 ←	잔액조회, 거래내역 조회, 계좌실명조회, 송금인 정보 조회, 수취조회, 입금이체, 송금이체	금융 공동망 제공 ←	A은행, B은행, C은행…

출처: 금융결제원

🏦 '잔돈 모으기', '예약 이체' 등 똑똑한 소비 도와

'앗 내 적금이 이자 없이 방치돼 있었다니…'

얼마 전 한 친구는 업무와 육아가 너무 바쁘다 보니 적금 만기가 돌아온 줄도 몰랐다고 했다. 이자가 쥐꼬리만 하다고 하지만 이마저도 받지 못한 게 억울했다. 적기에 알림을 주지 않는 은행이 원망스러워 항의할까 생각도 했다. 이젠 이런 사태를 막을 수 있다. 오픈 뱅킹 시행 이후 '예·적금 만기 관리기능'이 활용된다. 만기가 도래할 일정을 수시로 체크하도록 확인해주는 것이다.

이미 은행권에선 이처럼 다양한 오픈 뱅킹 서비스가 나오고 있다. 오픈 뱅킹 영업에 불이 붙었다. 소비자들이 자기 은행의 애플리케이션을 아지트로 삼길 바라면서 말이다. 한 은행의 애플리케이션에 둥지를 틀고 여러 은행 애플리케이션을 불러들이면 이 틀을 바꾸기 쉽지가 않다. 은행들은 이 사실을 잘 알기에 더 절실히 애플리케이션 가입자를 불러 모으고 있다.

은행권 오픈 뱅킹 서비스는 아직 초보적이지만 재테크에 적지 않은 도움을 준다. 오픈 뱅킹을 배울 겸 은행들의 애플리케이션에 접속해 오픈 뱅킹과 여러 자산 관리 서비스를 시도해보자. 앞으로 서비스가 어떻게 발전할지, 내 재테크에 어찌 활용할지 감을 잡을 수 있다. 은행들은 "우리 애플리케이션으로 오세요"라며 경품과 혜택이 풍성한 파격적인 이벤트도 벌이고 있다.

은행별로 제공하고 있는 일종의 '모여라 내 잔액' 서비스가 특징적이다. 오픈 뱅킹을 등록한 애플리케이션에서 '예약 이체'를 선택하면 여러 타행 입출금계좌에서 한 은행 계좌로 자금을 다 끌어올 수 있다. 이용자들이 카드 결제일이나 공과금 자동이체일 시점 계좌에 잔금을 한꺼번에 모아 결제할 수 있게 한 서비스다.

KB국민은행은 최대 5개 은행의 입출금계좌에서 돈을 끌어올 수 있다. 또 카드결제일 같은 특정일이나 특정 요일에 맞춰 돈을 끌어오게끔 설정했다. 우리은행도 소비자가 지정한 날에 자동으로 돈이 이체되거나 잔액이 일정한 수준 이하가 될 경우 더 자금을 끌어올 수 있는 상품을 판다. 카드 결제일에 계좌의 잔액이 100만 원 이하로 떨어져 있다면 다른 은행 계좌의 돈을 더 끌어올 수 있는 것이다.

🪙 새로운 법 생기고 서비스 더욱 다양해져

사실 핀테크 기업들은 이미 자산관리 서비스를 시도하고 있다. 뱅크샐러드 애플리케이션 하나만 깔면 내가 거래하는 은행 계좌 거래, 카드사, 연금 등의 정보가 한 눈에 들어온다. 내 소비 패턴을 분석해 적합한 보험 상품과 카드를 추천해준다. 가계부를 자동으로 기록해주는 건 기본이다. 매주 '이번 달은 돈을 아껴 쓰셨네요' 등의 지출 수준을 실시간 보고해준다.

뱅크샐러드는 오픈 뱅킹 시행 전부터 은행, 보험회사, 카드사 등을 일일이 설득해 결제망을 공유 받았기 때문에 가능한 일이었다. 게다가 비싼 수수료도 부담해야 했다. 하지만 오픈 뱅킹 실시 이후엔 핀테크 기업들이 대형 회사를 일일이 찾아다니지 않아도 된다. 수수료 부담도 훨씬 줄었다. 핀테크 기업들에 묶인 족쇄가 풀린 셈이다. 소비자에게 편리한 서비스가 봇물처럼 나올 것으로 예상된다.

이제 신용정보법이 통과돼 이런 서비스에 촉매가 될 것 같다. 법에 따라 금융회사들은 고객들의 동의를 일일이 받지 않아도 여러 금융기관의 다양한 금융데이터를 끌어다 분석할 수 있다. 자산관리 서비스가 더 정밀하고 유용해질 것이다.

벌써 모바일 애플리케이션 활용에 능한 젊은 층은 오픈 뱅킹의 문법에 적응해 자유자재로 자산관리를 하고 있다. 아직도 여러 은행 애플리케이션을 돌아다니면서 쓰고 있거나 은행 점포를 직접 찾고 있진 않는지? 무섭게 변해가는 신기술로 무장한 은행 애플리케이션들이 쏟아져 나오고 있는데 말이다. 발 빠른 '오픈 뱅킹 달인'과 '오픈 뱅킹 문맹' 중 누가 돈을 더 잘 모을 수 있을까.

🔖 '마이데이터 서비스'로 환테크 해볼까

신용정보법이 통과돼 새로운 '마이데이터 서비스'도 주목받고 있다. 마이데이터MyData 산업은 개인이 본인의 정보를 효율적으로 관리하고 활용하도록 전문적으로 지원하는 산업이다. 데이터는 금융을 중심으로 의료, 통신 등 여러 분야 데이터를 결합할 수 있다. 뱅크샐러드와 같은 자산관리 서비스가 더욱 다각적으로 분석돼 정교해지는 것이다. 오픈 뱅킹은 금융에 한정되지만 마이데이터 산업은 여러 분야를 결합해 더 유용한 서비스를 만들어낸다.

실제 해외의 오픈 뱅킹과 마이데이터 산업은 빠른 속도로 진화 중이다. 해외 사례를 엿보면 우리 금융의 미래를 예측할 수 있다. 대표적으로 오픈 뱅킹 선도국인 영국의 '레볼루트'를 살펴보자. 한국 정부가 오픈 뱅킹을 구상할 때 일종의 롤모델로 삼은 핀테크 기업이다. 영국에선 모바일에 레볼루트 애플리케이션을 설치해 회원에 가입해 계좌를 만들면 모바일 카드나 플라스틱 카드를 받는다. 이 카드로 애플리케이션의 계좌 잔액을 쓸 수 있다.

영국 젊은 층은 애플리케이션으로 환테크를 한다. 환율 차익을 보는 환테크를 침대에서 누워 한 손으로 할 수 있다. 레볼루트의 환 결제 기능 덕이다. 레볼루트 계좌에 돈을 넣어두면 세계 여러 통화로 결제할 수 있다. 수수료는 없다. 영국인들이 미국으로 가서 이 카드로 긁으면 무료로 달러화로 결제된다. 애플리케이션에 실시간으로 뜨는 환율을 주시하고 있다가 환전하며 환차익을 본다. 핀테크 서비스로 돈 벌기 어려워진 시대에 손쉽게 환테크를 할 수 있게 된 것이다. 우리도 마이데이터 산업 출연으로 이런 재테크가 활발해질 듯하다.

마이데이터 산업의 고객데이터 수집 과정

①A씨(정보주체)가 '개인신용정보이동권' 행사	−필요한 정보 항목을 선택해 금융회사가 해당 정보를 마이데이터 사업자에 제공하도록 함
②금융회사는 A씨 정보를 마이데이터 사업자에게 전달	−표준화된 전산처리방식API를 통해 정보전달 −정보주체의 인증정보는 암호화
③A씨는 마이데이터 사업자를 통해 본인 정보를 일괄 조회	

출처: 금융위원회

세줄요약 ☆

* 오픈뱅킹 서비스가 발전하면 은행 모바일 애플리케이션이 진화된 자산관리 서비스를 한다.
* 은행의 타행 계좌 잔액을 끌어오는 서비스, 카드 결제일 전 활용해볼 만하다.
* 일부 애플리케이션에선 몇 년에 얼마가 필요하다고 입력하면 그에 맞는 포트폴리오를 조언해 준다.

chapter 17

모르고 하면
독이 되는 P2P

순수익 이익률 8.23%. 30대 후반 직장인 A 씨가 원금 50만 원을 투자해 2020년 봄 6개월 만에 거둔 수익률이다.

'은행에 넣어도 이자가 변변치 않은데 8%대 수익이라니⋯.' 친구들의 부러움을 산 A 씨는 어떤 개인 간 거래P2P, Peer to Peer 플랫폼에서 이런 결과를 얻었다. P2P업체가 A 씨의 돈을 상품별로 투자한 금액은 5,000원~1만 원. 돈 좀 날려도 괜찮을 법한 자투리 돈이다. 투자처는 직장인 소액대출, 개인자금, 대환대금 등 다양했다. A 씨의 돈이 급전이 필요한 직장인의 대출이나 개인 사업자금 등으로 나간 것이다. A 씨는 투자처로부터 상환 여부도 수시로 체크할 수 있었다.

20, 30대 사이에 P2P금융 투자가 저금리 시대 쏠쏠한 재테크로 자리 잡고 있다. 음지의 투자처로 여겨졌던 P2P금융. 이제는 관련법까지 생겨나며 새롭게 주목받고 있다. 은행권 금리보다 높은 수익을 안겨주

는 P2P금융은 정말 황금알 낳는 거위인 것인지 잘 살펴보자.

🗂 중금리 대출 늘리는 P2P금융

P2P금융은 기존 금융회사가 아닌 온라인으로 대출자와 투자자를 직접 연결해주는 서비스다. 은행, 대부업 등 기존 금융회사들에 비해 투자 수익률이 높은 편이다. 대부업에 비해 대출자들에게 비교적 낮은 금리를 적용한다. 대출과정을 온라인으로 자동화해 대출 영업비, 인건비, 지점 운영비 등을 절감할 수 있기 때문이다.

금융과 정보기술ᴵᵀ이 결합된 핀테크 서비스가 전성기를 맞으며 2015년경부터 P2P금융 서비스도 다양하게 등장해 폭발적으로 성장했다. 금융위원회에 따르면 2020년 6월 3일 기준 P2P금융업체는 241곳이다. 대출 잔액은 2017년 말 8,000억 원, 2018년 말 1조 6,000억 원, 2019년 말 2조 4,000억 원으로 계속 늘어나다 2020년 6월 3일 기준 2조 3,000억 원이었다. 대출 유형은 부동산이 많다.

P2P금융은 온라인에서 투자자, 대출자를 신속하게 모아 기존 금융권에서 미미했던 중금리 대출 시장을 넓히는 데 기여하고 있다. 은행은 우량한 대출자를 받아 저금리에 대출을 하는 편이다. 대부업은 신용도 낮은 대출자에게 고금리 영업을 한다. 이렇다 보니 서민들은 중금리에 돈 빌릴 곳 찾기가 어려웠다.

P2P금융은 투자 영역도 새로운 곳으로 개척해 금융권에 새 바람을 일으켰다. 중소기업중앙회와 IBK경제연구소는 2018년 9월 '혁신 성공 사례집'을 발간하며 P2P금융사 '8퍼센트'를 혁신 사례로 꼽았다. 8퍼

센트가 유망 중소기업, 소상공인이 이용할 수 있는 중금리 대출을 늘렸다는 이유에서다. 기존 금융권은 중소기업과 소상공인의 재무상태, 신용등급 등 정량적인 정보를 중심으로 평가해 대출 여부를 결정한다. 하지만 8퍼센트와 같은 P2P금융사들은 회사에 대한 평판, 대출 패턴 등 비재무적 정보를 참고해 대출을 심사한다. 금융권 관행으로만 심사하면 대출받기 힘든 기업들이 중금리에 대출 문턱을 넘게 되는 것이다.

P2P금융은 '개인 간 거래'란 명칭 때문에 개인 고객만 이용하는 서비스로 오해받기 쉽지만 실제 법인 대출이 활발하다. 패스트파이브, 야놀자, 쏘카 등 스타트업들이 P2P금융을 통해 자금 조달에 성공한 바 있다. P2P금융이 혁신기업을 키우는 마중물이 되는 셈이다.

P2P금융의 투자대상은 아직까지 부동산 관련 사업이 많은 게 현실이다. 특히 국내 업체들은 부동산 쏠림이 두드러진다. 부동산 경기에 민감할 수밖에 없다. 하지만 차츰 외연이 넓어지고 있다.

소액으로 빠르게 투자, 빠르게 대출

"은행보다 이자가 훨씬 높은 곳에 100만 원씩 넣고 있어."

30대 초반의 직장인 B 씨는 친구가 자랑삼아 늘어놓는 재테크 성공기에 놀랐다. P2P금융에 투자했다는 얘기였다. '불안한 대부업인 줄만 알았는데 수익이 쏠쏠하다니….' B 씨는 은행 예금만 믿고 있던 스스로를 자책하며 P2P금융 플랫폼에 돈을 넣기 시작했다. 첫 달엔 1만 원, 서너 달 뒤엔 5만 원, 그 뒤엔 10만 원씩 넣었다. 6개월 뒤 그가 얻은 수익률은 연 15%. 그는 "소액으로 투자할 수 있고 실시간으로 수익률과 세후 이자를 확인할 수 있어 편리하다"고 했다.

P2P금융이 투자자들의 마음을 잡은 대표적인 이유는 소액 투자 방식이다. 목돈이 부족한 20, 30대들은 가볍게 발을 들일 수 있다. 왠지 손해를 봐도 크지 않을 듯해 안심하게 된다. 업체에 따라 안정형, 공격형 등 자기 투자성향에 맞게 여러 상품에 분산투자할 수 있어 더 그렇다. 금융회사를 방문하지 않아도 된다. 모바일 애플리케이션만 내려받아 쉽게 이용할 수 있다.

여기에 세금 혜택까지 솔깃하다. P2P금융투자자는 이익의 27.5%를 세금으로 냈다. 하지만 정부는 P2P금융에도 일반적인 예금, 펀드에 적용되는 이자소득세율(14%)을 적용한다. P2P금융과 관련된 법이 생겨날 정도이니 굳이 P2P금융을 예금, 펀드와 차별할 필요가 없기 때문이다. 단 당국에 등록된 합법 업체여야 한다.

💳 온투법 시행으로 신뢰도 높아질듯

'P2P금융법'이라고 불리는 온라인투자연계금융업법(온투법)이 2020년 8월 시행됐다. 이 법은 P2P금융을 법적으로 인정한 셈이다. 업체들이 소비자 자산을 보호하도록 여러 규제도 달아 놨다. 이젠 'P2P금융은 대부업 아니야'란 말이 쏙 들어가게 됐다.

이렇게 법이 탄생한 이유는 불법 P2P금융사들이 각종 사기로 말썽을 일으켜서다. P2P금융은 금융당국이 감독할 근거가 되는 법이 없다보니 사각지대에 있었다. 법망을 피해 불법 영업을 하기 좋은 환경이었기 때문이다.

실제 금융감독원은 2018년 11월 국내 P2P금융회사 실태조사에서 조사 대상 178곳 중 20곳에서 사기나 횡령 혐의가 포착됐다고 밝히기도 했다. 20곳 중에는 발표 당시 영업 중인 곳도 있어 투자자들을 긴장시켰다. 주로 문제가 된 건 부동산 대출이었다. 금융위원회가 "혁신 사례"라며 칭찬했던 업체마저 사기 혐의로 검찰 수사를 받을 정도였다.

법이 시행되면 P2P금융회사들이 소비자 보호 장치를 강화해야만 한다. 소비자들이 법의 보호 속에 P2P금융을 이용하게 되는 것이다. 이제 P2P금융회사는 당국에 등록 해야만 영업을 제대로 할 수 있다. 등록하려면 자기자본금 5억 원 이상을 갖춰야 한다. 투자금과 회사 운용 자금을 분리해 소비자들의 투자금을 회사 운용에 마음대로 쓸 수 없게 된다. 또 다른 금융회사와의 대출 연계 투자를 소비자들에게 명확히 알려야 한다. 개인 투자자들은 P2P금융에 최대 3,000만 원까지만 투자할 수 있다. 연체율이 높은 부동산 관련 대출 상품에는 1,000만 원까지만 굴릴 수 있다.

P2P금융상품 투자 위험도

	순위	해당 상품
위험도	1위	P2P협회 비회원사의 부동산 PF
	2위	P2P협회 비회원사의 PF 이외 기타 상품
	3위	P2P협회 회원사의 부동산 PF
	4위	P2P협회 회원사의 중소기업 담보 상품
	5위	P2P협회 회원사의 100개 이상 신용대출채권 포함 상품

출처: 금융감독원

📋 부동산 대출 취급 업체는 '주의'

법이 생기며 P2P금융이 음지에서 양지로 나왔으니 안심할 수 있게 됐다. 그렇다고 P2P금융이 안심 투자처라고 할 수 있을까. 아직까지는 금융계 신인인 만큼 조심하는 게 좋다. 여전히 투자위험이 높은 편이긴 하다. 특히나 코로나19 사태로 부동산 경기가 나빠지자 부동산과 연계된 P2P금융이 불안해졌다. 금융위원회가 P2P대출 관련 통계서비스 업체인 미드트레이드 자료를 분석한 결과 P2P금융회사의 30일 이상 연체율은 2020년 3월 18일 기준 15.8%로 2017년 이후 계속 상승했다.

한국P2P금융협회 공시자료에 따르면 부동산 대출상품만 취급하는 업체 16곳의 평균 연체율은 20.9%로, 나머지 28곳의 연체율에 비해 2.9배 높았다.

금융감독원은 2020년 초 P2P금융 투자에 대한 소비자경보 '주의' 단계를 발령하기도 했다. 경기 침체로 좌초되거나 지연되는 부동산 사업이 늘어서다. 이렇게 되면 P2P금융업체들은 투자처인 부동산 사업체들로부터 대출금을 돌려받지 못할 수 있다. 투자자들이 수익은커녕 손실만 입을 수 있는 일이다.

📋 투자금 회수 보장 안 된다는 점 유념해야

P2P금융은 당초 약정된 시한 내에 내 투자금을 돌려줄까? 그렇게 믿었다간 오산이다. 이 사실을 모른 채 투자에 뛰어드는 이들이 많다.

금융당국이 잔소리하듯 "P2P금융은 원금이 보장되는 상품이 아니다"라고 강조하는 이유다. 물론 소액 분산 투자가 가능해 안심할 수 있다. 하지만 여러 곳에서 소액씩 날리면 목돈을 날릴 수 있는 일이다.

'○○업체 괜찮나요?', '믿을만한 P2P금융 소개해 주세요'.

요즘 재테크 카페에 자주 올라오는 질문들이다. 우후죽순 생겨난 P2P금융회사 속에 옥석을 가리긴 쉽지 않다. 신생 업체들이 많아 시장에 정보가 적어 더욱 그렇다. 이제 법이 제정돼 P2P금융회사라면 당국에 신고를 해야 한다. 그러니 가장 쉬운 옥석 가림법은 금융위에 등록된 업체인지 확인해보는 것이다. 신고하라는 규정을 둔 P2P금융법은 2020년 8월 27일부터 시행됐으니 그 이전에 생긴 업체는 대부업체 등록 여부를 파악해보자.

당국에서는 P2P금융회사의 신뢰도를 더 꼼꼼히 확인하려면 P2P금융협회의 재무 공시자료나 인터넷 카페의 평판을 찾아보길 권한다. 특히 P2P금융법이 시행된 2020년 8월 27일부터는 P2P금융회사들이 공시 의무를 갖기 때문에 제대로 된 공시 정보를 찾을 수 없다면 그 업체는 신뢰할 수 없다고 판단해야 한다.

P2P는 고위험 상품이기 때문에 소액을 분산 투자하는 게 안전하다. P2P금융회사들이 투자한 사업체가 상환 불능에 빠지면 내 돈 찾기가 힘들어진다. 이럴 때 투자금이 소액이면 그나마 피해가 적다.

P2P금융 대출 단계별 투자자 점검 항목

단계	확인할 내용	비 고
P2P 업체 선택	연계 대부 업체의 등록 여부 확인	- 금융소비자 정보포털 접속 → "등록 대부 업체 통합 조회"
	과도한 리워드 이벤트 실시 여부 확인	- 투자자 보호 및 리스크 관리 능력보다 이벤트로 투자자를 현혹하는 업체일수록 불완전판매 소지 - 회사의 재무상황 악화 및 대출 부실화 가능성도 높음
	"고객예치금 분리 보관 시스템" 도입 여부 및 투자금 입금계좌 예금주 확인	- P2P업체의 파산·해산시 제3자의 가압류 등으로부터 투자예치금을 보호하기 위하여 은행 명의의 계좌에 예치하거나 신탁하는지 확인 - "고객예치금 분리 보관 시스템" 도입여부 확인 - 투자금 입금시 P2P업체 또는 임직원 명의 계좌가 아닌 본인 명의의 가상계좌로 입금되는지 확인
	P2P업체의 사이버 보안수준 확인	- 웹 취약점 점검 여부, 암호화 프로토콜(https 등) 사용 여부, 개인정보보호 관리체계 인증(PIMS) 등을 확인 ⇒ 보안 수준이 높은 업체를 선택
P2P 대출 투자 단계	원금보장이 되지 않는 고위험 투자상품임에 유의	- 차입자 채무불이행시 투자자에게 손실이 귀속되는 고위험 상품이며 당초 약정된 투자기간 내에 투자금 회수도 보장되지 않음 유의 - P2P업체는 투자자 손실 발생시 일부를 보전해준다고 광고하나, 다수 P2P 업체의 손실보전 재원이 충분하지 않음 유의
	부동산 PF상품 투자시 공시사항 확인	- 복잡한 사업구조, 다수의 이해관계자, 시행사 등 사업주체의 영세성 등으로 리스크가 높은 상품 - 투자 전 반드시 상품설명서에 기재된 담보물건, 채권순위(선·후순위), 담보권 행사 방식 등의 투자조건을 상세히 검토 - 필요시 현장을 방문하여 입지조건 등을 확인
	자산유동화대출의 우선수익권 교부순위 확인	- 후순위대출, '우선수익권'을 담보했더라도 효력은 제한적 - 미분양 등 사업 실패 시 투자자 피해가 우려, 부동산 경기 변동에 가장 민감한 대출
	만기 연장 또는 재대출되는 방식투자 상품 여부 확인	- 신규 상품으로 안내되고 있으나 실질은 투자자를 재모집하여 만기 연장 또는 재대출하는 방법으로 부동산 PF 사업 또는 차입자의 부실 등을 이연시킬 가능성 - 차입자 대출 만기와 투자 상품 만기가 불일치할 경우 돌려막기 가능성 - 투자 전 상품설명서 등을 통해 동일차주 대출 현황, 만기연장 또는 재대출 여부, 대출만기일자 등 확인 필요
투자 완료 이후	(부동산 관련 P2P대출) 투자 이후 공사 진행 상황 등 지속 모니터링	- P2P업체의 공시사항 참고 - 등기부등본 조회·현장 방문 등으로 진행 상황 지속 모니터링

출처: 금융감독원

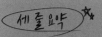

세 줄 요약

* P2P금융은 소액으로 투자할 수 있고 실시간으로 수익률, 세후 이자를 확인 가능하다.
* 해당 업체가 당국에 신고된 곳인지 확인하고 투자해야 한다.
* P2P금융협회의 재무 공시자료나 인터넷 카페의 평판으로 안전성을 검증해 보자.

파이어족에게 배우는
절약 노하우

'정말 열심히 살았는데 왜 돈은 이렇게 부족한 걸까….'

재테크 블로거 '대퐈마' 신현정 씨는 마흔 무렵 깊은 회의에 빠졌다. 아버지가 지병으로 돌아가시고 어머니는 잔병치레가 많은데 그녀가 도울 길이 별로 없었다. 그는 여전히 빠듯하게 월세로 사는 월급쟁이였을 뿐. 백화점 서비스 직원으로 일하던 그녀는 하루하루 손님들을 대하는 감정노동으로 그야말로 꾸역꾸역 살았다.

"영혼이 거의 죽어가고 있었어요." 그러다 같은 업종에서 일하던 여동생이 강성 고객의 갑질에 무릎을 꿇는 모습을 보며 그녀는 결심했다. '지긋지긋한 일을 빨리 때려치우려면 돈을 모으자.' 생활비를 확 줄이고 재테크 책들을 공부하며 돈을 악착같이 모아 직장을 박차고 나오기로 마음먹었다. 시험 삼아 3년간 지출을 과감히 줄였다. 예상 외로 그럭저럭 살만 했다. '일을 그만 둬도 괜찮겠네?' 그녀는 이렇게 30대 후반이 된 2015년 과감히 은퇴했다.

미혼인 그녀는 한 달 식비로 30만 원만 쓴다. 블로그를 운영하며 협찬을 받아 식재료, 화장품 등 다양한 생필품을 무료로 받고 있다. 의류도 꼭 필요할 때만 좋아하는 브랜드의 1~3년 전 이월상품을 찾아 산다. 인터넷 쇼핑몰에서 50~90% 할인하기 때문이다. 그녀가 경계하는 건 온라인 쇼핑몰의 묶음 상품이다. 저렴하다고 묶음으로 샀다간 나도 모르게 목돈을 쓰게 된다. 그녀는 옷을 꼭 한 번에 한 벌만 산다. 그래야 '미니멀 라이프'도 실천할 수 있다. 짐을 과감히 줄여 확 다이어트한 공간에서 살려고 한다.

그녀 같이 일찍 은퇴하는 이들을 '파이어족'이라고 부른다. '파이어'는 '재무적으로 독립해 일찍 은퇴한다Financial Independence Retire Early'는 영문의 앞 글자를 딴 신조어인데, 이들은 30, 40대에 은퇴한다. 요즘엔 20대에 은퇴하겠다는 당돌한 이들도 생겨났다. 파이어족은 조기 은퇴 목표를 세우고 수입의 70~80% 이상을 저축한다. 소중한 인생, 달콤한 휴식을 더 일찍 맛보기 위해서 살인적인 절약을 실천한다.

파이어족이 생겨난 미국에선 주로 밀레니얼 세대(1980~2000년생)가 파이어족이다. 주로 2008년 글로벌 금융위기로 부모들이 갖은 고생을 하는 모습을 보고 자랐다. 그래서인지 '돈에 발목 잡혀 살지 말자'란 생각이 자리 잡았다. 악착같이 돈을 모아 일찍이 의미 있는 삶을 살자는 생각이 강하다. 이런 흐름은 점차 퍼져 국내로 흘러 들어왔다.

필자가 파이어족 이야기를 처음 접했을 땐 '미혼들이니 가능하겠지'라며 넘겨들었다. 하지만 아니었다. 골드미스는 물론이고 두 아이를 둔 부부들까지 '조기 은퇴'를 꿈꾸고 있었다.대만계 캐나다인 밥 라이

씨는 밴쿠버에 사는 파이어족. 두 아이를 둔 아빠이지만 40대 초반이던 2011년 조기 은퇴에 성공했다. 일을 안 해도 돈은 통장에 꼬박꼬박 꽂힌다. 매달 170만 원대인 배당주 수익 덕이다. 지출은 물론 바짝 줄였다. 그는 절약하는 노하우와 쏠쏠한 투자 노하우를 블로그에 공유하고 있다.

파이어족은 반짝하는 유행으로 사라질까. 장기 경기 침체로 보면 굵직한 흐름으로 자리 잡을 것으로 보인다. 이미 세계 곳곳에선 파이어족이 온라인에 절약 실천법을 공유한다. 빠른 은퇴가 아무리 좋다고 해도 너무 '돈돈돈' 하며 아끼면 삶이 피곤하진 않을까. 오히려 이들에게선 보람과 성취감이 느껴진다. 열심히 살아 돈을 아꼈다는 생각에서다. 서로 절약을 독려하며 게임처럼 절약을 즐기는 풍경도 생겼다. 요즘 파이어족들이 공유하는 절약의 ABC를 공유한다.

💰 '절약 고수'들은 정기적으로 집정리를 한다

주부 A 씨는 지역사회 기반 온라인 중고물품 거래 플랫폼 '당근마켓'에서 두 달간 중고품을 거래해 160만 원의 수익을 거뒀다. 집안을 정리하다 자주 입지 않은 옷을 다량 촬영해 '당근마켓' 애플리케이션에 올리니 중고의류 판매상이 싹 가져갔다. A 씨는 길가다 버려진 선풍기도 가져와 깨끗이 단장해 물품으로 팔았다.

'절약이 최고의 재테크'란 인식이 퍼지며 A 씨처럼 중고품을 거래하며 알뜰살뜰 돈을 모으는 이들이 늘고 있다. 세계적으로 잘 나가는 아이돌 그룹 BTS의 김남준 씨도 중고 의류를 입어 화제가 된 바 있다. 이제 중고품은 돈 없는 사람들의 마지막 보루가 아니다. 저성장, 저금리 시대를 살아가는 현명한 소비 방법이다.

실제 조선일보가 2020년 초 SM C&C 설문조사 플랫폼 '틸리언 프로'에 의뢰해 20~60대 남녀 1,535명을 대상으로 설문조사한 결과 '중고 물건에 거부감이 있는가'라는 질문에 '없다'는 응답자는 40.9%였다. '있다'는 사람(34.2%)보다 훨씬 많았다. 이러한 인식 변화로 국내 최대 중고 거래 사이트 중고나라의 거래액은 2016년 1조 8,881억 원에서 2019년 3조 5,000억 원(추정액)으로 늘었다.

절약 고수들은 정기적으로 집안의 짐들을 뒤엎는다. 집 곳곳에 푼돈을 선물할 물건들이 숨어있다. 별로 쓰진 않는데 버리긴 아까운 '지난

온라인 쇼핑 애플리케이션 평균 실행 횟수 및 평균 체류시간

평균 실행 횟수(단위: 회)			평균 체류 시간(단위: 분)		
순위	애플리케이션 이름	실행 횟수	순위	애플리케이션 이름	체류 시간
1	당근마켓	63.4	1	당근마켓	194.7
2	번개장터	47.3	2	번개장터	113.5
3	쿠팡	42.7	3	옥션	105.3
4	11번가	36.6	4	G마켓	91.1
5	티몬	35.6	5	티몬	86.6
6	위메프	30.3	6	쿠팡	84.5
7	G마켓	30.2	7	알리익스프레스	83.5
8	옥션	27.7	8	위메프	81.2
9	롯데ON-롯데하이마트	22.3	9	GS샵	73.9
10	GS샵	21.5	10	위쉬	67.8

※ 2020년 1월 상위 브랜드 방문자 수 기준
출처: 인크로스 미디어데이터 클리핑 2020년 2호

6개월간 안 쓴 물건이면 앞으로도 안 쓸 물건'이라고 고수들은 조언한다. 6개월 이내 산 물건 중 잘 안 쓴 물건을 과감히 팔라고 말이다. 물건을 샀을 당시 10만 원 안팎이었다면 적당한 매물이다.

숨은 매물을 골라냈다면 중고장터에 물품 거래 가격을 검색해보자. 애초 기대한 가격보다 저렴하게 가격을 책정해야 눈길을 끌 수 있다는 조언이 많다. 물건은 최대한 자세하게 적어 올린다. 의류에 보풀이 있거나 전자제품에 흠이 있거나 하자 내용을 솔직하게 올려야 나중에 구매자와 분쟁이 생기질 않는다. 물건을 처분할때 하나하나의 수입이 미미할지도 모른다. 하지만 한꺼번에 짐을 정리해 처분하면 돌아오는 수익이 쏠쏠할 것이다.

🛍 쓰레기통에 버리기 전에 고민하자

필자는 냉동실에 쌓여가는 아이스 팩을 어찌 처리할지 고민이었다. 자리만 차지하는데 버리자니 아깝고…. 또 젤리 형태가 많아서 버리기도 난감했다. 코로나19 확산으로 집콕 기간이 길어져 신선식품을 배송시키다 보니 아이스 팩은 쌓여만 갔다. '에라 모르겠다. 애물단지를 버려야겠다'라고 생각한 순간, 친구 이야기가 떠올라 브레이크를 걸었다. 아는 이들은 알고 있었다. 아이스 팩도 돈이란 사실을 말이다.

요즘 재테크 카페나 맘 카페에서 공유되고 있는 대표적인 절약 팁은 '아이스 팩 팔아 포인트 받기'다. 대표적으로 온라인 쇼핑사이트인 현대H몰에선 정기적으로 아이스 팩을 수거하면서 백화점 포인트를 지급하고 있다. 아이스 팩 20개가량을 모아 선착순으로 신청에 성공하면 해당 온라인 사이트에서 결제할 수 있는 포인트를 받을 수 있다. 이렇듯 중고시장에 내놓을 물건의 영역은 무궁무진해지고 있다.

직장인 B 씨는 최근 방을 갑자기 빼달라는 집주인의 연락에 부랴부랴 옷 정리에 나섰다. '어느 세월에 버릴 옷과 가져갈 옷을 정리하나'. 난감해하던 그녀는 헌옷 방문 수거 업체에 연락했다. 업체 직원은 옷 상태를 이리저리 살피며 추려냈다. 저울에 달아 무게를 재서 쳐준 금액이 3만 원 대였다. 그녀는 "헌옷을 이삿짐으로 싸지 않고 업체에 한꺼번에 처분해 버리니 편리한데 돈까지 벌었다"라며 뿌듯해했다.

이런 헌옷 방문 수거 서비스를 이용하는 이들도 많아지고 있다. 온라인에서 찾으면 쉽게 검색되는 이런 업체들을 쉽게 찾을 수 있다. 업체들은 의류 브랜드 가치가 높으면 1kg당 1,000원까지 보상해주기도 한다. 쓰다 만 프라이팬, 휴대전화, 에어컨 등 각종 물품을 수거해 가기도 하니 활용해볼 만하다.

🛍 신상품보다 '리퍼 제품' 먼저 구경을

주부 C 씨는 비싼 안마의자를 사고 싶지만 엄두를 못 냈다. 워낙 고가였기 때문이다. 그러다 최근 온라인 전자제품 마트에서 '안마의자 리퍼상품 할인' 이벤트를 발견했다. 단 10대만 판매한다는 공지에 재빨리 구매했다. 그녀가 이렇게 아긴 돈은 120만 원. 여기에 백화점 포인트 10만 점도 덤으로 생겼다. 안마의자 전용 쿠션까지 사은품으로 챙겼다. 그녀에겐 리퍼 상품이란 찜찜함은 없고 비싼 안마의자를 저렴하게 샀다는 뿌듯함뿐이다. 게다가 구매처에서 1년간 무상으로 애프터서비스^{AS}를 해준다니 안심이다.

리퍼(리퍼브) 제품은 '재단장'을 뜻하는 'refurbished'의 약자다. 신상품이 판매 즉시 반품되거나 매장에 전시돼 있던 물건들을 시가보다 저렴하게 판매한다. 짠물 소비족들에겐 리퍼 제품 쇼핑이 일상화됐다. 과거엔 남의 손을 탄 물건에 거부감이 있었지만 이젠 신혼집, 이사한 집에도 리퍼 가구를 들이는 이들이 많다. 저성장 속에서 새 제품을 사기엔 경제적 부담이 크기 때문이다. 종종 인터넷 판매가나 때로는 중고품 판매가보다도 저렴한 리퍼 제품이 나오고 있어 절약하려는 이들에게 환영받고 있다.

게다가 최근엔 공인된 대형 브랜드들이 리퍼 제품만 판매하는 전문점을 열거나 리퍼 제품을 판매하는 날을 '리퍼 데이'로 정하며 리퍼 시장에 가세했다. 일부 브랜드 회사들은 리퍼 제품에 대해서도 반품을 허용해주거나 AS까지 해주니 망설이던 이들도 리퍼에 손을 뻗게 됐다.

리퍼 전문 온라인 쇼핑몰 사례

쇼핑몰 명	웹사이트 주소	판매 품목
떠리몰	www.thirtymall.com	유통기한이 임박한 간식, 스낵류
이유몰	www.eyoumall.co.kr	못난이 농수산물, 유통기한이 임박한 식품, 리퍼 상품
임박몰	www.imbak.co.kr	각종 음료, 식품과 건강식품
리퍼브샵	www.refurbshop.co.kr	리퍼 가전제품
동원몰 내부 아울렛	www.dongwonmall.com	못난이 농산물, 각종 식품

출처: 직방

🗂️ '노 스펜드 데이(무지출의 날)'의 중독성

주부 D 씨는 월초부터 보름간 한 푼도 쓰질 않았다. '무지출 데이' 15일을 실천했다. 음식은 냉장고에 남은 재료들로 해결했다. 화장품이 떨어지자 온라인 이벤트를 신청해 경품으로 받아썼다. 손수 쓰는 가계부에 15일째 '무지출'이라고 적는 맛에 길들여졌다.

요즘 재테크족들은 '무지출 데이'를 실천한다. 절약을 넘어서 극단적으로 안 쓰기를 택한 것이다. 밀레니얼 세대를 중심으로 미국, 영국에선 일찍이 '노 스펜드No Spend 챌린지'가 유행이 됐다. 무지출을 실천하는 이 운동은 이벤트 기간에 임차료, 공과금 등 생계에 필수적인 비용을 제외한 모든 소비를 줄인다. 이들은 커피숍 대신 회사 커피포트를 찾는다. 점심에 외식 대신 도시락을 가져온다. 자동차 사용은 줄이고 걷거나 자전거를 탄다.

이런 운동은 '무지출 데이'란 이름으로 국내 재테크 카페에서 정착했다. 참가자들은 카페에 '무지출 데이 선언'이란 제목으로 자신의 무지출 노하우나 결심을 올린다. 댓글로 응원을 얻으며 성취감을 얻기도 한다.

젊은층은 무지출 데이 선언을 일종의 게임으로 삼아 재미를 붙이고 있다. 서로 경쟁하듯 절약한 금액을 늘려간다. 어떤 이들은 정신적 건강을 찾는다. 업무 스트레스를 '카드 긁기'로 해소했던 지난날과 이별했다. 대신 소비를 인내하며 뿌듯함을 키운다.

극단덕인 무지출이 힘들다면 분야별로 조금씩 지출을 막아보는 것도 방법이다. 재테크족들이 쉽게 시도해보는 무지출 분야는 '커피값'이다. 한국인의 커피 사랑은 유별나기 때문에 누구든 커피값 끊기로 절약을 실천할 수 있는 여지가 크겠다. KB금융지주 경영연구소의 '커피 전문점 현황과 시장 여건'에 따르면 지난해 한국인 성인 1인당 커피소비량은 연간 353잔으로 하루 한잔 꼴이다. 이는 세계 평균의 2.7배에 달한다.

돈 쓰는 방식을 일부러 불편하게 만드는 이들도 있다. 결제가 편리해지면 그만큼 소비도 쉬워지는 법이다. 결제가 불편해지는 환경을 만들자. 우선 스마트폰의 애플리케이션카드를 모두 지워버린다. 가급적 지출을 바로바로 관리할 수 있는 체크카드를 쓰거나 봉투에 현금을 들고 다닌다.

'냉파(냉장고 파먹기)'도 실천한다. 간편결제가 가능한 각종 배달애플리케이션을 지우고 배달음식 대신 재테크 카페에선 냉파 노하우가 공유된다. 식비를 아낀 이들이 사진을 올려 절약 의지를 다진다.

생필품 지출 절약 노하우로는 '장보는 날 정하기'가 대표적이다. 계획성 없는 지르기를 막도록 매주 일요일 등 일정한 날을 장보는 날로 정하는 것이다. 장보는 날로 정해두면 구입할 품목을 수시로 메모해뒀다가 한꺼번에 사기 좋다. 이런 식으로 하면 꼭 필요한 물건만 구입할 수 있다.

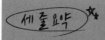

* 정기적으로 짐을 정리해 6개월간 안 쓴 물건은 과감히 중고로 팔자.
* 리퍼 전문 쇼핑몰에서 가구, 가전은 물론 음식도 저렴하게 구매 가능하다.
* '무지출의 날'을 정해 생활비를 아끼고 재테크 카페에 인증해보자.

STEP
5

저수익 시대, 현명하게 리스크 줄이는 법

chapter 18

복잡해진
대출 방정식,
알아야 산다

서울 서대문구에 사는 60대 은퇴자 A 씨는 몇 년 전 아파트를 담보로 생활비 대출을 받았다. 아들 결혼자금으로 쓰기 위해서였다. 금리가 워낙 내려가고 있어서 큰 부담이 없었다. 초저금리시대가 길어질 것이란 얘기가 워낙 많지 않은가. 12억 원대 아파트가 수중에 있으니 빚은 차근차근 갚아 나가면 될 것 같았다.

하지만 갑자기 퇴직해 소득이 끊기니 암담해졌다. 게다가 코로나19로 소일거리도 찾기가 어려워졌다. 그는 의료비, 생활비가 빠듯해지자 신용대출을 받으려 은행을 찾았다가 더욱 낙담했다. '소득이 없으니 대출을 더 받을 수 없다'는 냉정한 답변만 듣고 돌아서야 했다.

사실 요즘 주택담보대출을 안 받은 사람을 찾기 힘들다. 재테크족 사이에선 빚내 투자하지 않으면 오히려 바보 꼴이 되기 십상이다. 초저금리에 '영끌(영혼까지 끌어 모아 대출)하지 않으면 손해'란 인식이 만

연하다. 요즘 같이 돈 굴릴 곳이 마땅치 않을 땐 대출이 최고의 투자수단일 수 있다.

하지만 '묻지마 대출'은 위험하다. A 씨처럼 저금리에 안심하고 대출을 시도했다가 큰 고비를 만날 수 있다. '영끌' 투자도 사려는 집의 미래가치가 확실해야 의미가 있다. 예전보다 더 꼼꼼히 따져보고 대출 받아야 하는 시대가 됐다. 코로나19로 인한 세계적인 불경기 등 불확실성이 커졌기 때문이다. 금리는 싸지만 당장 내 지갑은 유리지갑이 된다는 것을 잊지 말자.

🪪 주택담보대출, 발품 팔아 저렴한 이자 찾기

저금리에 부동산으로 돈이 몰리는 건 세계적 현상이다. 아무래도 요즘은 주택담보대출 수요가 많다. 2020년 9월 말 기준 가계대출 잔액은 1,585조 5,000억 원으로 3개월 전보다 39조 5,000억 원이나 늘었다. 그런데 이 중에 주택담보대출 증가액만 17조 4,000억 원을 넘었다. 앞으로 집값이 더 오를까봐 불안한 수요자들이 빚내서 집을 사들이고 있는 것으로 보인다. 정부는 그간 대출 한도를 낮추고 세제를 강화하는 각종 규제를 썼지만 소용이 없었다. 정부가 대책을 발표해 시장을 짓누를수록 가격은 더욱 뛰었다. '집을 빨리 사놔야 덜 손해'란 인식이 강해졌다. 투자의 기본이 돼 버린 대출, 어떻게 받아야 이익일까.

"이자가 얼마나 싼가요?"

은행 대출담당 직원들은 고객들에게 이런 질문을 가장 많이들 받는다고 한다. 저금리라고 하지만 주택을 담보로 할 땐 워낙 대출금이 크니 이자를 저울질해야 할 수밖에 없다. 은행이나 부동산업계에선 "발품을 꼭 팔아야 이자가 저렴한 상품을 찾는다."라고 말한다. 단순히 금리비교 사이트로 따져봐야 실상에 안 맞는 경우가 많다.

"금리비교 사이트를 보고 찾아오시는 분들은 허탕치는 경우가 많아요. 은행들이 '최저 금리'를 주겠다고 하지만 통상 그냥 최저 금리를 주지 않거든요. 급여이체 통장을 자기 은행으로 바꾸라는 등 조건이 줄줄이 붙죠."

한 시중은행의 대출 담당 직원의 얘기다. 그래서 대개 이미 급여이체 통장이 있는 은행을 찾는 게 무난하다. 그런 주거래 은행들이 금리를 잘 우대해주는 편이다. 주거래 은행도 금리가 그저 그렇다면 발품을 팔아 여러 은행을 알아봐야 한다.

발품 팔기가 부담된다면 공인중개업소가 소개하는 대출중개모집인들을 활용해볼 수 있다. 보통 공인중개업자들은 여러 상담사들을 소개해준다. 각 은행과 연계된 대출중개모집인들이다. 반드시 이들과 거래할 필요는 없겠지만 이들에게 각 은행의 금리와 조건을 탐색해볼 수 있다.

주택담보대출은 규제가 아주 복잡하다. 개인에 따라 대출 한도나 갖춰야 할 조건이 너무 각양각색이라 한 마디로 조언하기도 어렵다. 결국 은행 지점을 찾아 직접 상담을 받아야 정확하게 파악할 수 있다.

지점을 방문하기 전엔 내가 과연 돈을 빌릴 순 있는지 대략적으로 따져볼 필요가 있다. 기존 대출이 워낙 많으면 은행을 찾았다가 헛걸음만 할 수 있다. 대출 한도를 이미 다 써버렸을 수 있기 때문이다.

내게 돈을 빌릴 수 있는 한도가 남아 있는지 판단해보는 지표를 알아보자. 대표적으로 주택담보인정비율^{LTV}, 총부채상환비율^{DTI}, 총부채원리금상환비율^{DSR}이 있다. 우선 LTV는 대출이 가능한 금액을 주택 시가의 몇 퍼센트로 정한 규제다. 정해진 LTV를 넘는 돈은 대출받지 못한다. 2019년 시행된 '12·16 부동산 대책'에 따르면 투기지역이나 투기과열지구에선 LTV가 시가 9억 원 이하는 40%, 9억 원 초과 15억 원 미만은 20%다. 시가 15억 원을 넘는 아파트는 담보 대출이 아예 어렵다.

만약 시가 10억 원짜리 아파트를 담보로 대출을 받고 싶다면 최대 3억 8,000만 원이 나올 수 있는 것이다. 9억 원까지는 40%인 3억 6,000만 원, 나머지 1억 원은 20%만 적용받아 2,000만 원이 한도이기 때문이다.

LTV만 충족한다고 끝이 아니다. DTI와 DSR의 장벽을 넘어야 한다. DTI는 주택담보대출의 연간원리금 상환액과 이외 다른 부채의 연간이자 상환액의 합을 연 소득으로 나눈 비율이다. 여기에서 연 소득은 봉급생활자의 경우 총급여소득, 자영업자는 사업소득이다. 자영업자의 경우 어떤 잣대로 사업소득을 따질지 헷갈릴 수 있으니 은행에 정확히 문의해보자. DTI는 투기지역과 투기과열지구에선 40%로 제한된다. 대출 원리금 상환액과 기존 부채이자 상환액을 합한 금액이 연 소득의 40%를 넘을 수 없다는 뜻이다. 이때 연 소득은 대출자 본인을 기준으로 계산하는데 담보대출이 없으면 부부합산 기준으로 계산할 수 있다.

마지막으로 DSR은 대출자가 매년 갚아야 하는 모든 대출의 원리금을 연 소득으로 나눈 가계대출 관리지표다. DSR이 원래 다른 지표와 다른 점은 개개인에게 적용되는 게 아니라 은행별로 계산된다는 점이다. 그래서 DSR 한도를 넘어서는 경우라도 은행 전체 한도를 고려해서 대출이 될 수 있다. DSR은 은행에 방문해 직접 알아보는 게 정확하다. 다만 투기지역 및 투기과열지구에서 시가 9억 원을 넘는 주택을 담보로 대출을 받는 사람은 개별적으로 DSR을 충족해야 한다.

여기에 DSR 규제가 더 촘촘해졌다. 연봉 8,000만 원을 넘는 사람은 주택담보대출 없이 1억 원을 넘는 신용대출을 받을 때 개인별로 DSR 규제를 적용받는다. 주택담보대출, 신용대출을 모두 아우르는 연간 원리금 상환 금액은 연봉의 40%를 넘을 수 없다.

2020년 12월 말 기준 시가 9억 원 초과 주택을 담보로 대출을 받을 때 DSR이 은행권은 40%, 비은행권은 60%로 정해져 있다. LTV와 DTI의 문턱을 넘은 사람이어도 DSR을 고려할 때 대출 여력이 빠듯해져 있다면 신중할 필요가 있다. 조만간 소득이 줄어들 처지라면 급히 돈을 빌려야 할 때 대출 길이 막혀버릴 수 있다.

주택구입 목적으로 주택담보대출과 신용대출을 이용하려 한다면 알아둘 점이 있다. 같은 은행에서 주택담보대출과 신용대출을 짧은 기간

LTV DTI 규제 현황

	LTV	DTI
투기지역·투기과열지구	-9억 원 이하: 40% -9억 원 초과: 20%	40%
조정대상지역	-9억 원 이하: 50% -9억 원 초과: 30%	50%
비규제지역	70%	60%

※투기지역·투기과열지구 시가 15억 원 초과 아파트를 담보로 한 주택 구입용 대출 금지
출처: 금융위원회

내에 연이어 받지 못하는 규제다. 과도한 가계대출을 억제하기 위한 장치다. 은행에 따라 20일 전후로 연이어 대출을 못 일으키도록 제한하고 있으니 염두에 두고 대출 계획을 짜야 한다.

💼 금리 계속 떨어질 분위기면 변동금리로

'지금이라도 갈아타야 하나….'

주택담보대출을 받은 사람들의 요즘 고민이다. 직장인 B 씨도 마찬가지. 2018년 적격대출을 받아 집을 마련한 그는 대출을 갈아타야 하나 고민이다. 당시 30년간 연 3.3%의 고정이율로 대출을 받았다. 그런데 저금리 기조로 시중에 2%대는 물론 1%대 주택담보대출 상품마저 나왔으니 마음이 흔들린다.

'나만 손해보고 있는 거 아닌가?'

그는 주변에서 신규 대출을 받는 사람들을 보면 항상 이런 생각이 든다. 지금이라도 이자가 좀 더 저렴한 대출로 갈아탈지, 아니면 조금 더 기다렸다가 금리가 더 내려가면 갈아탈지 정하질 못하고 있다.

요즘처럼 금리가 계속 떨어지고 있을 때는 기존 고정금리 대출자가 고민이다. 변동금리로 받은 사람은 금리가 인하될 때 이와 연동해 대출 금리가 떨어질 수 있는데 고정금리는 그렇지 않다. 앞으로 금리의 향방을 예언할 수 있다면 답은 간명하겠지만 그게 쉽지가 않다.

전문가들이 전반적으로 조언하는 방향은 이렇다. '앞으로 금리 인하 가능성이 높으면 변동금리로 갈아타고, 아니라면 고정금리를 유지하라.' 만약 금리가 반등할 변수가 있다고 본다면 고정금리에 머무는

것이 좋다. 금리 갈아타기를 고려할 때는 중도상환 수수료를 따져봐야
한다. 주택담보대출은 대개 가입 후 3년간 대환을 하게 되면 수수료를
부과한다. 은행에 따라 다른 수수료를 잘 따져봐야 한다. 수수료가 높
으면 차라리 움직이지 않는 게 현명할 것이다. 어차피 요즘 같은 저금
리 시기엔 고정이든 변동이든 금리차가 유의미하지 않을 수 있다.

　다만 대출을 갈아탈 때는 LTV 규제가 달라질 수 있음을 기억하자.
기존 대출상품에 적용되던 LTV는 잊고 갈아타는 새 상품의 LTV를 적
용받는다. 주택 시가도 기존 상품의 가입시점이 아닌 새 상품 가입 시
점으로 따져봐야 한다. 불확실성이 높은 이런 시기엔 상환기간도 짧게
설정하는 게 유리하다. 금리가 더 떨어지거나 반등하면 그에 맞게 갈
아타기 좋도록 말이다.

대출금리의 종류

종류	특징	장점	단점
고정 금리	대출 실행 시 결정된 금리가 대출 만기까지 유지	시장금리 상승기에 금리인상이 없음. 대출기간 중 월 이자액이 균일해 상환계획을 세우기 좋음	시장금리 하락기에 금리 인하 효과가 없어 변동금리보다 불리. 통상 대출시점에는 변동금리보다 금리가 높음
변동 금리	일정 주기마다 대출 기준금리의 변동에 따라 대출금리 변동	시장금리 하락기에는 이자 부담 경감 가능. 통상 대출 시점에는 고정금리보다 금리 낮음	시장금리 상승 시 이자 부담이 증가될 수 있음
혼합 금리	고정금리 방식과 변동금리 방식이 결합된 형태 (통상 일정기간 고정금리 적용 후 변동금리 적용)	금융소비자의 자금계획에 맞춰 운용 가능	

출처: 은행연합회

📁 마이너스 통장, 만들어두고 안 써도 한도가 줄어든다

마이너스 통장 금리도 저렴해지면서 주목받고 있다. 하지만 장단점을 제대로 알고 이용해야 불이익을 피한다. 마이너스 통장은 계좌에 대출 한도를 미리 정해두고 필요할 때마다 자유롭게 꺼내 쓸 수 있다. 일단 한 번 개설하면 복잡한 절차 없이 돈을 빌릴 수 있어 편리하다.

필요한 만큼 꺼내 쓰고 그 금액에 대해서만 이자가 붙는다. 마이너스 통장은 급전을 쓴 뒤 갚을 돈을 빨리 마련해 금방 채워 넣을 수 있는 사람에게 적합하다. 중간에 쓴 돈을 빨리 채워 넣으면 일반적으로 중도상환수수료가 없다.

하지만 마이너스 통장의 단점은 통장을 만들어둔 뒤 돈을 빌리질 않아도 다른 대출을 받을 때 한도가 줄 수 있다는 점이다. 한 시중은행의 대출 담당자는 "마이너스 통장의 한도만큼 대출된 것으로 계산돼 다른 대출을 심사할 때 거절될 수 있다. 이 사실을 모르는 고객이 상당히 많다."라고 말했다.

또 마이너스 통장은 이자에 이자가 붙는 복리 방식으로 계산된다. 혹시나 연체가 되면 연체이자 부담이 클 수 있다.

📁 대출 초기엔 시중은행에서 빌려 '첫 단추' 잘 끼워야

"신용등급이 6개월 만에 1등급에서 6등급으로 떨어졌다니…."

40대 직장인 C 씨는 2020년 여름 자신의 신용등급이 뚝 떨어진 사실에 망연자실했다. 6개월 전만 해도 번듯하게 시중은행에서 대출을 받았던 그였다. 이제 시중은행 문턱을 넘보기 힘들어진 것이다.

C 씨에게 무슨 일이 있었던 것일까. 그는 아버지 병원 치료비로 급히 대출을 받았지만 3,000만 원 정도만 빌렸을 뿐이었다. 연체 내역도 거의 없었다. 알고 보니 대출의 첫 단추를 잘못 끼웠다. 카드사 대출은 물론이고 현금서비스, 저축은행, 대부업체 등에서 소액씩 야금야금 빌려 온 것이다. 그가 애초에 급여통장이 있는 시중은행에서 대출을 시작했다면 얘기는 달라졌을 것이다. 카드사 등에선 금리가 10%를 훌쩍 넘지만, 연 5%의 금리로 시작했을 수 있었던 일이다.

"진료비를 결제해야 하니 너무 다급해 카드사에 전화를 걸었죠. 그 뒤에도 돈이 갑자기 필요할 때마다 여기저기 알아보다 보니…."

이제 대출에 임하는 전반적인 자세에 대해 이야기 해보자. C 씨처럼 우량한 신용의 직장인이 한 순간에 저 신용자로 전락하지 않으려면 대출의 '첫 단추'가 중요하다. 보통 급히 돈을 찾다 보면 빠르게 손에 돈을 쥐어주는 카드론이나 대부업체를 찾기 쉽다. 하지만 카드나 대부업체에 손을 대는 순간 내 신용도에 변동이 생길 수 있다.

가급적 금리가 낮고 신용이 좋은 시중은행 같은 1금융권에서 대출을 시작하는 게 좋다. 저축은행에서 대출한 내역이 2건 이상 된다면 시중은행에서 거절을 당할 수도 있다. 그만큼 신용 좋은 고객만 선별하는 시중은행에서 시작하는 게 중요하다. 대출 금리도 전반적으로 1금융권이 저렴한 편이다. 또 같은 금액을 빚지더라도 여러 곳에서 이곳 저곳 받으면 신용에 불리할 수 있다. 가급적 한 곳에서 한꺼번에 받는 게 좋다. 그래야 대출액을 관리하기도 쉽다.

💰 대출로 유비무환有備無患? 더 큰 환을 부른다

"미리미리 대출을 받아두시려는 분들이 많으세요."

서민금융진흥원에서 대출 상담을 맡은 한 직원이 걱정스러운 투로 말했다. 코로나19 이후 자영업자들이 앞으로 살 길을 걱정하며 대출을 받아둔다는 얘기였다. 문제는 가게 사장님들이 실제 어려워서 빌리는 건 아니란 점이다. 앞으로 어려워질 시기를 대비해 미리 대출을 받는 다고 했다. 정부에서 코로나 사태로 자영업자를 지원하는 저금리 상품 을 내놓으니 '일단 빌리고 보자'는 심리도 생겨났다. 앞으로 정부가 대 출 지원을 어찌할지 알 수 없으니 말이다. 전문가들은 대출상품 이용 자들에게 거듭 강조한다. "제발 필요한 만큼만 대출 받으세요."

대출 건수가 단기간에 많아지면 신용이 낮아질 수 있다. 정작 진짜 돈이 급할 때 막상 대출 심사를 받았다가 거절될 수 있는 일이다.

💰 빚을 갚을 땐 월 상환 부담이 큰 대출부터

이제는 출구전략을 알아보자. 대출을 잘 받는 것도 중요하지만 대출 을 계획성 있게 갚아야 한다. 대출 상환의 우선순위를 어떻게 정할까. 물론 연체 위험이 높은 건이 우선일 것이다.

만약 상환 시점이 비슷한 여러 건의 대출이 있다면 어찌할까. 흔히 들 금리가 높은 대출부터 갚고 보자고 생각한다. 하지만 이는 단순한 계산이다. 채무 상담가들은 "월 상환액이 큰 대출부터 갚아야 한다."라 고 조언한다. 금리가 높아도 상환기간이 길면 월 상환부담이 적을 수 있다. 금리가 낮더라도 상환기간이 짧으면 월 상환액이 많다. 상환부담이 큰 대출부터 처리해야 다른 대출을 갚아나갈 여력을 확보한다.

대출을 갚을 땐 연체가 되기 전에 내 상환 여력을 냉정하게 분석해야 한다. 기본적으로 신용카드 사용을 '0'으로 해야 한다는 조언이 많다. 그래야 내 현금흐름이 자세히 파악되기 때문이다. 이렇게 볼 때 월 지출 수준이 대출을 갚을 수 있는 정도가 아니라면 과감히 자산을 처분해 현금화해야 한다.

세 줄 요약 ☆

* 금리가 저렴한 대출은 급여이체 통장을 개설한 은행에서 먼저 알아보자.
* 연봉 8,000만 원이 넘으면, 1억 원 초과 신용대출을 받을 때 더 강화된 규제를 받는다.
* 마이너스 통장은 개설해두고 안 써도 다른 대출을 받을 때 한도가 줄어들 수 있다.

chapter 19

노후 발목 잡는 '빚' 다이어트 꿀팁

"현대캐피탈입니다. 정부가 저소득층을 위해 내놓은 저금리 대출 지원 대상에 고객님이 선정되셨습니다."

중소기업에 다니던 A 씨는 어느 날 이런 전화 한 통을 받았다. 일용직으로 일하는 아내와 고생해서 빚을 갚고 있던 참이라 뛸 듯이 기뻤다. '빚을 이참에 저금리 대출로 갚아버려야겠구나.' 그는 가족들이 모르던 빚을 조용히 저금리 대출을 받기로 마음먹었다. 얼른 대출상담사가 요구하는 개인 서류를 보냈다. 그런데 며칠 뒤 상담사는 이상한 요구를 해왔다.

"고객님 신용등급이 낮으니 등급을 올리려면 송금을 부탁드립니다.""법무사에게 수수료를 보내야 하니 송금해주세요."

세상을 잘 몰랐던 그는 상담사가 요구하는 족족 돈을 보냈다. 그러다 상담사의 연락이 끊겼다. 저렴한 이자에 빌려준다던 돈은 입금되지 않았다. 알고 보니 상담사는 현대캐피탈인 것처럼 유사상호로 꾸민 보이스피싱 단체의 조직원이었다.

2,000만 원을 날린 A 씨는 오히려 기존 빚을 갚기가 힘들어졌다. 은행, 카드사, 대부업체 등에서 연체 통지서가 날아왔다. 그는 상환을 요구하는 독촉 전화에 시달렸다. 대부업자는 아이의 학교까지 찾아와 협박했다. 견디지 못한 그는 지인의 소개로 채무조정 절차를 밟기로 했다. 신용회복위원회(신복위)를 찾아 상담을 받았다. 한두 달 간의 절차를 거쳐 마침내 원금을 8년간 나눠 갚을 수 있게 됐다.

A 씨는 "독촉전화와 문자가 사라지고 매일 집으로 오던 대부업자도 보이질 않으니 살 것 같다."고 했다. 그는 자신처럼 채무조정의 장점을 모르던 이들을 위해 신복위에 수기를 보냈다.

살다보면 예기치 않게 빚이 불어나고 연체에 빠지는 일이 있다. 소득이 끊기는 은퇴 시점이 되면 이 빚은 생계를 날카롭게 위협한다. 은퇴 이후엔 빚 갚을 길이 더욱 막막해지기 때문이다. 그렇기에 일찍이 적극적으로 채무조정을 고려해볼 필요가 있다.

기자로서 채무조정 관련 기사를 쓸 때면 독자들의 반응에 놀라곤 한다. 채무조정 제도를 모르는 채무자들이 생각보다 꽤 많다. 관련 기사가 많이 나오고 홍보도 되고 있는데 말이다. 채무자들은 '이런 제도가 있는지 몰랐다', '나도 빚을 줄일 수 있나'라는 반응이다. 이들은 뒤늦게 채무조정을 통해 예상 외로 큰 부담을 덜기도 한다. 빚을 재정리하다 보면 삶도 재정리된다.

소득이 있는 사람이라면 빚 상환을 늦추며 해결해보는 게 나을 것이다. 채무조정을 거치면 아무래도 이 사실이 신용기록에 남기 때문이다. 하지만 소득이 터무니없이 줄어 빚 상환의 기대가 사그라들고 있다면 상담부터 받아볼 필요가 있다.

채무조정 필요할지 자가진단 먼저

'채무조정을 하는 게 나을까, 빚을 다시 돌려 막아야 할까.'

사실 상환 시점이 다가오면 채무자로선 다급해질 수밖에 없다. 빚 돌려 막기 외엔 방법이 없을 것 같다. 하지만 이러다가 다중 채무자가 되고 만다. 취재를 하다 심각한 빚더미에 앉은 이들을 인터뷰하다 보면 이 '빚 돌려 막기'가 비극의 시작이었다. '일단 만기를 막고 보자'는 생각에서 모든 우환이 시작된다.

그런 이들에게 전문가들은 강조한다. 빚을 돌려 막기 전에 채무조정을 시도해 봐야 한다고 말이다. 자신에게 채무조정이 유리할지, 일단 빚 돌려 막기가 상책일지 고민이라면 일단 '재무진단 서비스'를 활용해 보자.

서민금융진흥원이 선보인 재무진단 서비스는 내게 채무조정이 필요한지, 아니면 다른 대출상품을 이용할만한지 진단해준다. 전국에 있는 서민금융통합지원센터에 방문하면 진단을 받아볼 수 있다.

워크아웃과 파산제도의 차이

채무조정 제도는 말 그대로 채무자의 부담을 줄여주기 위해 채무를 조정해준다는 의미다. 상환기간 연장, 분할상환, 이자율 조정, 상환 유예, 채무감면 등의 방법을 쓴다. 크게 보면 신복위가 운영하는 워크아웃이 있고, 법원이 시행하는 개인회생 및 파산면책제도가 있다.

채무조정에 들어가면 어떤 점이 좋을까. 신복위에서 진행하는 채무조정은 신청만 해도 추심 독촉이 중단된다. 연체 중에는 통장을 사용하지 못하는 경우가 많은데, 채무조정이 시작되면 사용할 수 있다. 또 이곳저곳에 산재된 빚을 하나로 모아 관리할 수 있다.

하지만 채무조정을 망설이는 이유는 '혹시나 불이익이 없을까' 하는 불안 때문이다. 물론 채무조정에 들어가면 신용정보에 남기 때문에 신용이 하락한다. 하지만 채무조정이 완료되고 일정 기간이 지나면 기록이 없어진다. 신용이 회복되는 것이다.

채무조정 진행 중에는 채무자가 다른 대출이나 신용카드 등을 이용하긴 어렵게 된다. 채무조정이 끝나고 신용이 회복되면 대개 큰 어려움은 없다. 하지만 연체 경험이 있는 금융회사에선 불이익이 있을 수 있다. 그 회사에는 연체 기록이 남아 있기 때문에 대출이나 카드 발급을 할 때 심사에 반영되기 쉽다.

그렇다면 채무조정이 확정됐는데 신복위가 승인한 변제계획을 채무자가 이행하지 못한다면? 변제계획을 3개월 이상 이행하지 못하면 채무조정 효력이 없어진다. 모든 게 원점으로 돌아가 채권추심이 시작될 수 있다.

흔히들 어려워하는 부분이 '다양한 채무조정 제도 중 어떤 걸 택해야 하는가' 이다. 신복위와 법원의 길 중 절대적으로 유리한 길은 없다. 채무자의 재정상태, 미래 소득 가능성 등에 따라 해법은 너무나도 다르다. 먼저 상담을 받고 선택하는 것을 추천한다.

보통은 신복위가 관할하지 않는 채무를 진 사람은 법원으로 향한다. 신복위는 신용지원협약에 참여한 금융회사들의 채무만 조정해줄 수 있다. 이 외에 대부업 채무나 민사채무 등 신복위의 협약에 참여하지 않은 채무는 법원의 개인회생이나 파산제도를 거치는 게 적합하다.

채무 감면율을 따지면 법원의 개인회생제도가 유리하다. 감면율이 개인회생은 60%대, 개인워크아웃은 2019년 기준 28%가량이다. 처리 기간, 신용회복에 걸리는 기간이나 신청비용 면에선 채무조정이 나을 수 있다. 처리 기간은 개인회생이 평균 6개월, 채무조정이 평균 2개월이다. 연체정보가 신용기록에서 사라져 신용등급이 회복되는 데는 각각 3~5년, 2년이 걸린다.

개인회생에는 변호사 선임비 약 200만 원에 법원 행정비용이 30만~50만 원 들어간다. 하지만 개인워크아웃엔 신청비용 5만 원가량이 든다.

🔲 일시적 위기라면 상환유예부터 신청

실업, 질병, 휴업 등 일시적 위기 때문에 빚 상환 압박에 처했다면 일단 상환유예를 신청하는 게 좋다. 신용회복위원회(신복위)의 '연체위기자 신속지원제도'를 알아보자.

신복위에 예전에 없던 상환유예 제도가 생겼다. '신속 채무조정(연체 전 채무조정)' 프로그램이다. 억울하게 갑작스러운 실업, 폐업을 당해 연체자로 몰리는 이들을 막기 위해서다. 이 제도는 연체 발생 전에 연체될 기미가 있으면 미리 신청해 연체를 막을 수 있다는 점이 특징이다. 연체위기자 신속지원제도는 실업, 폐업, 질병 같은 본인 잘못이 아닌 이유로 소득이 줄어 연체가 발생할 때 신청할 수 있다. 연체 기간은 30일이 넘지 않아야 한다. 변제가 늦춰지는 기간은 최장 2년까지다. 물론 대출금 종류, 총 채무액, 변제가능성, 담보, 채무자 신용 등에 따라 유예되는 기간은 달라진다. 만약 일자리가 생기는 등 빚 상환 능력이 생겨도 연체를 벗어나기 힘든 사람이라면 최대 10년간 장기분할 상환 혜택도 받을 수 있다.

🏠 연체 기간 짧으면 이자율 채무조정 고려하자

연체 전 채무조정 외에는 '자율 채무조정(프리워크아웃)'과 '일반 채무조정(개인워크아웃)'이 있다. 채무자의 연체 기간에 따라 선택할 수 있는 제도가 달라진다. 프리워크아웃은 이자율 채무조정으로 불린다. 연체 기간이 비교적 짧다면 이자율 채무조정을 고려해볼 만하다. 이 제도는 비교적 일시적으로 자금난에 빠진 사람들이 이용한다.

이자율 채무조정은 말 그대로 이자율이 줄어드는 제도다. 원금은 그대로 유지된다. 빚 가운데서도 담보 채무는 연체이자만 감면해 준다. 무담보 채무는 약정 이율의 2분의 1까지 깎아줄 수 있다. 다만 최고 이자율은 연 10.0%, 최저 이자율은 연 5.0%로 정한다. 혹시 약정한 이자율이 최저 이자율보다도 낮다면 낮은 이자율을 적용한다.

빚을 상환하는 기간은 담보 채무의 경우 최장 35년 안에 분할 상환한다. 일반적으론 분할 상환 기간이 20년인데 특례 조건을 충족하면 35년까지도 분할 상환이 가능하다. 무담보 채무는 최장 10년 안에 분할상환해야 한다.

변제 시기를 늦춰주는 경우도 있다. 대출금의 종류, 총 채무액, 변제 가능성, 담보, 채무자의 신용에 따라 최장 2년을 유예 받을 수 있다. 유예기간 중 이자율은 연 2%다.

이자율 채무조정은 금융회사 2곳 이상에 빚을 지고, 1곳 이상에서 진 빚의 연체 기간이 31~89일이어야 한다. 혹시 연체기간이 30일 이하여도 연 소득이 4,000만 원 이하면서 신청일 전 1년 내 누적 연체일 수가 30일 이상이면 신청할 수 있다.

채무액은 15억 원 이하(담보채무는 10억 원)여야 한다. 신청일로부터 6개월 이내에 생긴 채무가 전체의 30% 이하여야 한다. 정상적으로 소득 활동을 하고 있는 채무자여야 하고, 연간 갚은 금액이 총소득액의 30% 이상이어야 한다. 보유 자산가 금액은 10억 원을 넘지 않아야 한다.

🏠 원금까지 줄이는 개인워크아웃

빚이 좀 더 오래 연체된 사람은 개인워크아웃을 고려해보면 된다. 무담보 채무는 원칙적으로 이자와 연체이자 전액이 감면된다. 원금은 금융회사에서 손실 처리한 상각채권 중 최대 70%까지 감면된다. 감면율은 신청인의 상환 여력에 따라 다르다. 신복위가 정하는 '취약계층'은 상각채권 원금을 최대 90%까지 감면받을 수 있다. 미상각채권은 마찬가지로 신청인의 상환 여력에 따라 최대 30%까지 감면된다. 반면 담보 채무는 연체 이자만 감면된다.

무담보 채무의 경우 최장 8년간 분할 상환할 수 있다. '국민기초생활보장법'에 따른 차상위 계층 이하의 소득자는 최장 10년 분할 상환이 가능하다. 담보 채무는 연체이자만 감면된다. 거치기간은 3년 내로 제한된다. 분할 상환기간은 이자 거치기간 3년을 포함해 최장 35년이다.

변제가 유예되는 때도 있다. 대출금 종류, 총 채무액, 변제 가능성, 담보, 채무자의 신용에 따라 조건에 맞는 사람은 최장 2년 유예를 받을 수 있다.

개인워크아웃 신청 조건은 총 채무액이 15억 원 이하(담보채무는 10억 원 이하)이다. 모든 채무가 연체된 지 3개월 이상이어야 한다. 이 외에 신복위의 심의위원회에서 최저생계비 이상의 수입이 있거나 채무 상환이 가능하다고 인정받은 사람이면 된다.

🏠 거의 상환 불능에 빠지면 개인회생으로

아무리 봐도 빚을 못 갚을 상황이면 법원으로 향하는 게 맞다. 법원에서는 개인회생제도와 파산제도를 운영하고 있다. 개인회생제도는 현재 파탄에 직면했지만 미래에 안정적인 수입이 기대되는 채무자가 신청할 만하다. 신청자는 법원이 허가한 변제계획에 맞게 3년 내(특별한 사정이 있을 때는 5년 내)에 분할 변제한다. 남는 채무는 면책 받을 수 있다.

개인회생제도는 총 채무액 15억 원 이하(담보 채무는 10억 원 이하)인 개인 채무자가 신청할 수 있다. 일정한 수입이 있는 급여 소득자나 영업소득자로, 빚을 갚지 못하는 상태여야 한다.

채무조정의 가장 마지막 단계라 할 수 있는 개인파산면책제도를 살펴보자. 가장 극단에 이른 채무자가 선택할 수 있는 길이라 할 수 있다. 이 제도는 채무자가 자기 재산을 싹싹 긁어모아도 빚을 갚을 수 없을 때 신청한다. 채무자가 낭비나 사기를 저질러 파산에 이르렀다면 해당 사항이 없다. 파산제도는 채무자가 재기할 수 있는 기회를 주려는 취지이기 때문이다. 파산제도는 다른 채무조정과 달리 채무금액이 얼마 이하여야 한다는 조건이 없다.

채무조정의 종류

담당 기관	종류	특징
신용회복 위원회	연체 전 채무조정 (신속채무조정)	채무를 정상 이행 중이거나 1개월 미만 단기 연체 중인 채무자에 대한 신속한 채무조정 지원으로 연체 장기화를 방지
	이자율 채무조정 (프리워크아웃)	1~3개월 미만 단기 연체 채무자에 대한 선제적 채무조정을 통해 연체 장기화를 방지
	채무조정 (개인워크아웃)	3개월 이상 장기 연체 채무자에 대한 채무조정 프로그램으로 신용회복과 경제적 회생을 지원
법원	개인회생	가용소득 범위 내에서 일정기간 채무를 변제한 뒤 잔여채무는 면책하는 법원의 결정
	파산면책	채무 상환능력이 없는 한계 채무자에 대해 파산면책 결정을 통해 채무 상환 책임을 면제하는 법원의 결정

출처: 신용회복위원회

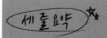

* 채무 감면율은 개인회생제도가, 처리 기간이나 비용은 채무조정이 유리하다.
* 빚을 돌려막을지 채무조정할지 고민되면 서민금융진흥원에 문의해 보자.
* 실업, 휴업 등으로 갑자기 채무가 연체될 위기면 신복위에 상환유예를 신청
  하자.

chapter 20

불법 사금융의 대출 위험을 피하는 방법

"서울중앙지검 수사관 ○○○입니다. 지금 선생님 계좌가 도용되고 있는 걸 알고 계십니까."

몇 년 전 회사에서 일하던 중 이런 전화를 받았다. 수사관이라는 사람은 매우 다급하고 고압적인 말투로 나를 다그쳤다. '내가 뭔가 잘못했나?' 급히 뭐든 해야 할 것 같았다. 이런 혼란한 마음은 3초를 갔을까. 순간 이상하다 싶었다. 계좌 도용을 막으려면 내 개인 신분증과 돈을 보내야 한다는 말을 들은 순간이었다. '아하, 이게 말로만 듣던 그 보이스피싱 아닌가.'

"수사관님 성함이 ○○○라고요? 서울중앙지검 어디 소속이신가요, 정.확.히?" 내가 이렇게 되묻자 잠시 정적이 흘렀다. '이번 건은 망쳤다'라는 무언의 투덜거림이 느껴졌다. 상대는 말없이 전화를 끊었다. 명색이 금융 담당 기자인 나도 보이스피싱 피해자가 될 뻔한 순간이었다. 잠시 긴장을 놓쳤다면 보기 좋게 당했을 일이었다. 필자뿐 아니라 주변에도 경험자가 많다. 심지어 은성수 금융위원장조차 본인을 사칭한 보이스피싱 전화를 직접 받았다고 하지 않던가.

이번 장에서는 보이스피싱을 비롯한 불법 사금융을 제대로 가려내는 법을 이야기하려 한다. 재테크 서적에서 자꾸 금융사고 예방을 논하니 낯설게 느껴지는 독자도 있을 것이다. '돈 벌 수 있는 방법만 논하기도 지면이 부족할 텐데'란 말도 나올 법하다. 하지만 수년간 금융권을 취재하며 뼈저리게 깨달았다. 수익을 내는 일 만큼 '리스크 관리'야말로 중요함을 말이다. 똑똑한 투자자도 잠깐 삐끗하면 피해자가 되고 만다. 더구나 저금리기라 '고수익'을 강조하며 유혹하는 대부업자들이 늘고 있다. '뭘 모르는 남의 일'이라고 치부하기엔 금융사고가 너무 큰 일이 돼버렸다.

🏦 법정이율 넘는 이자는 무효

'법정 최고이자(연 24%, 2021년 하반기부터는 20%)로 돈을 빌려드립니다.'

경남 창원에서 직장에 다니는 30대 남성 A 씨. 신문에서 한 대부업체 광고를 보고 반가웠다. 생활비가 부족해 급히 돈을 빌릴 수 있는 곳을 알아보던 참이었다. 대부업체는 이용하기 겁났는데 일단 법정 최고이자에 맞춰 돈을 내준다니 안심이었다.

막상 돈을 빌려보니 이자산정법이 매우 복잡했다. 대출 원금이 200만 원인데 미리 내는 선이자 명목으로 60만 원을 뗴였다. 손에 쥔 건

140만 원뿐. 여기에 매일매일 갚아야 하는 이자가 하루 2만 원씩이었다. 제대로 계산해보니 연 이자는 법정 한도를 한참 넘어섰다.

"대부업자가 법정 최고이자를 맞춰주는 줄 알았는데 아니었어요. 이렇게 7개월을 쓰게 되더라고요. 은행은 한 번 돈을 빌리려면 까다로워요. 하지만 대부업체는 신분만 확실하면 아주 쉽게 빌려줘요. 그 유혹을 이기기가 힘들죠."

쉽게 빌릴 수 있는 매력 때문에 사금융에 손을 대는 사람들이 많다. 곧 닥칠 고금리의 괴로움을 모른 채 말이다. 특히 코로나19 확산으로 경영난에 처한 자영업자나 서민들이 사금융에 손을 뻗는다.

불가피하게 대부업을 이용해야 한다면 이자율을 꼭 제대로 계산해보자. 법정 최고금리를 넘어서면 불법이다. 그런데 이자율을 따져보기가 여간 어려운 게 아니다. 이자율을 계산할 때는 이자납입주기에 따라 각각 계산을 해봐야 한다. 하루, 한 달, 한 분기 등 주기별로 이자율을 계산해보자. 연간으로 환산했을 때 이자가 24%(2021년 하반기부터는 20%)를 넘으면 안 된다. 여기서 끝이 아니다. 연 이자율을 환산한 일 이자율, 월 이자율도 법정 기준을 넘어서면 안 된다. 자세히 알아보려면 '서민금융1332서비스'의 일수(월수)이자계산기를 내려 받아 계산해보자.

A 씨처럼 선이자를 지급할 때도 주의하자. 선이자가 있으면 선이자 차감 전의 돈이 원금인지 차감 후가 원금인지 헷갈릴 수 있다. 업자들은 차감 전 돈을 원금으로 주장할 수 있다. 하지만 선이자를 뗀 뒤의 금액이 원금이다. 채무자가 실제 손에 쥐는 금액이 원금인 것이다.

채무자는 이 원금 외에 더 갚는 금액은 이자로 보고 계산해야 한다.

다만 담보권설정비용이나 신용정보업자에게 제공하는 금액은 이자에서 제외한다. 대출금을 중도 상환할 때 그 수수료는 다른 이자와 합산한다.

법정 최고금리를 넘어서는 고금리를 요구하는 업자가 있다면 바로 신고하는 게 현명하다. 최고 이자율을 넘어서는 부분은 이자계약이 무효라고 보면 된다. 무리하게 지급된 이자는 돌려줄 것을 요구하자.

지금은 불법 사금융업자도 당국에 등록된 대부업자처럼 법정 최고금리의 이자를 받는다. 하지만 정부는 불법 사금융업자의 금리를 대폭 깎는 패널티를 줄 예정이다. 금융위원회가 2020년 6월 28일 입법예고한 개정안에 따르면 불법 업자가 받는 최고 이자율은 연 6%까지다. 업자가 아무리 높은 이자로 돈을 내줬더라도 이자는 연 6%까지밖에 못 받는다.

피해를 피하려면 기본적으로 당국에 등록된 합법 업체인지 확인해 보는 게 좋다. 지방자치단체나 금융위원회에 등록 여부를 확인해야 한다. 등록 대출중개업체 및 대부업체는 한국대부금융 협회 홈페이지에서도 확인할 수 있다. 등록 대출모집인은 은행연합회 홈페이지의 대출모집인 메뉴에서 찾아보자.

대부업체와 계약할 때는 자필 서명을 하기 전 꼭 확인하자. 대부금액, 기간, 이자율 등을 잘 따져본 뒤 서명해야 한다. 서류들은 잊지 말고 잘 챙겨두는 게 좋다. 나중에 불법 행위가 보이면 법적 대응을 하기 위해 증거가 필요하다. 대부업자가 불법적으로 추심을 할 때도 증거를 확보해두어야 한다. 통화를 녹음하는 등 관련 자료를 최대한 수집해 서울시 불법 대부업 피해 상담 센터 등에 알리자.

금융감독원 불법사금융 신고센터에 신고·제보된 일평균 피해 건수(단위: 건)

구 분	'19년 중	'20.1월	'20.2월	'20.3월	'20.4월	'20.5월
최고금리 위반	2.3	1.6	2.6	5.0	5.9	4.7
불법추심	1.6	2.4	2.9	2.9	3.1	2.0
미등록대부	10	16.2	12.4	12.0	16.9	15.4
불법대부광고	6	4.6	4.7	8.2	8.5	8.0
불법중개수수료	0.4	0.5	1.2	0.5	1.0	0.6
소계	20	25.1	23.7	28.6	28.6	30.6

출처: 금융감독원

저금리 대환대출, 중개수수료의 유혹에 낚이지 말자

전문적이고 신뢰할 만한 곳으로 보이지만 알고 보면 불법인 대부업체가 많다. 앞으로 저금리 대환을 내세운 업체들이 더욱 기승을 부릴 듯하다. 기존에 비교적 높은 금리에 대출받은 이들의 심리를 흔드는 것이다. '저금리에 다들 돈을 싸게 빌리니 빨리 갈아타라'면서 말이다. 시중은행에서 대환을 하려면 중도 상환 수수료도 있고 절차도 복잡하다. 불법 업체들은 이 틈을 비집고 들어온다. 바꿔드림론, 햇살론 등으로 바꿔주겠다는 권유가 많다. 이런 연락을 받으면 일단 경계하자. 대환을 소개해준다며 돈을 요구하는 건 명백한 불법이다.

또 다른 불법 대부업체의 유형은 중개 수수료를 요구하는 형태다. 채무자 B 씨는 한 대부중개업자에게 대부업체를 소개받아 담보대출로 8,000만 원을 빌렸다. 그런데 중개업자가 "담보대출을 소개해줬으니 중개수수료 800만 원을 현금으로 달라"고 요구했다. 수수료율이 무려 10%나 된 셈이다. 보통 대부업계에서 수수료의 이름은 여러 종류로 포장된다. '컨설팅비', '소개비'라며 돈을 요구하는 중개업자들이 있다. 이런 식의 수수료를 요구하는 이들은 불법으로 봐야 한다.

이와 비슷하게 신용을 올려주는 대가로 수수료를 요구하는 경우도 있다. 돈을 이곳저곳에서 빌려 신용이 나쁜 이들에겐 신용 상향이야말로 솔깃해지는 제안이다. 하지만 신용은 대부업자들이 임의로 조정할 수 없다.

간혹 대출사기범들이 대출을 미끼로 미리 통장사본이나 체크카드를 요구할 수도 있다. 이럴 땐 절대 응하지 말아야 한다. 내 통장이 나도 모르게 '대포통장'으로 쓰일 수 있다.

🏠 종합금융컨설팅, 환차익 내세우면 의심해보자

"4개월에 이자가 원금의 10%나 나와요. 투자하실래요?"

전북의 한 지역에서 대부업체를 운영한 C 씨는 2020년 초 전통시장 상인들에게 이렇게 권유했다. 상인들은 그를 철석같이 믿고 많게는 수억 원을 맡겼다. 그전부터 그에게 소액 대출을 받으며 신뢰를 쌓아온 터였다. 게다가 요즘 워낙 저금리라 시중은행이나 저축은행이나 투자할 재미가 나지 않는 게 사실이었다. 하지만 C 씨는 이런 식으로 71명에게서 430억 원가량의 투자금을 긁어모아 달아나 버렸다. 경찰에 잡힌 그는 재판을 받게 됐다.

이런 유사수신업체들이 저금리 속에 더 날개를 달고 있다. 돈 굴릴 곳이 마땅치가 않기 때문이다. 특히 지인들이 투자 제안을 해올 때 경계심이 무너진다. 불법 유사수신업체나 대부업체는 자주 보는 '동네 사장님', '친구의 친구'일 경우가 많다. 필자가 불법 사금융을 취재했을 때 피해자들은 말했다. '아는 사람'이 가장 위험할 수 있다고…. 불법 대부업자는 범죄자 같거나 우락부락하기보단 선량하고 친근한 우리 이웃의 얼굴일 수 있다.

이런 꾐에 넘어가지 않기 위해 금융감독원이 분석한 대표적 수법을 알아두자. 가장 많은 유형은 금융회사를 가장한 형태다. 이들이 내세운 상품은 종합금융 컨설팅, 두 개의 통화를 사고팔며 환차익을 누리는 'FX마진거래', 핀테크, 비상장주식 및 증권투자 매매, 예·적금 등 다양했다. '고수익'을 내세운 업체들은 일단 의심부터 하자. 당국에 등록된 합법적 업체인지 확인해보고 수상하면 금융감독원에 문의해보는 것을 권한다.

📁 보이스피싱범, 원격조종해 돈을 인출한다

'안마의자 279만 원 결제. 해외사용이 정상 승인됐습니다.'

40대 주부 D 씨는 2018년 말 휴대전화로 이런 문자메시지를 받고 깜짝 놀랐다. 그는 신용카드로 안마의자를 결제한 적이 없었다. '나도 모르게 카드가 도용된 건가?' 그는 놀란 마음에 문자에 안내된 고객센터로 전화를 걸었다. 그런데 이 센터는 보이스피싱 조직의 가짜 센터였다. 가짜 상담원은 D 씨를 안심시켰다. "고객님 명의가 도용된 것 같아요. 경찰에 대신 신고해 드릴 테니 잠시 후 연락이 오면 받아주세요."

잠시 후 상담원 말대로 전화가 왔다. 사이버 수사대 경찰을 가장한 사기범이었다. 그는 고압적인 말투로 말했다. "사기사건에 연루되셨습니다. 혐의가 없음을 증명하려면 재산 확인을 위해 수사에 협조하세요." D 씨는 이를 경찰 말로 믿고 원격조종 프로그램을 컴퓨터에 설치했다. 사기범의 요구대로 일회용 비밀번호^{OTP}를 불러줬다. 결국 사기범은 계좌 잔액 수천 만 원을 모두 대포통장으로 이체해버렸다. 그리고 조용히 잠적해버렸다.

보이스피싱은 정말 진화에 진화를 거듭하고 있다. 이렇게 원격조종 프로그램까지 동원해 애먼 사람의 돈을 빼간다. 피해자의 이성을 마비시키려 상담원, 경찰 등 여러 조연들도 정신없이 등장시킨다.

일단 피해를 당했다면 신속하게 경찰서나 금융회사 콜센터로 연락해 지급정지를 요청해야 한다. 해당 은행에 피해금 환급 신청도 해야한다. 이 땐 경찰이 발급해준 '사건사고 사실 확인원'을 제출하도록 하자.

보이스피싱을 예방하는 데 유용한 서비스들도 생겼다. '지연이체서비스'는 말 그대로 돈이 계좌에서 즉각 빠져나가지 않게 이체를 늦춰준다. 계좌 명의자가 이체 버튼을 누르면 최소 3시간 뒤에 돈이 빠져나가는 서비스다.

'입금 계좌 지정 서비스'는 일명 '안심통장'으로 불린다. 자신이 지정한 계좌로는 자유롭게 송금이 가능하지만 지정하지 않은 계좌로는 소액만 보낼 수 있다. 안심통장이 아니면 송금액을 하루에 100만 원 이내로만 설정하는 등 돈이 흐르지 않게 둑을 쌓아두길 추천한다.

대부업체 유혹을 이겨낼 수 있는 서민금융 지원 상품

	새희망홀씨	햇살론	바꿔드림론	미소금융
대출 대상	6~10등급(4,500만 원 이하), 연 소득 3,500만 원 이하			6~10등급, 기초소급 대상자, 차상위계층 이하
이자율	연 10.5% 이하		연 6.5~ 10.5% 이하	연 2.5~4.5%
대출 한도	3,000만 원	−생계자금: 1,500 만 원 −운영자금: 2,000 만 원 −창업자금: 5,000 만 원 −대환자금: 3,000 만 원	3,000만 원	−운영, 시설 개선 자금: 각 2,000만 원 −창업자금: 7,000만 원 −임대주택보증금: 2,000만 원(신규 취급 중단) −대학생·청년햇살론: 1,200만 원
취급 기관	국내은행	저축은행, 농수신협, 산림조합, 새마을금고	캠코 및 국내은행	미소금융지점(240여 개)
지원 방식	대출	보증부대출 (지역신보)	보증부대출 (캠코)	대출

출처: 서울시, 〈대부업! 쓴다면 알고 쓰자〉 상담사례집

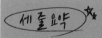

세줄요약 ☆

* 이자율이 연간은 물론 월간, 일간 이자율도 법정 기준을 넘어서면 불법이다.
* 금융위원회, 지방자치단체 등에서 대부업체의 등록 여부를 확인하자.
* 선이자를 받는 대출은 선이자를 뗀 뒤의 금액이 원금이다.

chapter 21

금융권에 퍼진
'사모펀드
포비아'

"이 상품은 보험에 가입돼 있어서 안전합니다, 고객님."

50대 직장인 A 씨는 2019년 7월 은행에서 한 무역금융펀드 투자를 권유받았다. 그런데 바로 다음날 이 펀드 운용회사에 대한 검찰수사가 시작됐단 뉴스가 나왔다. 당황한 A 씨는 은행 직원에게 펀드에 투자해도 괜찮을지 문자메시지로 물었다. 직원은 "운용사와 수탁사가 분리돼 있어 펀드 자산에는 영향이 없다"고 그를 다독였다. 고민하던 그는 결국 안도하며 펀드에 가입했다. 그가 넣은 돈은 무려 2억 원이었다.

하지만 이 펀드는 판매 당시 이미 투자원금의 98%가 부실화된 상태였다. 운용회사가 거짓으로 적은 투자제안서를 은행 직원이 앵무새처럼 줄줄이 따라 읽은 것이었다. 직원은 A 씨의 투자성향도 '공격 투자형'이라고 서류에 임의로 적었다. 이렇게 은퇴가 머지않은 A 씨는 피 같은 2억 원을 날리게 됐다. 피해자는 너무나도 억울하다. 은행 직원 말을 믿었을 뿐인데 수억 원을 돌려받지 못하고 있다. 동네 구멍가게도 아니고 대형 은행의 직원이 이럴 줄이야….

이 내용은 금융감독원이 2020년 7월 공개한 '라임 사태' 피해 사례다. 라임자산운용은 1조 6,000억 원의 펀드 환매중단 사태를 일으켰다. 이에 금감원 금융분쟁 조정위원회는 판매사에 "투자원금 전액을 투자자에게 돌려줘라"라고 지시했다. 투자원금을 100% 반환하라는 결정은 사상 처음 있는 일이다. 라임자산운용은 결국 금감원으로부터 '등록 취소'라는 최고 수준의 제재를 받기에 이르렀다.

금융사고는 줄줄이 터져 나오고 있다. 금융회사들은 저금리 시대 실적 압박 속에 불완전판매를 일으키고, 투자자들도 돈 굴릴 곳이 마땅치 않으니 금융사의 제안에 쉽게 솔깃하게 된다. 이런 환경에선 사고가 계속 이어지기 쉽다. 수익을 내기 힘든 시대가 될수록 투자 리스크를 잘 알고 대비해야 한다. 수익을 못 내니 손실이라도 피해야 하지 않겠는가.

여러 분야 가운데서도 최근 가장 시끄러웠던 사모펀드 리스크를 짚어본다. 금융당국은 2020년 7월 금융사고가 집중된 4대 분야 중 하나로 사모펀드를 꼽았다. 이 외에 개인 간 거래P2P 대출, 유사금융업자, 불법사금융 및 보이스피싱이 위험지대로 함께 포함됐다. 사모펀드는 이 중에서도 구조가 복잡하고 전문성이 요구되는 분야다.

깜깜이 사모펀드, 어설프게 알고 가입하면 낭패

2019년 해외금리 연계 파생결합펀드DLF 손실 사태와 라임자산운용의 환매중단 사태, 2020년 옵티머스의 환매중단 사태…. 최근 연이어서 사모펀드 사고가 뻥뻥 터졌다. 손실을 입은 피해자들은 저금리에 돈 굴릴 곳을 찾다가 해당 펀드에 발을 담근 공통점이 있다. 앞으로 저금리 시기가 길어지며 누구든 비슷한 피해를 볼 수 있는 일이다.

"사모펀드는 권해드리기가 어렵습니다. 요즘 분위기가 워낙 이래서…." 요즘 은행이건 증권사건 프라이빗뱅커^{PB}들은 다들 '사모펀드'를 금기어로 정해두기라도 한 것 같다. 기자가 저금리기의 투자처를 물으면 반응이 다들 이랬다. 금융사 직원의 잘못으로 사고가 터진 측면도 있으니 더 조심스러울 것이다. 분위기가 이러니 아마도 당분간은 사모펀드 관련해서는 조용할 것으로 보인다.

하지만 저금리가 길어지니 펀드 투자를 원천 배제할 수만은 없는 일이다. 금융사들도 머지않아 사모펀드 영업에 힘을 쏟게 될 것이다. 저금리에 다른 투자처 찾기가 마땅치 않으니 불가피한 일이다.

수익이 높아 매력적이지만 그만큼 위험도 크며. 운용방식이 어렵고 또 잘 드러나지도 않는 사모펀드, 제대로 투자하려면 개념부터 이해하자. 사모펀드란 소수의 투자자들을 비공개적으로 모아 주식, 채권 등 다양한 자산에 투자하는 상품이다. 2019년 11월 발표된 개편안 기준으론 49명 이하까지 가입할 수 있다. 전문·기관 투자자가 아닌 일반 가입자들은 적어도 3억 원 이상을 투자할 수 있어야 한다. 소수만 알음알음 모여 투자하고, 또 거액이 있어야만 발 담글 수 있어 자산가들의 투자처로 불린다.

원래는 더 많은 투자자들이 참여할 수 있게 가입기준 인원이나 금액이 많았다. 그래서 글 서두의 라임 피해자들처럼 1, 2억 원도 투자할 수 있었던 것이다. 하지만 최근 사고들이 줄줄이 터지며 기준이 다시 강화됐다. 사모펀드를 제대로 아는 이들, 투자경험이 있을 법한 이들만 가입하란 취지에서 말이다.

사모펀드가 공모펀드와 다른 점은 투자자 규모나 투자금액 기준 외엔 제한이 없다는 점이다. 공모펀드와 달리 운용 현황도 공개돼 있지 않아 미스터리해 보이기도 한다. 운용사가 규제에 얽매이지 않고 자율적으로 돈을 굴리도록 한 것이다. 규제가 없으니 투자자들은 알아서 옥석을 가려야 한다. 불완전판매가 아니라면 판매사나 운용사 측에 '왜 이런 상품을 팔았나', '왜 이렇게 손실을 냈나'라고 따질 수 없기 때문이다.

최근 라임 사태나 DLS 사태 때 피해자들은 운용사나 판매사에 책

공·사모펀드 수탁고 및 펀드 수(단위: 조 원, 개)

구 분		2013	2014	2015	2016	2017	2018	2019
펀드수탁고		356.5	403.2	452.0	506.0	552.3	600.0	720.4
공모		184.4	198.1	213.8	212.2	217.5	213.6	242.3
사모		172.1	205.1	238.2	293.8	334.8	386.4	478.1
	(경영참여형)	28.1	31.8	38.4	43.6	45.5	55.7	61.7
	(전문투자형)	144.0	173.3	199.8	250.2	289.3	330.7	416.4
펀드수		11,044	12,274	13,037	13,845	13,292	14,953	15,923
공모		3,310	3,448	3,746	3,608	3,878	4,265	4,189
사모		7,734	8,826	9,291	10,237	9,414	10,688	11,734
	(경영참여형)	237	277	316	383	444	583	721
	(전문투자형)	7,497	8,549	8,975	9,854	8,970	10,105	11,013

출처: 금융감독원

임을 물을 수 있었다. 일부 '불완전판매'가 인정돼 투자자들이 돈을 돌려받기도 했다. 하지만 이런 사례는 차츰 줄어들 것으로 보인다. 당국이 불완전판매를 막을 제도를 마련했고 판매사들도 더욱 신중하게 팔기 시작했다. 이제 투자자에게 책임을 묻는 분위기가 되어 가는 것이다. 금융사도, 금융사와 소비자를 조율하는 당국도 냉랭히 "공짜 점심은 없다"고만 답할 수 있다. 한 PB는 말했다. "앞으로는 충분한 경험과 정보가 없다면 아예 발을 들이지 마세요."

💼 '펀드는 원금이 보장되지 않는다'는 점 명심해야

우선 사모펀드를 아우르는 펀드 전반의 주의점을 살펴보자. 한국금융투자자보호재단이 안내하는 '펀드 투자 단계별 주의사항'을 참고할 만하다. 재단의 안내 사항을 바탕으로 투자 전 짚고 넘어갈 부분을 정리해본다.

첫째, 펀드는 원금 손실의 가능성이 있음을 명심해야 한다. "독일이 망하지 않는 한 절대 안전합니다." 2019년 DLF 손실 사태 때 피해자들의 단톡방에서는 은행 직원이 이렇게 권유했단 말이 나왔다. 해당 상품은 독일 국채와 연계된 DLF였다. 독일 국채는 독일의 안정성을 보여주는데 독일이 워낙 강국이니 상품 수익도 안전하단 얘기였다.

이제는 이런 말에 현혹되어선 안 된다. 펀드는 원금손실 가능성이 있다는 점을 명심해야 한다. '수익률을 보장 한다'는 약정이 있어도 효력이 없다. 인기 있는 펀드라서 가입자가 많더라도 마찬가지다. 언제든지 수익률은 고꾸라질 수 있음을 기억하자.

펀드 투자자들은 은행 예금과 다른 펀드의 특성을 알고 있어야 한다. 먼저 '만기'의 의미가 좀 다르다. 은행의 예금이나 적금은 만기가 지나면 이율이 바뀐다. 반면 펀드는 만기가 지나도 기존 펀드의 조건으로 남아있는 경우가 많다. 적립식으로 주식형 펀드에 3년 만기로 투자하면 3년이 지나도 이 주식형 펀드가 남아 있다. 주가 변동에 따라 손실이 날 수도 있는 일이다.

펀드는 은행 예금과 달리 환매가 쉽지 않은 점을 기억하자. 펀드는 돈을 돌려받는 데 수일이 걸릴 수 있다. 운용사가 환매요청을 받으면 펀드의 자산을 팔아 현금을 챙겨 돌려줄 시간이 필요하니 말이다. 해외펀드는 국내 펀드보다 더 오랜 시간이 필요하다. 그러니 가입할 때 펀드가 환매 가능한지, 환매에 얼마나 걸리는지 등을 알아둘 필요가 있다.

투자설명서 확인란에 서명을 할 때는 '투자에 문제가 생겨도 오로지 내 책임이다'라고 생각해야 한다. 판매사와 분쟁이 발생할 때 자필서명을 하면 판매사에 책임을 묻기 어려워질 수 있다. 무심코 서명해버렸다간 큰 코 다칠 수 있다. 금융회사나 당국에서 분쟁을 조정할 때도 투자자가 서명을 했느냐가 주요한 판단 기준이 되기도 한다.

적어도 운용사나 펀드매니저 평판은 알아보자

펀드 중에서도 사모펀드는 투자 위험이 높아 더 신중해야 한다. 문제는 따져보려 해도 '그들만의 리그'에서 비공개로 운용되는 경우가 많아 알기 힘들다는 점이다. 공모 펀드는 운용보고서가 정기적으로 공개되지만 사모펀드는 그런 정보마저 없다. 그래도 현명한 투자자라면 알아볼 수 있는 만큼이라도 최대한 알아봐야 한다.

사모펀드도 일반 펀드처럼 자산운용사가 운용을 하고 펀드 판매 자격을 갖춘 은행, 증권사가 판매한다. 펀드 운용의 핵심인 자산운용사는 어떻게 선택해야 할까. 전문가들은 워낙 깜깜이 회사들이 많으니 운용 역사가 오래된 회사, 대형 회사가 안정적이라고 말한다.

사모펀드가 워낙 깜깜이로 투자되긴 해도 적어도 운용사와 판매사가 엉성한 곳이 아닌지는 확인할 수 있다. 당국에 등록된 제도권 회사인지를 알아보자. 금융소비자정보포털(fine.fss.or.kr)에 접속해 '제도권 금융회사조회' 메뉴에 들어가면 된다. 회사명으로 검색할 수 있다.

또 뉴스 검색으로 이상한 일에 연루되지 않았는지 찾아보자. 옵티머스자산운용은 코스닥시장 기업의 무자본 인수합병M&A에 연루됐단 의혹이 보도된 바 있다. 이런 이상한 낌새를 뉴스에서 발견하면 투자를 더 신중하게 결정해야겠다.

운용회사의 영업보고서는 금융투자협회 회원사공시시스템에서 확인할 수 있다. 회사별로 재무사항, 주주, 이사 등이 나와 있다. 운용인력의 경력과 전문성을 가늠해볼 필요도 있다. 물론 펀드매니저의 퇴사, 이직으로 운용인력이 바뀔 수 있어서 펀드매니저만 바라보고 투자할 수는 없긴 하다. 하지만 이 역시 중요한 참고 지표가 된다.

🪙 어떤 조건에서 수익과 손실이 나는지는 꼭 알아야

'내 펀드는 어떤 조건에서 수익이나 손실이 나는가.' 사모펀드에 가입하기 전 다른 건 몰라도 이건 꼭 알고 넘어가야 한다. 예를 들어 원

유가격이 하루에 10% 넘게 오르지 않아야 수익이 난다는 등의 조건 말이다. 우리가 수익이나 손실이 생길 가능성을 100% 예측할 순 없다. 그래도 어느 정도 가능성이 있을지 판단해볼 필요가 있다. 손실을 감내할 수 있을지 마음의 준비도 필요하다.

사모펀드는 공모펀드와 달리 운용보고서를 투자자에게 내놓을 의무가 없다. 그래서 판매사를 통해 운용사에 보고서를 요청해도 떨떠름한 반응일 것이다. 하지만 경우에 따라 운용 실적을 알려주는 사모펀드도 있으니 확인은 해봐야겠다. 투자 실행 뒤 판매회사에 물어봐 운용 실적을 문의해보자.

"요즘 들어 투자자들이 운용사에 여러 가지를 꼼꼼히 따져 물어요." 금융권 PB들이 전한 요즘 분위기다. 투자자들도 투자제안서에 나온 내용으로는 안심하기 힘들어졌기 때문이다. 이번에 문제가 됐던 라임자산운용이나 옵티머스자산운용도 펀드를 팔며 투자제안서에 사실과 다른 내용을 담았다.

불완전판매의 피해를 입었다면 '금융투자상품 리콜 서비스'를 기억하자. 2019년 DLF 손실 사태 이후 은행권에는 금융투자상품 리콜 서비스가 생겼다. 손실 사태의 중심에 있는 우리은행과 하나은행이 먼저 시작했다. 이 제도는 불완전판매가 일어날 때 은행이 고객에게 투자 원금 전액을 돌려주는 내용이다. 영업점에서 투자 상품에 가입한 개인이 대상이다. 가입자들은 투자 설정일을 포함해 영업일 기준 15일 이내에 신청할 수 있다. 이런 리콜 서비스의 경우 증권사에서는 이미 시행 중에 있으니, 참고하자.

사모펀드에 투자할 때 체크 포인트

① 사모펀드를 가장한 불법유사수신이 아닌지 확인
② 최소 투자금액 제한이 있음
③ 전문투자자용 상품으로 투자자 보호 규제가 상대적으로 약함
④ 투자 전략 및 주된 투자 대상 확인
⑤ 펀드매니저의 경력 및 과거 운용성과 확인
⑥ 환매 제한 여부에 대해 반드시 사전에 확인
⑦ 성과 보수 수취 여부 등 보수구조 확인

출처: 금융감독원 〈금융 꿀팁 200선 사모펀드 투자 시 유의사항〉

💳 금융회사에 책임을 따지는 방법

불의의 투자 피해를 입었다면 어떻게 해야 할까. 가장 기본적인 방법은 민원 제기다. 해당 상품을 판매한 금융사에 먼저 민원을 제기할 수 있다. 금융회사마다 민원 담당 부서가 있다. 금융위원회·금융감독원 'e-금융민원센터'(www.fcsc.kr)에는 금융회사별 민원 담당 부서의 전화번호와 홈페이지가 안내돼있다.

금융사와 해결이 되지 않는 문제라면 금융감독원에서 민원상담을 할 수 있다. 물론 수사가 필요한 문제는 경찰에 신고해야 한다. 민원상담은 전화(국번 없이 1332)로도 가능하다. 방문상담은 금융감독원 본원 1층 금융민원센터, 각 지원이나 출장소에서 할 수 있다.

사실 민원이 한 번 접수되면 시간이 오래 걸릴 수 있다. 민원이 너무 지연돼 불만인 민원인들은 기자들을 찾아 기사화를 요청하기도 한다. 필자도 '금감원이 민원을 너무 해결해주지 않는다'라며 억울함을 호소하는 독자들을 종종 만났다.

민원을 한번 신청하게 되면 오래 걸리고 복잡한 절차를 거칠 수 있으니 e-금융민원센터에 접속해 분쟁조정사례를 살펴보면 좋다. 내 분쟁과 유사한 사례를 발견하면 비슷하게 결론 날 것이라 예측할 수 있다.

금융분쟁조정위원회는 행정력 낭비를 막기 위해 기존에 조정례나 판례가 없는 안건을 심의해준다. 이런 경우라면 소비자는 조정 신청의 원인, 사실을 증명하는 자료를 자유롭게 적은 분쟁조정신청서를 금감원에 제출하면 된다.

분쟁조정위원회가 조정결정을 내리면 당사자가 결정을 받아들일지 결정한다. 당사자가 결정 내용을 꼭 받아들여야 하는 것은 아니다. 양

금융감독원이 접수하는 민원의 대상기관

부문	해당 금융기관
은행	시중은행, 지방은행, 인터넷전문은행, 특수은행, 외국은행 국내지점
중소서민 금융	상호저축은행, 농업협동조합, 수산업협동조합, 산림조합, 신용협동조합, 농업협동조합중앙회, 수산업협동조합중앙회, 산림조합중앙회, 신용협동조합중앙회, 카드사, 할부금융, 리스, 신기술사업금융, 대부업자(지자체 등록업체 제외) 등
보험	생명보험사, 외국생명보험사국내지점, 손해보험사, 외국손해보험사 국내지점, 보험중개사, 보험대리점, 보험계리업, 손해사정업 등
금융투자	증권회사, 외국증권회사 국내지점, 선물회사, 신용평가회사, 채권평가회사, (전업)집합투자기구평가회사, 부동산투자회사(CRREITs 등), 종금사, 자금중개·외국환중개회사, 자산운용회사, 투자자문회사, (전업)일반사무관리회사, 선박운용회사, 선박투자회사, 부동산신탁사, 펀드온라인코리아, 한국증권금융, 온라인 소액투자중개업자 등
기타	금융지주회사, 전자금융업자, 신용정보업자, 부가통신업자 등

출처: 금융감독원

다른 부처가 받는 민원대상 기관

민원 대상기관	소관 부처
우체국 및 통신과금서비스제공자	미래창조과학부
새마을금고	행정자치부
택시(버스, 화물, 주택, 건설)공제	국토교통부
각 시 · 도 등록 대부업자	관할 시 · 도
다단계업자, 방문판매업자	공정거래위원회, 관할 시 · 도
개인 워크아웃 및 신용회복 관련	신용회복위원회

출처: 금융감독원

쪽이 모두 결정을 받아들이면 재판상 화해와 같은 효력이 생긴다. 양쪽이 조정 결정을 다 받아들인 뒤에도 이를 이행하지 않으면 강제집행이 가능하다.

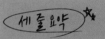

세줄요약 ☆

* 펀드는 원금손실 가능성이 있다는 점을 명심하자.
* 사모펀드의 운용사, 판매사를 기사로 검증하고, 금융당국 홈페이지에서 확인하자.
* 손실이 나는 조건을 미리 알아두고 대비해야 한다.

chapter 22

소비자 피해
다발 지대,
'종신 · 변액보험'

"누나, 매형이랑 그만 좀 싸워." "오늘 코스피가 얼마나 올랐지?"

초등학생 남자 아이가 중학생 누나에게 말한다. 아이답지 않은 말을 내뱉으니 어색했다. 이 모습을 본 아버지가 의아하다는 듯 아이들을 쳐다본다. '애들이 도대체 무슨 말을 하는 거야'란 표정으로.

아버지가 아들에게 "너 꿈이 과학자라고 하지 않았니"라고 물으니 돌아온 답. "그건 초등학생 때 꿈이었는데?" 그러면서 자녀들이 갑자기 성인의 모습으로 변한다. 알고 보니 아버지는 자식들을 어릴 때로 착각한 치매 노인이었다. 도입부가 '치매 아버지 시선'이었던 것이다. 정말 드라마 같은 광고였다. 광고 출연자도 주말 안방극장 주연급 배우들이었다. 광고를 드라마처럼 몰입해 보며 '아, 내게도, 부모님에게도 저런 날이 올 수 있겠구나'라고 생각했다. 동시에 보험 광고가 한층 진화했음을 깨달았다. 도처에 봇물처럼 쏟아지는 보험 광고들, 그 안에서 눈길을 끌려면 이렇게 달라져야 하는구나 싶었다.

주변을 돌아보면 보험광고와 보험을 권유하는 말들이 가득하다. 친한 지인은 물론이고, 지인의 지인을 통해 보험 가입 제안을 많이 받는다. '아니, 보험설계사가 대체 얼마나 많은 걸까'란 생각이 들 정도다. 가히 한국은 '보험공화국'이라고 할 법하다.

농담이 아니다. 한국의 보험침투도(GDP에서 수입 보험료가 차지하는 비율)는 세계 평균을 훨씬 웃돈다. 한국의 보험침투도는 2018년 기준 11.16%였다. 세계 평균치(6.09%)의 갑절에 가까운 수준이다.

이렇게 흔한 보험이니 사람들은 별로 따지지 않고 덜컥 보험에 가입하곤 한다. 그래서일까. 뒤늦게 보험의 성격을 알고 해지하려는 사람도 많다. 분쟁도 많고 민원도 많다. 내 생명을, 여생을 맡기는 보험, 잘못 가입하면 보험에 내 노후가 저당잡힐 수 있다.

특히 초저금리기라 '은행 예금보다 수익률이 높다'며 보험을 권하는 이들도 있다. 돈 굴리기 어려운 시대라 솔깃해지는 제안이다. 이럴수록 보험을 가입할 때 주의해야 할 점을 잘 알아두자. 이번 장에서는 보험에 가입할 때 전반적인 유의점을 살펴본다. 보험의 세계는 무궁무진해서 어디서부터 설명해야 할지 난감한 게 사실이다. 그래서 유독 민원이 많이 쏟아지는 종신보험과 변액보험을 콕 집어 그 유의점을 알아보려 한다.

📖 보험에서 잡음이 끊이지 않는 현실

"화나는 게 한두 가지가 아니에요. 사람들이 잘못 알고 있다가 당하는 경우가 많다니까요." 금융소비자 피해를 상담하는 한 소비자단체의 실무자 얘기다. 보험회사들이 상품의 허점을 교묘히 감추는 경우가 많다는 설명이다. 그는 보험회사에서 수십 년 일하다 정년을 마치고 보험을 제대로 알리려 이 단체에서 일하고 있었다. 그는 "보험은 장기 상품이니 제발 신중히 알아보고 가입하라"고 입이 닳도록 강조했다.

통계적으로도 보험관련 민원이 상당하다. 금융감독원이 집계한 2019년 한 해 민원 중에선 보험권 민원이 가장 많았다. 연간 금융권 전체 민원은 8만 2,209건으로, 보험은 절반 이상인 62.3%를 차지했다. 대부분의 보험상품 민원은 전년과 비슷했다. 그런데 유독 종신보험과 변액보험 민원이 전년보다 큰 폭으로 증가했다.

보험권에서 잡음이 끊이지 않는 이유는 보험 자체가 너무 어렵기 때문이다. 상품 내용을 제대로 모른 채 가입하는 소비자들이 턱없이 많다. 더 안 좋은 소식은, 보험이 앞으로 더욱 어려워질 것이란 점이다. 의료기술이 발전하고 그에 따른 판단도 복잡해지고 있어서다. 소비자들이 더 따져보고 이해한 뒤 가입해야 하는 이유다.

게다가 저금리, 저성장 기조 속에 보험업도 영업환경이 나빠지며 무리한 불완전판매도 끊이지 않는다. 보험회사들이 무리하게 영업 드라이브를 걸면 '날림 판매'가 생겨나기 쉽다.

■ '보장성'과 '저축성'의 차이를 알자

보험 가입을 고려할 땐 우선 '내게 정말 맞는 보험인가'를 생각해야 한다. 지인이 부탁해서, 막연히 불안해서 가입하기엔 보험료가 너무 아깝다. 보험은 보통 장기 상품이라 일단 잘못 선택하면 노후 재테크가 꼬이게 된다.

실제 경제가 안 좋다 보니 눈물을 머금고 환급금을 부담하며 보험계약을 깨는 사례가 늘고 있다. 생명보험협회 및 손해보험협회에 따르면 주요 보험사 8곳에서 2020년 3월 장기해약환급금은 3조 162억 원이었다. 전년 같은 달(2조 3,294억 원)에 비해 29.5%나 뛰었다.

'위험보장을 원하는가, 저축을 원하는가?' 내게 맞는 보험인지 판단하기 위해 기본적으로 자문해야 할 질문이다. 자칫 위험보장 상품을 저축상품으로 잘못알고 가입할 수 있으니 말이다. 보장성보험은 보장 범위에 속하는 사고가 발생하면 보험료에 비해 비교적 많은 보험금을 준다. 하지만 만기가 되면 환급금이 적거나 아예 없는 상품도 있으니 주의해야 한다.

저축성보험은 만기가 됐을 때 환급금이 보험료보다 큰 편이다. 하지만 보장성보험에 비해 보장범위가 좁고 사고가 있을 때 보험금이 적을 수 있다.

약관과 상품설명서 꼼꼼히 이해하자

보험 상품을 제대로 알고 가입해야 한다. 약관과 상품설명서를 확인하는 건 기본이다. 약관은 워낙 내용이 많고 복잡하다. 당국에서는 늘 '약관을 쉽게 개선하겠다'며 정책을 발표하곤 한다. 하지만 약관이 이해하기 힘들다는 불만이 끊이질 않는다. 대신 상품설명서는 비교적 쉽게 설명돼 있다. 모르는 내용은 보험설계사에게 꼬치꼬치 물어봐야 한다.

약관과 상품설명서를 볼 때는 보험료, 보장범위, 보험금 지급 제한 사유를 확인해보자. 보험상품별 보험료는 금융소비자 정보포털 '파인(fine.fss.or.kr)'에서 '보험다모아', '금융상품 한눈에'를 찾아 확인할 수 있다.

비슷한 유형의 상품별로 보험료를 비교할 땐 '보험가격지수'를 확인해볼 수 있다. 보험가격지수는 회사별로 비슷한 유형인 상품의 평균 가격을 100이라고 보고, 해당 상품의 가격수준을 나타낸 수치다. 소비자들은 암보험끼리, 종신보험끼리 보험료 수준을 비교할 수 있다. 보험가격지수가 80이라면 비슷한 다른 상품에 비해 20% 저렴하다는 뜻이다.

보험료를 확인할 때는 갱신형과 비갱신형의 차이를 염두에 두자. 갱신형은 일정 기간이 지나면 보험료가 변한다. 비갱신형은 보험료가 쭉 동일하게 유지된다. 얼핏 보면 갱신형 보험료가 저렴하다. 하지만 보험료가 갱신되며 인상될 수 있음을 기억해야 한다. 갱신형은 주기적으로 위험률, 연령 증가 등을 고려해 보험료를 변동시키기 때문이다.

"사람들이 보험에 가입할 땐 보장 내용에 현혹되는 경우가 많아요. 보장 내용에 들뜨지 말고 지급이 제한되는 각종 조건을 꼭 따져보셔야 합니다." 한 소비자단체의 대표가 강조하고 또 강조한 말이다. 가입자들은 '아 이런 것까지 보장 받을 수 있어?'라며 상품에 현혹되기 쉽다. 그 전에 약관이나 상품설명서에 기재된 각종 조건들을 면밀히 따져봐야 한다. 각종 조건들이 내게 맞는지 알아보려면 보험회사 2, 3곳에 유사한 상품의 견적을 받아보는 게 좋다. 상품의 조건들을 서로 비교해보면 이 조건이 내게 필요한 건지 더 선명하게 보인다.

종신보험은 연금이 아니다

'당연히 연금보험인 줄 알았는데….' 회사원 A 씨는 보험을 계약한 지 10년 만인 2018년 보험 내역을 보고 깜짝 놀랐다. 10년 전 가입한 보험 2건이 당연히 연금보험이라고 생각했는데 전혀 아니었기 때문이다. '가입 당시 보험설계사에게 연금보험에 가입하고 싶다고 분명히 말을 했었는데….' 그는 당시 설계사에게 '연금보험을 찾는다'라고 했기에 당연히 이 상품이 연금일줄 알았다. 그런데 알고 보니 이 상품은 사망보험금을 주는 종신보험이었다.

그는 뒤늦게 회사에 항의해봤지만 소용이 없었다. 서류에 다 자필 서명을 해놨던 터였다. 너무 화가 나 보험계약을 모두 해지했다. 해지환급금은 쥐꼬리만 했다. 노후에 쓰려 했던 자금이 날아가 버리는 순간이었다.

종신보험을 연금보험으로 오해하는 소비자들이 많다. 종신보험은 피보험자가 사망해야 보험금이 100% 나오는 상품이다. 가입자 자신의 노후를 위해 쓰는 상품이 아닌 것이다. 자신이 사망한 이후 유가족들이 받는 것이기 때문이다.

사람들이 종신보험을 연금보험으로 착각하는 이유는 연금전환 기능 때문이다. 일부 상품이 종신보험을 연금으로 전환할 수 있게 설계돼 있긴 하다. 하지만 나오는 보험금이 연금보험에 비해 적다.

종신보험의 보험료 '추가납입기능'을 오해하는 이들도 있다. 소비자들은 종신보험에 추가납입을 할 수 있으니 저축성보험과 비슷하리라 생각하곤 한다. 하지만 이는 사실이 아니다. 종신보험은 이미 기본 보험료에서 위험보험료가 차감돼 재원이 줄어든다. 사업비가 저렴한 편인 저축성보험보다 환급금이 적기 쉽다.

종신보험보다 정기보험 고려를

"젊다면 정기보험부터 고려해보세요." 소비자단체 관계자들은 종신보험은 40대 이후 정말 필요할 때만 가입해도 된다고 강조했다. 대신 보험료가 더 저렴한 정기보험을 먼저 고려하는 게 현명하다. 젊을수록 자녀 교육이나 주거비 마련 등으로 갑자기 돈이 필요할 때가 있다. 이런 해지 가능성이 있다면 아예 종신보험에 묶이지 않는 게 현명하다.

아직 결혼 전이거나 사회초년생이라면 종신보험이 손해일 수 있다. 종신보험은 기본적으로 내가 사망할 때 가족들이 보장을 받는 상품이다. 내가 책임질 가족이 없다면 큰 의미가 없다.

종신보험에 가입하고 싶다면 사망보험금을 적절하게 잘 설정할 필요가 있다. 워낙 장기간 가입했다가 보험금을 받게 되니 화폐가치가 하락할 것을 염두에 둬야 한다. 미래에 따져봤을 때 사망보험금이 너무 적을 수 있으니 말이다.

종신보험 가입자가 그냥 지나치기 쉬운 부분이 '건강인(건강체) 할인 특약'이다. 보험사가 정한 건강상태 요건을 갖추면 보험료를 할인해주는 내용이다. 보통 비흡연자, 정상혈압, 정상 체질량지수^{BMI} 등의 요건이다. 이런 요건을 맞추면 종신보험은 보험료의 2~8%를, 정기보험은 보험료의 6~38%를 할인해준다. 일부 상품은 건강인 할인 특약을 적용하지 않을 수도 있다. 이런 조건에 대해 가입자가 가입 전에 특약

여부를 확인해봐야 한다.

📖 무(저)해지 종신보험의 함정을 조심하라

"이 상품은 연 2.5% 고정금리를 줘요. 은행 예금금리(당시 연 1.5%)
보다 높죠. 게다가 가입자가 사망하면 보장도 받을 수 있어요." 40대
회사원 B 씨는 보험설계사에게 이런 말을 듣고 보험 상품에 가입했다.
20년간 납입하는 무해지환급금 종신보험이었다. 그는 가입한지 3년이
지났을 무렵 갑자기 실직을 했다. 보험료를 계속 내는 게 부담스러워
보험계약을 해지해야 했다. 하지만 해지환급금은 '0'원이었다. 그는 3
년간 낸 보험료가 너무 아까워 억울하기만 했다.

종신보험 중에서도 요즘엔 '무(저)해지 종신보험'이 큰 문제가 됐다.
무(저)해지 보험은 보험료가 일반 상품에 비해 최대 30%가량 싸다. 대
신 가입자가 만기 전 보험 계약을 해지하면 환급금이 아예 안 나올 때
도 있다.

무(저)해지 종신보험 인기는 상당하다. 금융감독원에 따르면 무(저)
해지 보험 판매량은 2016년 32만 1,000건이었지만 2019년 1~3월 중
에만 108만 건이나 됐다. 소비자들이 저렴한 보험료가 마음에 들어 선
택하고 있다. 문제는 중도 해지할 때 환급금이 적다는 사실은 많이 알
려지지 않았다는 점이다. 보험설계사들은 만기 후 높은 환급률만 앞세
워 "목돈을 마련할 수 있는 상품"이라고 안내하는 경우가 많았다. 피해
가 늘자 당국은 보험 상품구조를 뜯어고쳤다. '목돈 마련 상품'이란 홍
보에 소비자가 현혹되지 않게 만기 뒤 환급금을 줄인 것이다.

전문가들은 '무(저)해지환급금 보험'을 가입할 때는 보험료와 기간별 해지환급금을 꼭 일반보험과 비교하라고 권한다. 상품설명서에서 이 내용을 확인할 수 있다. 보험료를 모두 다 납부하기 전에는 보험계약대출이 힘들 수 있으니 유의하자.

일반 상품과 무해지 환급금 상품의 보험료 및 해지환급금 비교

구분	월보험료	시점별 환급금(단위: 천 원)									
		1년	3년	5년	10년	15년	20년	30년	40년	50년	55년
일반 상품	94,900원	73	2,224	4,469	10,104	16,148	22,947	28,813	34,034	25,103	0
무해지 환급금상품	74,800원 (21.2% 낮음)	0	0	0	0	0	22,947	28,813	34,034	25,103	0

※ 치매보험(중증치매보장 2,000만 원), 보험료납입 기간 20년, 남자 40세 가입, 95세 만기의 조건
출처: 금융감독원

🗂 변액보험은 원금이 보장되지 않는다

"이건 은행보다 이자가 높은 적금이라고 생각하시면 돼요." 회사원 C 씨는 이런 보험설계사의 말에 솔깃했다. 변액보험을 두고 하는 말이었다. 게다가 '원금이 보장되는 적금'이라니 서둘러 가입하고 싶었다. 당시 월급이 150만 원가량이었는데 무려 100만 원을 넣었다. 좀 더 유리한 조건을 받으러 서류에 월 소득이 300만 원이라고 적었다. 하지만 가입한 뒤에야 변액보험은 원금보장이 안 되는 상품임을 깨달았다.

'상품설명서와 계약서를 좀 더 꼼꼼히 봤어야 했는데….' 후회는 너무 늦었다. 그는 생계를 잇느라 하루가 바쁘니 설계사만 믿고 서류를 우편으로 받아 서명을 했었다. 당시엔 충분한 설명을 듣지 못하고 검

토도 할 여유가 없었다.

C 씨처럼 변액보험을 가입했다가 손해 보는 이들이 꾸준히 늘고 있다. 변액보험은 말 그대로 보험금이 변하는 상품이다. 계약자가 납입한 보험료 중 일부를 주식이나 채권 등에 투자해 운용실적에 따라 성과를 나눠주기 때문이다. 실적이 나쁘면 가입자가 돌려받는 보험금이 적을 수 있다. 원금을 날릴 수도 있는 일이다.

"변액보험에 가입해 손해 봤다는 분들이 많이 찾아오세요. 손해 볼 수 있다는 사실을 모르는 분들 정말 많더라고요." 금융민원 상담을 맡는 소비자단체의 한 직원이 한 말이다. 피해자들은 민원 상담 직원을 찾아오고서야 변액보험의 실체를 이해하게 된다. 직원들은 뒤늦게야 찾아온 피해자들에게 뼈아픈 사실을 알려준다. "원금보장을 원하시면 일반 저축성보험이나 은행 예·적금에 가입하셔야 해요."

변액보험은 길게 유지할 사람만 가입하는 게 현명하겠다. 가입한지 얼마 안 돼 해지하면 환급률이 매우 낮을 수 있기 때문이다. 가입자가 낸 보험료 본전을 찾으려면 7~10년의 시간이 걸리곤 한다. 가입자가 변액보험을 장기적으로 유지하면 사업비가 낮아져서 유리하다.

변액보험과 다른 상품의 특성 비교

구분	변액보험	일반보험(저축성)	예금	수익증권(펀드)
원금보장(만기시)	×	○	○	×
중도 해지시 손실 가능 여부	있음(해지 시 일정액 공제)	있음(해지 시 일정액 공제)	약정이자보다 적은 이자 수령	있음 (단기 해지 시 공제)
투자기간	종신	대부분 장기	대부분 단기	대부분 단기

출처: 금융감독원

🏠 변액보험, 가입 목적 따져 골라야

변액보험은 크게 보장성, 저축성이 있다. 또 유니버설기능(자유로운 입출금)이 있는 상품도 있다. 유형에 따라 보장내용과 보험금 지급 방식이 다르니 잘 선택해야 한다.

변액종신보험은 변액 보장성보험이다. 펀드를 잘 운용해 사망보험금을 높이고 싶을 때 가입한다. 연금전환특약이 있는 상품도 있다. 그렇다고 이를 연금보험(저축성보험)으로 착각하면 안 된다. 변액종신보험은 기본적으로 보장성보험이다. 연금 성격을 원한다면 저축성보험에 가입하는 게 낫다. 변액종신보험은 사망할 때 받는 기본 보험금을 설정할 수 있는데 이 정도만 보장이 된다. 다만 만기 전에 해지하면 이 보험금조차 보장받지 못한다.

변액연금보험은 변액 저축성보험이다. 펀드운용으로 노후자금을 마련하는 성격이 강하다. 변액연금보험은 별도로 옵션을 걸어야 이미 납입한 보험료를 어느 정도 보장받을 수 있다.

유니버설 기능이 있는 변액유니버설보험은 보장성, 저축성 2가지로 설계될 수 있다. 유니버설기능은 납입을 잠시 중지할 수 있다. 보험료를 내기 부담스러울 때 잠시 쉴 수 있는 것이다. 가입자가 모바일로 언제든 납입 중지를 신청하면 된다. 물론 잔액이 부족하지 않아야 납입을 쉴 수 있다. 잔액에서 매달 위험 보험료, 사업비 등이 차감되기 때문이다. 보통 잔액이 모자를 때면 보험사가 공지해준다. 잔액이 부족한데 돈이 들어오지 않으면 계약이 해지될 수 있다.

변액보험 종류를 고르고 난 뒤에는 가입 전에 사업비와 수익률을 비

교해봐야 한다. 변액보험은 회사에 따라 사업비가 특히 차이가 많이
난다. 생명보험협회 홈페이지에 접속해 공시내용을 확인해보면 사업
비와 펀드 수익률을 확인할 수 있다.

🐷 가입 뒤 갈아타기 고려하며 수익률 관리해야

변액보험은 가입 후에 수익률을 높이기 위해 꾸준히 관리해줄 필요
가 있다. 주식형에 가입한 사람은 주식시장이 안 좋을 때 채권형으로
갈아타는 식으로 말이다.

금융당국의 변액보험 평가항목

	세부 평가 기준	배점
적합성 원칙 (50점)	① 보험계약자 정보 파악 및 보험계약 성향 진단	20
	② 진단결과 확인서 교부 및 진단결과 설명	10
	③ 적합한 변액보험 권유 (상품 추천)	20
상품 설명 의무 (50점)	④ 승인된 변액보험 안내자료 사용·교부	5
	⑤ 변액보험에 대한 설명	5
	⑥ 투자위험에 대한 설명 (마이너스 수익률 포함)	10
	⑦ 수수료, 보수(사업비, 위험보험료, 운용보수)	10
	⑧ 중도해약 관련 사항 설명	5
	⑨ 계약의 취소, 무효 및 청약철회 제도 설명	5
	⑩ 펀드관리 안내	5
	⑪ 최저보증 설명	5
전체 합계		100

※ 비계량은 6개 항목으로 별도 평가
출처: 금융감독원

보험회사가 분기별로 1회 이상 계약자에게 제공하는 '보험계약 관리내용'을 살펴보고 운용방식을 고민하자. 여기에는 계약자의 적립금과 해지환급금, 기간별 수익률 등이 나와 있다. 펀드 투자의 기본 원칙인 분산투자를 변액보험에도 적용해야 한다. 특정한 펀드에만 집중해 투자하면 시장 변화에 수익률이 출렁거릴 수 있다.

세 줄 요약 ☆

* 약관과 상품설명서에서 보험료, 보장범위, 보험금 지급제한 사유를 꼭 확인한다.
* 종신보험은 피보험자가 사망해야 보험금이 100% 나오니 연금보험과 다르다.
* 변액보험은 환급률이 낮은 편이라 길게 유지할 사람만 가입하는 게 현명하다.

자녀들의 금융지수ᶠᑫ 높여서
리스크 줄이는 법

"애들에게 재산은 못 물려줘도, 애들이 하고 싶은 공부는 하게 해줘 야죠. 그게 부모 마음 아닐까요."

60대 주부 A 씨는 이렇게 말했다. 환갑의 나이에도 그녀는 20대 후 반인 딸과 중학생 아들 사교육비를 댄다. 허리가 휘어도 한참 전에 휘 었을 일. 해외 유학 중인 딸의 주거비와 생활비로 한 달에 200만 원씩 꼬박꼬박 나간다. 그나마 학비가 다른 나라에 비해 저렴한 걸 위안으로 삼아야 할까.

"딸이 국내에서 대학을 다니다 유학 갔는데, 유학 생활이 이렇게 길 어질 줄 알았나요. 딸을 보낸 게 좀 후회되긴 하네요…." 후회가 깊은 이유는 불어난 대출 때문이었다. 둘째가 태어나면서부터 쓰기 시작한 빚이 계속 연체됐다. 결국 추심에 시달리다 통장까지 압류됐다. 이제 채무조정을 받으며 추심의 고통에서 겨우 빠져나왔다. 남편과 20여 년간 해온 장사는 나아질 기미가 없다. 그래도 '빚을 내서라도 애들은 제대로 가르쳐야 한다'라는 생각엔 변함이 없다.

부모의 마음이 이렇다. '엄마, 나 학원가고 싶어'라고 말하는 아이에게 '안 돼'라고 말할 부모는 많지 않을 것이다. 오히려 아이 또래가 뭘 배우는지 부지런히 알아보고 식비를 줄여서라도 학원엔 등록하는 우리 부모들 아니던가.

하지만 세상이 달라졌다. 아이 사교육, 결혼에 내 자산을 헐어내 주고 나면 노후가 위험해지는 시대다. 우리의 부모들이야 고성장기를 거치며 자산을 잘 불렸지만 이젠 저성장기가 됐다. 내 집 마련하기조차 어려운 때. 소비는 여전한데 예·적금 금리는 쥐꼬리만 하다. 저금리기라 고수익 투자처 찾기도 힘들다. 게다가 국민연금 지급액은 점차 줄고 있다.

자녀 학원비를 쓸 때 한 번 더 생각해 보고 결제할 때다. 그러다 아이가 성인이 되면 '경제적 독립'을 외쳐야 하지 않을까. '이제부턴 학비든 결혼비용이든 너의 몫'이라면서. 그렇게 하더라도 우리의 노후 자금은 간당간당하다.

아이들에게서 경제적 독립을 꾀하려면 아이의 금융지수Financial Quotient,FQ를 높여줄 필요가 있다. 고기를 손에 쥐어주기보단 고기 잡는 법을 미리 가르쳐주자는 얘기다.

한 살이라도 어릴 때 주식을 사줘라

"네가 좋아하는 아이언맨이 있는 '마블'을 만드는 곳이 '월트디즈니'

란 회사야. 이 회사 장난감을 사는 것도 좋지만 주식을 사보는 건 어떨까?" 서울 강동구에 사는 40대 주부 B 씨는 아들이 어렸을 때부터 월트디즈니 주식을 사주기 시작했다. 아이는 유치원생일 때부터 자기 명의로 해외 주식에 투자하게 되었다. 이제 아이가 중학생이 됐으니 해외 주식 투자 경험이 10여 년이라고 할 법도 하다.

아이는 월트디즈니 주가가 오르내리는 과정을 봤다. 그 과정에서 애니메이션 산업을 깊이 들여다보게 됐다. 지금도 주식 투자에 참고가 되는 뉴스를 챙겨본다. 중학교 2학년인 아이는 요즘 이런 얘길 한다. "엄마, 디즈니 주가가 앞으로 오르겠어. 디즈니플러스(온라인 스트리밍 서비스)가 언젠가 한국에서도 시작되면 사람들이 영화관 안 가고 디즈니를 더 찾을 것 같아."

아이는 유치원에 다닐 때 '터닝메카드' 장난감에 흠뻑 빠져있었다. 장난감 한 개에 거의 1만 원이라 B 씨는 부담이 상당했다. "장난감은 1만 원이지만, 터닝메카드를 만드는 회사 주식 1주를 사는 데는 3,000원이 들어. 우리 이 회사의 주주가 되어보자." B 씨는 이런 식으로 아이의 관심사를 따라 주식 투자의 저변을 넓혀줬다. 아이가 '아기상어'에 열광할 땐 그 제작사에 투자하는 식으로 말이다.

태어나면서부터 가입한 어린이펀드는 기본이다. 엄마는 매달 10만 원씩 적립하고 아이 생일, 입학과 졸업 때 주변에서 받은 돈도 쌓아뒀다. 이제 중학생이 된 아이의 펀드 계좌엔 수천 만 원이 있다.

"아이가 이제 학원 교재비와 문제집은 스스로 자기 돈으로 사요. 사고 싶은 물건이 생기면 자기 계좌에 있는 돈을 어떻게 더 모아서 살지 계획을 세우죠." B 씨는 일찍이 아이에게 투자를 가르친 덕에 학원 교재비 지출을 줄였다. '성인이 되면 스스로 돈을 벌어 생활해야 한다'고 가르친 지는 꽤 됐다. "우리도 노후가 중요하잖아요. 애들에게 물려줄 집이나 땅이 있지도 않으니 스스로 돈을 벌고 관리하는 법이라도 잘 가르쳐줘야죠."

이렇게 요즘 부모들은 유아기부터 해외 주식투자를 가르치고 펀드에 가입하곤 한다. 이런 풍경은 저금리를 우리보다 앞서 겪은 유럽 등 금융선진국에선 흔하다. 저금리의 파도가 더 거세게 들이닥치면 아마 너도나도 '어린이 투자'를 시작하게 될지 모른다.

전문가들은 '아이가 한 살이라도 어릴 때 주식을 시작하라'라고 권한다. 이제 저축의 시대는 가고 투자의 시대이니까. 매월 들어오는 아동수당을 일찍이 펀드로 적립해주면 아이가 성인이 됐을 때에는 든든한 결혼자금이 될 것이다.

아이가 성인이 될 때까지 장기투자를 하면 수익률도 꽤 괜찮을 법하다. B 씨의 아들이 가입한 어린이 펀드 수익률은 좋을 때 연 15%까지 나기도 한다. 저금리기에 눈에 띄는 수익률이다. 어린이펀드는 대체로 우량주에 장기투자를 하기때문에 안정적인 편이다. 특히 일부 회사에서는 펀드 가입자를 추첨해 아이 방학 때 경제캠프를 열기도 한다. 아이의 금융지수를 한껏 높일 수 있는 기회다. 펀드 가입 전엔 수익률이 높은 펀드매니저들을 검색해 보고 펀드를 고르는 게 좋다. 금융회사 직원들이 양질의 펀드를 잘 모르는 경우들이 있으니 스스로 따져보자.

투자할 땐 아이들과 꼭 대화를 많이 해야 교육 효과를 높일 수 있다. 어떤 부모는 청소년기 아이가 아이돌을 좋아하니, 그 아이돌의 소속사 주식을 사줬다. '아이돌 회사의 주주가 될 수 있다'고 흥미를 유도하면서 말이다. 이럴 땐 '이 회사가 새로운 아이돌을 데뷔시켰는데 앞으로 히트를 칠까? 그러면 주가가 오를까'와 같은 대화를 해볼 수 있다.

아이에게 펀드가 아닌 예·적금을 가입시켜준다면 돈이 쌓이는 재미에 좀 더 신경 쓸 필요가 있다. 예·적금은 이자가 워낙 낮기 때문이다. 수익을 내기까진 너무나도 지루한 길이기 때문에 아이가 넣은 돈에 부모의 돈을 얹어 저축해주면 좋다. 돈이 쌓이는 게 아이 눈에 더 잘 보여 아이가 저축의 즐거움을 보다 쉽게 느낄 수 있을 것이다.

🔖 심부름은 현명한 소비 습관의 첫 걸음

'아이들에게 금융을 가르치자'라고 하면 많은 학부모들이 냉소할지 모른다. '국영수 가르치기 바쁜데 수능에 나오지도 않는 무슨 금융 얘기냐'라고 하면서. 요즘 아이들이 정말 바쁘긴 하다. 영어 단어 하나라도 더 외워야 하니 시간이 금이다.

하지만 우리 아이들이 살아갈 시대는 저성장, 저금리의 시대다. 우리에게 막 닥친 이 환경이 아이들 세대엔 더 깊게 뿌리 내린다. 이럴 땐 투자도, 소비도 달라져야 하는 법. 아이들이 아껴서 합리적인 소비를 하는 습관을 배워야 한다.

아무리 공부를 잘해서 좋은 대학에 간들 이제 돈을 제대로 이해하지 못하면 아이의 생계는 팍팍해질 것이다. 부모로서 공부만, 일만 열심히 하라고 말했다가 후회하진 않을까. 돈이 돈을 더 벌고, 부동산은 돈을 더 버는 요즘을 보자면 말이다.

요즘 아이 엄마들은 말한다. "애가 공부를 잘 하고, 좋은 대학에 간다고 안심할 게 아닌 것 같아요." '좋은 성적=명문대=좋은 직장=고소득'. 이건 고성장기엔 맞는 말이었다. 하지만 이젠 명문대가 좋은 일자리도, 고소득도 보장해주질 않는다.

합리적인 소비를 배우는 교육은 대단한 노력이 필요한 게 아니다. 일상에서 실천할 수 있다. 금융교육 전문가들은 '심부름을 꼭 시키자'고 권한다. 아이에게 물건을 사오라고 시키면 아이는 어떤 물건이 더 저렴한지, 어떻게 사면 더 아낄 수 있는지 생각한다. 돈의 개념을 배우게 된다.

'물건 사는 게 뭐 대단한 교육인가'라고 생각하는 부모가 있을 수 있다. 하지만 예상 외로 아이들의 소비 경험은 매우 얕다. "아이들은 마트에서 '1+1'으로 파는 물건의 소중함을 몰라요. '나는 하나만 있으면 되는데 왜 굳이 두 개를 사요'라고 묻는 아이들이 있습니다." 중·고교에서 5년간 금융교육을 담당한 전직 증권사 임원이 참 허탈하다는 듯 말했다. 아이들의 금융지식 수준은 생각보다 더 낮다고 하면서 말이다. 아이들은 부모가 필요한 물건을 제때 사다주니 제대로 소비하는 방법을 모를 수 있다. 우리 아이가 공부는 잘해도 FQ는 낙제점일 수 있는 일이다.

심부름은 아이의 시간 관리 능력을 키울 수 있다. 아이들은 준비물을 살 시간을 확보하면서 남은 시간에 숙제, 학원 수업 등을 효과적으로 하는 법을 배운다. 시간 관리 능력이야말로 공부 잘 하는 아이들이 갖춰야 할 자질이다. 아이들은 심부름을 통해 소비는 물론 생산활동도 체험할 수 있다. 일종의 '홈알바'를 하면서 돈을 벌고 그 소중함을 깨닫는다. 아이가 운동이나 취미활동을 해낼 때 부모가 돈을 주는 것이다.

매일 5,000보 이상 3일을 걸으면 1만 원, 7일을 걸으면 5만 원이란 식으로 말이다. 다만 공부는 돈과 연결하지 않는 게 현명할 수 있다. 자칫하다 공부의 진정한 목표가 희석될 수 있기 때문이다.

💰 용돈 관리는 인생 관리 훈련

"아이들에게 '용돈 받고 싶은 사람'을 물으면 30명 중 10명 정도만 손을 들어요." 학교에서 금융교육을 맡고 있는 한 교사의 말이다. 그는 최근 이런 현상에 적잖은 충격을 받았다. 10년 전과는 너무도 다른 풍경이기 때문이다. 아이들이야 '용돈 좀 달라'고 조르기 마련 아니던가. "아이들이 용돈을 부담스러워 해요. 더 솔직히 말하면 '용돈이 귀찮다'고 해요." 용돈을 받는 게 귀찮다니 무슨 말일까. 생각해보니 그럴 법도 하다. 아이들은 부모들에게 필요한 물건을 말하면 재깍 받을 수 있다. 아이가 굳이 돈을 받아 관리할 필요가 없는 요즘이다.

이런 아이들이 성인이 됐을 때 자산을 야무지게 잘 모을 수 있을까. 아이들이 성인으로 살 시대는 투자환경이 더욱 팍팍한데 말이다. 부모가 어렸을 때부터 돈을 모으는 경험을 알려줘야 한다.

용돈을 언제부터 얼마씩 줄지는 각 가정의 상황에 맞게 정해야 할 것이다. 보통 초등학생 때는 주 단위로 용돈을 주는 경우가 많다. 그러다 부모들은 대개 자녀가 중학생일 때 월 단위로 지급한다. 초등학교 저학년 때는 1

초등학생 용돈 월 평균 얼마나 받나

1학년	1만 4,828원
2학년	1만 2,237원
3학년	1만 8,182원
4학년	1만 8,886원
5학년	2만 1,642원
6학년	2만 8,227원

출처: 아이엠스쿨

주일 주기로 주면서 점차 늘려나가면 좋다. 용돈을 쓸 수 있는 사용처도 좁게 정하고 액수를 슬슬 늘려나가자.

가입하면 해외 연수 보내주는 펀드

아이 명의로 금융상품에 미리 가입하며 아이와 재테크를 상의해보는 것도 좋은 교육이다. 부모들이 많이들 이용하는 건 자녀 명의의 적금이다. 은행권에 0%대 적금이 등장한 초저금리 시대에 어린이 적금은 금리가 비교적 높은 편이다.

적금 수익률이 변변치 않으니 부모들은 어린이펀드에도 많이 가입한다. 국내 주요 운용사들이 대부분 어린이 전용 펀드를 판매하고 있다. 차별화되는 부분은 일부 가입자를 뽑아 금융교육이나 해외 연수기회를 준다는 점이다. 이 교육 기회를 놓치지 않으려 어린이 전용 펀드를 여러 개 가입하는 부모들도 있다. 교육 기회에 당첨될 확률을 높이려는 것이다.

금융 정보업체 '에프앤가이드'에 따르면 2020년 10월 말 기준 설정액 10억 원 이상인 국내 어린이펀드는 30개였다. 이들의 최근 5년 평균 수익률은 20.8%였다. 최근 1년 평균 수익률은 18.3%으로, 수익률이 꽤 높은 편이다.

최근 1년간 수익률이 높았던 어린이펀드

펀드명	운용사	책임 매니저	최근 1년 수익률(%)
미래에셋우리아이친디아업종종대표증권자투자신탁 1(주식)종류A	미래에셋	목대균	34.30
미래에셋우리아이친디아업종대표증권자투자신탁 1(주식)종류C5	미래에셋	목대균	34.20
NH-Amundi아이사랑적립증권투자신탁 1[주식]ClassA	NH-아문디	박진호	23.33
NH-Amundi아이사랑적립증권투자신탁 1[주식]ClassCe	NH-아문디	박진호	23.22
NH-Amundi아이사랑적립증권투자신탁 1[주식]ClassC5	NH-아문디	박진호	22.75
NH-Amundi아이사랑적립증권투자신탁 1[주식]ClassC3	NH-아문디	박진호	22.49
미래에셋우리아이3억만들기증권자투자신탁G 1(주식)종류C5	미래에셋	목대균	21.65
미래에셋우리아이3억만들기증권자투자신탁G 1(주식)종류C4	미래에셋	목대균	21.45
미래에셋우리아이3억만들기증권자투자신탁G 1(주식)종류C3	미래에셋	목대균	21.32
미래에셋우리아이세계로적립식증권투자신탁K- 1(주식)종류C 5	미래에셋	구용덕, 목대균	20.68
대신대표기업어린이적립증권자투자신탁[주식]ClassC2	대신	최준영	20.39
신한BNPP엄마사랑어린이적립식증권자투자신탁 1[주식](종류C5)	신한BNPP	임은미, 유영권	20.08
신영주니어경제박사증권투자신탁[주식](종류C 5)	신영	허남권, 원주영	19.07
신영주니어경제박사증권투자신탁[주식](종류C 3)	신영	허남권, 원주영	18.72

※2020년 10월 20일 기준
출처: 에프앤가이드

💳 금융지수 높이는 남다른 스펙 쌓기

부지런한 학부모들은 금융회사나 정부 기관에서 주최하는 각종 금융교육 행사를 챙긴다. 아이들이 경제관념을 키우는 좋은 체험이 되기 때문이다. 금융교육이 수능에 직접 나오진 않더라도 아이의 미래를 윤택하게 하는 토양이 될 수 있다.

먼저 공공기관이 매년 진행하는 교육을 살펴보자. 코로나19의 전파로 일부 중단된 프로그램이 있으니 확인해보자. 한국은행은 방학 때마다 '청소년 경제캠프'를 연다. 한국거래소도 '증권시장교실'을 초·중·고교별로 나눠 열고 있다. 초등학생은 4학년 이상이어야 참석할 수 있다.

민간 금융회사들도 활발히 교육 기회를 마련하고 있으니 꼼꼼히 챙겨보자. 어린이펀드를 판매하는 자산운용사들은 수시로 경제캠프나 해외탐방 기회를 준다. 메리츠자산운용은 '메리츠주니어투자클럽'을 2018년 12월부터 운영하고 있다. 중고등학생들이 올바른 투자 철학과 금융지식을 갖추도록 돕는 교육이다. 학생들은 직접 투자할 회사를 정하고 토론한다. 그 과정에서 이 회사의 주식운용 매니저들이 강연과 멘토링을 해준다. 2020년 8월 기준 약 25명이 활동하고 있다.

부모들도 '재테크 공부' 열풍

아이에게 금융을 가르치자니 부모 스스로 부족하다고 느낀다면? 성인 금융교육 프로그램도 부쩍 늘었으니 체험해보자. 요즘 온라인 재테크 카페에선 '재테크 학구열'이 뜨겁게 느껴진다. 불패 역사를 쓰는 부동산은 물론 부동산 대출 규제를 피해 주식을 공부하는 이들이 넘쳐난다. '주린이', '부린이'를 자처하며 열심히 공부하는 이들을 보자면 '나만 이러다 돈을 까먹겠다'라는 생각이 든다.

"퇴직하고 돈을 어찌 관리할지 고민했는데 답을 찾았어요." 60대 은퇴자 C 씨는 최근 '국민연금 노후준비 서비스'를 이용해 자산을 제대로 리모델링했다. 퇴직 직후 들쑥날쑥한 현금자산과 다른 자산을 어떻게 나눠 관리할까 고민이었다. 노후준비 서비스 컨설턴트는 '통장 쪼개기' 팁을 알려줬다. 퇴직해 급여통장이 없지만 급여통장 같은 생활비 통장을 만들란 조언이었다. 생활비 통장엔 매달 C 씨가 기존 계좌에서 300만 원씩만 이체한다. 이 돈으로만 한 달을 생활하는 것이다. '비상금 통장'도 만들었다. 1억 원을 일시금으로 넣어둔 통장이다. 자녀 결혼이나 의료비 등 위급할 때 쓸 통장이다.

노후준비 서비스는 이렇게 재무상태를 종합적으로 분석해 상담해주니 이용해볼 만하다. 은퇴자들의 일자리 상담은 덤이다. 계속 일하길 원하는 은퇴자는 희망 직장과 연봉을 말하면 된다. 서비스 컨설턴트들은 구직 사이트를 통해 일자리를 추천해준다. 재무, 건강, 여가, 대인관계 4대 영역에 대한 노후준비 교육도 실시한다. 이 서비스는 국민연금공단 각 지사에서 제공하고 있다.

비영리단체인 전국투자자 교육 협의회에서도 정례 수요 강좌가 열린다. 주식투자법, 주요 산업 전망 등 다채로운 주제를 배울 기회다. 홈페이지로 들을 수 있는 짧은 강좌들도 마련돼 있다.

은행권에선 요즘 들어 노후컨설팅 기회가 많다. 시중은행들은 최근 들어 은퇴 서비스 관련 조직을 신설하고 컨설팅에 적극 뛰어들고 있다. 과거엔 자사 고객만 대상으로 했지만 이젠 다르다. 고객이 아니어도 은행의 각종 교육에 참여할 수 있다. 은행들은 은퇴 교육을 통해 잠재 고객을 만나려 하고 있다. 투자자들이 은퇴 준비에 일찍이 부지런

히 나서고 있어서다. 100세 시대인 만큼 금융기관에서 이런 은퇴 관련
교육이나 서비스 등이 더 활발해질 것으로 보고 있다.

국민연금공단의 종합재무 설계 서비스 진행 과정

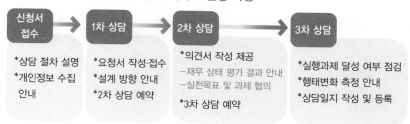

출처: 국민연금공단

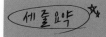

* 어린이 펀드는 추첨을 통해 방학 때 경제캠프 참가 기회를 준다.
* 물건을 구매하는 심부름을 시키는 게 현명한 소비교육의 첫 걸음이다.
* 국민연금, 한국은행, 한국거래소 등 공공기관 교육 프로그램 활용할 만하다.

저금리 시대, 재테크는 기본 중의 기본이다

함민복 시인은 '흔들린다'라는 시에서 흔들리는 나무를 향해 "흔들리지 않으려 흔들렸었구나. 흔들려 덜 흔들렸었구나"라고 노래한다. 책을 쓰면서 본문에 등장하는 A 씨, B 씨 등 재테크 사례자들을 만나며 이 구절이 떠올랐다. 이분들은 '돈' 때문에 울고 웃었던 이야기를 들려줬다. 돈 때문에 흔들린 이야기다. 우리가 살면서 흔들리는 이유는 돈 문제 때문일 때가 많다. 나도 종종 흔들린다. 주변에서 돈 문제로 삶이 송두리째 흔들리는 모습도 본다. 그럴 때 기억하면 좋겠다. 나는 앞으로 더 흔들리지 않으려 지금 흔들리고 있다고, 지금 흔들리기에 덜 흔들릴 거라고 말이다.

이 책을 쓰는 시기는 신종 코로나감염증(코로나19)의 원년이었다. 코로나19로 경제적인 어려움을 겪는 이들이 참 많아졌다. 이를 지켜보며 안타깝게도 우리가 한 동안 많이 흔들릴 수 있겠구나 싶었다. 언제 또 이런 위기가 닥칠지 알 수 없는 일이다. 그래서 우린 더더욱 은퇴를 미리 생각하고 숨은 위기를 대비해 재테크에 공을 들여야 한다.

꼭 위기에 직면하지 않더라도 재테크는 기본 중 기본이 돼버렸다. 이미 '의식주' 대신 '금金식주'가 중요해졌다. 옷은 없어도 괜찮지만 금융을 모르면 살기 힘들어진 시대란 얘기다. 전문가들은 경고한다. 이제 금융을 열심히 공부하지 않으면 공부하는 이들과 자산격차가 엄청 벌어질 것이라고. 저금리, 저성장 기조 속에 돈을 벌기도, 불리기도 지독하게 어려워졌다. 이젠 잘 아는 이들만 돈을 벌고 모으게 될 수밖에 없다.

돈 문제로 너무 흔들릴 땐, 아예 춤을 춰버리는 이들을 닮아보는 건 어떨까. 일찍 은퇴해 경제적으로 자유로움을 누리려는 '파이어족' 말이다. 2030세대 중심의 파이어족은 자기 주도적으로 은퇴를 준비하고 설계한다. 하루빨리 일로부터 떠나려 한다. 그 과정을 즐기는 모습이 인상적이다. 은퇴 이후 투자 소득을 올려줄 배당주, 알짜 부동산 정보를 나누고 성공기를 공유한다. 씀씀이를 줄이려 '무지출 데이'를 실천해 가계부로 인증한다. 외식을 하는 대신 '냉파(냉장고파먹기)' 노하우를 주고받고 인증 샷도 남긴다. 이런 과정은 일종의 게임 같다. 재테크를 어렵게만 여기지 말자.

오늘도 흔들리는 나무같이 어려움 속에서도 열심히 돈을 모으고 귀하게 쓰는 분들을 응원한다. 그런 분들에게 이 책이 조금이나마 도움이 된다면 큰 기쁨이겠다. 이 책에서 부족했던 부분이나 새롭게 알고 싶어진 내용이 있다면 이메일로 보내주시면 좋겠다. 또 다른 기사나 책으로 소개하도록 노력하겠다.

STEP 1 3040, 지금부터 마련하는 은퇴 자금

김경록 미래에셋투자와연금센터 대표

김동엽 미래에셋투자와연금센터 상무

김만진 KB국민은행 연금컨설팅부 팀장

김혜령 하나금융그룹 100세 행복연구센터 연구위원

STEP 2 저금리, 저성장 시대 투자 공식

고준석 동국대 법무대학원 겸임교수

김규정 한국투자증권 자산승계연구소장

김현섭 KB국민은행 WM스타자문단 도곡스타PB센터 PB팀장

박상우 유안타증권 금융센터서초본부점 지점장

박진환 한국투자증권 랩상품부 부장

박합수 KB국민은행 부동산수석전문위원

신동일 KB국민은행 남대문종합금융센터 부센터장

신성호 신한은행 투자상품부 부부장

안명숙 우리은행 부동산투자지원센터 부장

안은영 신한PWM판교센터 팀장

우종윤 유안타증권 메가센터분당 과장

이승목 삼성증권 연금본부 수석

전용우 삼성자산운용 연금마케팅장

최재경 신한PWM한남동센터 PB팀장

함영진 직방 빅데이터랩장

STEP 3 세테크로 지갑의 구멍을 막자

손문옥 한경세무법인 세무사

우병탁 신한은행 부동산투자자문센터 팀장

STEP 4 핀테크로 똑똑한 소비를

박정우 국회 윤관석 정무위원장실 보좌관(전 온라인투자연계금융협회 설립추진단 사무국장)

신현정 씨(블로거 '대꽈마')

이미나 렌딧 홍보팀장

STEP 5 저수익 시대, 현명하게 리스크 줄이는 법

권성오 생명보험협회 상품제도팀장

김기용 KB국민은행 브랜드전략부 과장

서경준 가계부채상담업체 '돈병원' 원장

오세헌 금융소비자원 국장

이윤경 서민금융진흥원 금융사업운영팀장

임병완 전 대신증권 전무

황지영 이티원 경제교육센터 팀장

※목차별 가나다 순, 소속·직책은 2020년 12월 20일 기준

금융감독원, 〈금융감독원 불법사금융 신고센터의 불법사금융 대응요령 및 상담사례〉 2019년 10월

김리영, "재건축, 더는 못 기다려' 노후 아파트들 리모델링 박차', 〈조선일보〉 '땅집고', 2020년 9월 15일

김미리, 'BTS도 '쿨거래'… 일상의 놀이 된 중고 거래', 〈조선일보〉 2020년 1월 18일

김영숙, '금융지주 신종자본증권 '인기'', 〈내일신문〉 2020년 6월 19일

김익환, '올 들어 10% 오른 서울 아파트값…'노도강·금관구' 더 뛰었다', 〈한국경제〉 2020년 7월 28일

김혜령 하나금융그룹 100년 행복연구센터 연구위원 외 3인, 생애금융보고서 〈대한민국 퇴직
　　자들이 사는 법〉 2020년 5월

백주원, '"코로나19? 문제 없어!"…언택트에 활짝 웃은 포털', 〈서울경제〉 2020년 5월 8일

서울시, 〈대부업! 쓴다면 알고 쓰자〉 서울시 대부업 피해예방 상담 사례집, 2019년 6월

설지연, '50년 넘게 더 나눠준 美 '배당 귀족주'', 〈한국경제〉 2020년 10월 7일

스타티스타, 'Life and non-life insurance penetration in selected countries worldwide
　　in 2018', 2019년 7월

이새하, '간편결제 충전금 급증…보호장치 없는 1.7조원', 〈매일경제〉 2020년 5월 5일

한국은행, '2020년 3분기(7~9월) 중 가계신용(잠정)' 보도자료, 2020년 11월 24일

'40firemyself님의 삶 by 대퐈마'(https://blog.naver.com/40firemyself) 블로그

※가나다 순

MEMO

MEMO_____

지금 당장
금퇴 공부

2021년 2월 16일 1쇄 인쇄
2021년 2월 22일 1쇄 발행

지은이 | 조은아
발행인 | 윤호권 박헌용
책임편집 | 이영인

발행처 | ㈜시공사
출판등록 | 1989년 5월 10일(제3-248호)

주소 | 서울특별시 성동구 상원1길 22 7층(우편번호 04779)
전화 | 편집(02)2046-2864 · 마케팅(02)2046-2800
팩스 | 편집 · 마케팅(02)585-1755
홈페이지 www.sigongsa.com

ISBN 979-11-6579-461-3 (03320)